한국경제의 도전

김광수경제연구소 경제시평 01

한국경제의 도전

—위기의 한국경제에 대한 진단과 처방

김광수경제연구소 지음

1판 1쇄 발행 | 2008. 3. 27

발행처 | Human & Books
발행인 | 하응백
출판등록 | 2002년 6월 5일 제2002-113호

서울특별시 종로구 경운동 88 수운회관 1009호
기획 홍보부 02-6327-3537, 편집부 02-6327-3535, 팩시밀리 02-6327-5353
이메일 | hbooks@empal.com

값은 뒤표지에 있습니다.

ISBN 978-89-6078-031-6 13320

김광수경제연구소 경제시평 01

위기의 한국경제에 대한 진단과 처방

한국경제의 도전

김광수경제연구소 지음

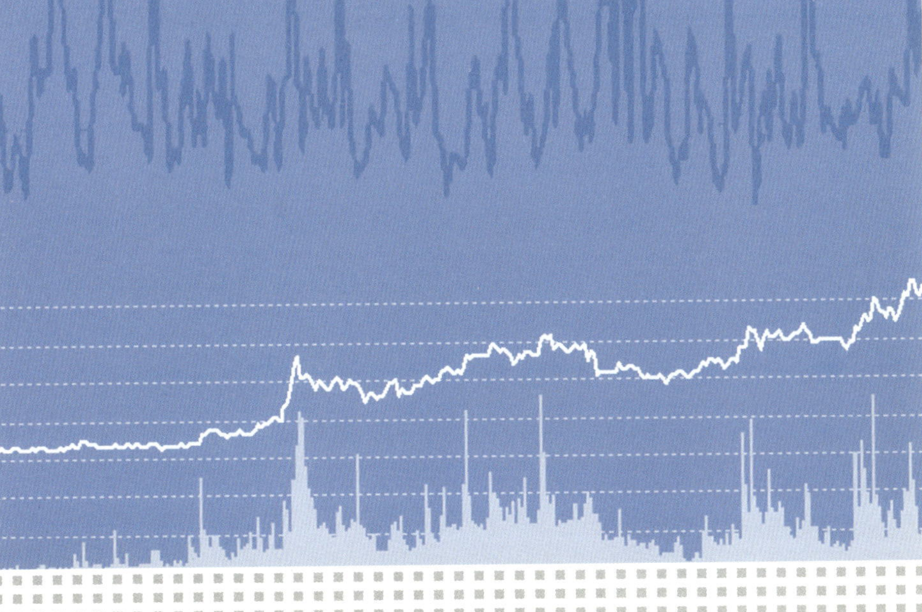

Human & Books

CONTENTS

한국경제의 당면과제는 무엇인가

이명박정부가 출범하면서 양적인 경제성장률이 제시되고, 경부운하건설 등의 계획들이 입안되고 있습니다. 공약으로 제시한 747(연평균 7% 경제성장, 국민소득 4만 달러 달성, 선진 7개국 진입)은 한국 경제에 대한 장미빛 미래에 대한 이명박정부의 약속을 수치화한 것이겠지요. 하지만 그것에는 두 가지 문제가 있습니다.

첫째는 과연 7% 성장이 가능한가 하는 문제입니다. 지금 세계경제는 미국발 서브프라임론 사태로 인해 크게 휘청거리고 있습니다. 그 끝은 아직 보이지 않습니다. 게다가 원유를 비한 각종 원자재값 폭등, 달러 약세로 인한 세계 경제의 불안 등등 우리 경제를 위협하는 불안 요소는 하루가 멀다 하고 신문 지상을 장식하고 있습니다. 이러한 대내외적 조건에서 우리 경제가 그러한 고도 성장을 할 수 있을까요?

둘째는 양적인 성장률이 한국경제의 여러 주체들을 만족시킬 수 있는가 하는 문제가 있습니다. 7% 성장이라는 것이 과연 말 그대로 우리의 삶을

7% 향상시킬까요. 성장률의 이면에는 보이지 않는 함정이 도사리고 있습니다. 설사 성장률이 달성된다하더라도 특별한 대책이 없으면 그 성장의 수혜는 소수에게 집중될 수 있습니다. 양극화는 더 심해질 수 있는 것이지요.

정부관료들이나 일부 정치권 또는 언론에서 주장하는 것처럼 양적 경제성장이 모든 문제를 해결하는 만능약은 절대 아닙니다. 빈곤은 경제성장에 수반되는 위험 측면입니다. 5% 성장이니 7% 성장이니 하는 단순한 총량 성장방식으로는 또는 성장우선이니 분배우선이니 하는 이분법적인 사고방식으로는 미국의 경우에서 볼 수 있는 것처럼 오히려 빈곤문제를 심화시킬 뿐입니다. 시대착오적인 1차원적 경제성장을 추구하면 할수록 그에 비례하여 빈곤문제는 더욱 심화될 뿐입니다. 빈곤문제를 최소화하는 적절한 수준의 경제성장을 추구하는 방법론에 대한 올바른 이해야말로 빈곤과 성장 문제를 동시에 해결할 수 있는 최선의 방법인 것입니다.

앞으로 1, 2년 내에 한국경제가 위기에 빠질 가능성이 높아지고 있습니다. 이미 은행의 심각한 자금부족과 금리급등이 한국경제 위기를 예고해주고 있습니다. 이런 위기발생 위험을 최소화하기 위해서는 한국경제는 우선 무엇보다도 부풀어 오를 대로 부풀은 풍선의 바람을 빼야 합니다. 그리고 은행은 투기적 다주택 소유자를 중심으로 대출상환 강화를 통해 과다 대출을 적극 줄여가야 합니다. 부동산과 주식시장을 왔다갔다 하는 버블의 악순환으로 언제까지 버틸 수는 없는 것입니다. 역사적으로 세계 어느 나라도 버블의 붕괴를 비켜간 나라는 없었습니다.

한국경제는 이제 산업사회에서 지식 · 정보 사회로 진입했습니다. 여기에 바로 핵심이 있습니다. 참여정부의 경제 성장은 국토균형발전이란 이름 아래 국가채무를 바탕으로 한 각종 지역 개발사업에 의존하였습니다. 새로운 정부는 대규모 토목 사업을 통해 또 한 번의 고성장을 계획하고 있습니다. 이것은 케인지안 식의 토건국가적 유효수효 창출을 위한 경기부양책인 것입니다. 하지만 이것은 이미 시대착오적인 것입니다. 이 시대착오적인 정책은 결국 버블을 야기하게 되어 있습니다. 한국경제는 이제 고성장의 미망에서 벗어나야 합니다. 중성장 시대에 걸맞는 정책이 제시되고 실질적인 성장동력에 대한 진지한 탐색이 있어야 합니다.

우리연구소에서는 이러한 문제의식에 입각해서 보다 냉철하고 근본적으로 한국경제와 세계경제를 분석하고, 그것에 입각해서 대안을 제세하는 작업을 오래전부터 해 왔습니다. 이제 2007년부터 회원들에게만 제공해왔던 〈경제시평〉과 특집의 일부를 독자 여러분들에게 선보이려 합니다. 우리 연구소에서는 이미 『현실과 이론의 한국경제』시리즈와 『부동산투기와 한국경제』 발간을 통해 많은 분들로부터 아낌없는 사랑을 받아 왔습니다. 이번에 발간하게 된 『한국경제의 도전—위기의 한국경제에 대한 진단과 처방』과 자매 서적인 『중화경제동향—중국의 기업을 해부한다』역시 국내외 경제 전반에 대한 저희 연구소의 통찰력을 확인해보실 수 있는 좋은 기회가 되실 것으로 확신합니다.

저희 연구소의 〈경제시평〉은 2004년 10월 4일부터 시작해서 지금까지 3년 넘게 총 170회 이상에 걸쳐 매주마다 발간되었습니다. 〈경제시평〉은 현재 '경제시평'과 '특집' 그리고 '중화경제동향'의 크게 3가지 자료로 이루어져 있으며, 매주마다 다양한 주제들에 대한 분석자료들을 유료회원들에게 제공하고 있습니다. 이 책에 실린 내용은 2007년 여름부터 2008년 초에 걸쳐 〈경제시평〉 유료회원들에게 제공된 '경제시평'과 '특집' 자료 가운데 일부를 선별하여 모아 놓은 것입니다. 또, 『중화경제동향—중국의 기업을 해부한다』 역시 같은 기간 동안 〈경제시평〉 유료회원에게 제공된 '중화경제동향' 자료 중 중국기업 관련 자료들을 선별하여 모아 놓은 것입니다.

처음에 〈경제시평〉은 연간 300만원 하는 〈경제보고서〉 회원에게 부록으로 제공하였습니다. 그러나 〈경제보고서〉는 연간 유료회비가 300만원이라서 공공기관이나 기업 경영자들 외에는 일반인들이 쉽게 접하기는 어려웠습니다. 이에, 일반인들도 저희 연구소가 생산하는 고급 경제정보를 쉽게 접할 수 있도록 하기 위해, 2007년 7월 말부터 〈경제시평〉만을 따로 독립시켜 연간 20만원의 저렴한 가격에 제공하기 시작했습니다. 현재 〈경제시평〉유료회원에는 거의 모든 국내 금융기관들의 관계자들과 TV와 신문 등 각 언론사의 언론인들, 중앙과 지방의 각 부처 공무원들, 대학생 및 일반투자자들을 포함하여 많은 사람들이 가입해 있습니다. 특히 국내외 경제 흐름에 관심이 많은 중소기업인들과 증권투자에 관심을 가지고 있는 일반인들도 필독 자료로서 〈경제시평〉을 많이 구독하고 있습니다.

지식과 통찰력은 하루아침에 얻어지는 것이 절대로 아닙니다. 특히 통찰력은 단순히 지식을 습득하는 것만으로 저절로 생겨나는 것은 더욱 아닙니다. 현실에 대한 끊임없는 관찰과 이론에 대한 쉴새 없는 탐구 그리고 이론과 현실의 상호관계에 대한 넘쳐나는 지적 호기심 없이는 절대로 통찰력이 생겨나지 않습니다. 그렇기에 절대로 통찰력은 흉내 낼 수 없는 것입니다. 결국 지식과 통찰력을 갖춘 사람은 처음부터 하나하나 오랜 시간과 공을 들여 키워내지 않으면 불가능합니다. 바로 이 때문에 지식 경쟁력을 키운다는 것이 그처럼 어렵고 힘든 일이라고 아니할 수 없는 것입니다.『한국경제의 도전—위기의 한국경제에 대한 진단과 처방』과『중화경제동향—중국의 기업을 해부한다』를 통하여 여러분께서는 다시 한번 저희 연구소의 통찰력 있는 분석능력을 확인해보시기 바랍니다.

그리고 이 책들은 보다 현장감 있게 독자 여러분에게 다가가기 위해 저술 시점을 책의 출간 시점이 아닌 시평 당시의 시점으로 하기로 했습니다. 어떤 경우에는 좀 과거형이 될 수도 있지만 경제적 상황을 분석하고 설명할 때는 그 점이 훨씬 더 독자 여러분에게 어필할 것으로 판단했습니다. 그래서 모든 시평 뒤에는 작성할 당시의 날짜를 명기해 놓았습니다. 또 하나 말씀드릴 것은 본문 편집을 일반 단행본과는 달리 MS WORD로 하였다는 점을 알려드립니다. 다소 미흡하지만 이렇게 할 수밖에 없었던 이유는 속도성 때문이었습니다. 매킨토시 편집의 경우 호환성이 부족하여 통계자료를 확인하는 절차를 거치면 따끈따끈한 음식을 상에 차릴 수 없는 단점이 있어, 약간의 미적인 고려를 포기하면서도 이런 편집 시스템을 채택한 것이니 널리 양해해주시기 바랍니다. 앞으로 1년에 4차례 김광수경제연구소의 저작물을 선볼 것을 약속드립니다.

그리고 가능하시다면 국내 최고급 경제정보 자료인 〈경제시평〉도 한번 접해 보시기 바랍니다. 많은 도움이 되실 것으로 확신합니다. 감사합니다.

2008년 3월

金光洙經濟研究所

소장 김광수

제1부 경제성장과 개혁

1. 한미일 3국의 빈곤문제

자본주의 시장경제 체제에서 발생하는 빈곤 문제는 경제성장 한 형태라고 할 수 있다. 즉 빈곤은 경제성장에 수반되는 부정적 측면인 것이다. 개념적으로 정반대라고 생각되는 빈곤이 경제성장의 한 형태라고 하니 일견 앞뒤가 맞지 않는 말이라고 생각될 지도 모른다. 그러나 빈곤은 분명히 경제성장의 한 형태이다. 흔히 경제성장이라고 말할 때 일반인들은 5%니 7% 하는 식으로 양적인 성장을 연상한다. 이는 정부관료들이나 여야 정치인과 언론인들도 예외는 아니다. 예컨대 여야 정치권과 대선후보들 사이에서 성장과 분배에 관한 논쟁이 그 증거라고 할 수 있다. 피상적이고 얄팍한 상식에 사로잡힌 성장론자들은 이런 양적인 경제성장이 분배 문제를 포함하여 모든 문제를 해결해준다고 주장한다.

그러나 빈곤문제와 분배 문제는 밀접하게 연관되어 있지만 정확히는 별개의 문제이다. 빈곤 문제가 경제시스템에 내재된 본원적인 경제현상이라면 분배문제는 세제나 사회보장제도와 같은 제도적인 문제인 것이다. 빈곤은 경제현상이며 분배는 제도이다. 빈곤문제는 분배제도를 개선함으로써 계층 간 소득재분배를 통해 완화할 수 있지만 근본적인 치유는 불가능하다. 즉 자본주의 시장경제 체제하에서는 분배제도를 통해 빈곤문제를 원천적으로 치유하는 것은 불가능하다. 빈곤문제를 근본적으로 해결하기 위해서는 빈곤을 경제현상으로 올바로 인식하는 데서부터 출발하지 않으면 안 된다. 모든 사람들이 생물학적 유전인자에 의해 태어날 때부터 다양성과 차별성이 내재된 것처럼 빈곤 역시 시작부터 자본주의 시장경제에 내재되어 있는 본원적인 현상이다. 즉 빈곤문제는 자본주의 시장경제에서 출발선상의 불평등에 기인하는 필연적 현상으로서 특히 성장패러다임의 변화가 발생하는 과도기에는 빈곤문제가 더욱 확대되기 쉽다고 할 수 있다.

경제성장은 5% 성장 또는 7% 성장과 같이 단지 1차원적인 총량적 개념만으로 정의되는 것이 아니다. 주식투자를 해본 사람이면 누구나가 세상에 공짜는 없다는 것을 안다. 투자자가 높은 기대수익률을 추구하면 할수록 그에 비례하여 손실을 입게 될 위험부담도 커진다는 투자 속성을 잘 알고 있다. 주식(기업)의 가치는 수익과 위험의 평면공간상에서 결정된다. 마찬가지로 불확실성으로 가득 찬 시장경제하에서는 총량적 성장을 높이려고 하면 할수록 그에 따른 부작용 즉 위험도 커지게 된다. 체력에 맞지 않게 경제성장을 무리하게 추구하면 할수록 그에 따르는 위험부담도 커지는 것은 너무나도 당연한 이치인 것이다. 무리한 경제성장에 수반되는 위험 그것이 곧 빈곤이라고 할 수 있다. 빈곤은 경제성장의 위험 측면을 나타내는 지표인 것이다. 주식투자에서 수익과 위험이 서로 비례관계에 있듯이 경제성장과 빈곤 역시 비례관계에 있다. 이런 관점에서 빈곤(위험)을 최소화하면서 적정수준의 경제성장을 달성할 수 있는 정책적 방법론이 매우 중요한 것이다.

그런데 빈곤에는 두 가지 유형이 있다. 생물학적 절대빈곤과 경제적 상대빈곤이 그것이다. 생물학적 절대빈곤은 인간이 한 생물체로서 생명을 유지하는데 필요한 최소한도의 영양도 섭취할 수 없는 빈곤을 말한다. 쉽게 말하면 굶어 죽는 수준의 빈곤을 말한다. 이에 비해 경제적 상대빈곤은 생물학적 절대빈곤은 넘어섰지만 다른 사람들과 비슷한 평균적인 수준의 경제적 생활이 곤란한 빈곤을 말한다. 절대적 빈곤 문제는 인도주의적 차원의 최저생계를 어떻게 보장할 것인가 하는 문제이지만 상대적 빈곤은 평균적 생활을 기준으로 한 계층간의 소득격차로서 정의할 수 있다.

경기변동은 절대적 빈곤에 대해서는 비례관계에 있지만 상대적 빈곤에 대해서는 반비례 관계에 있다고 할 수 있다. 그 근거로 아래의 <도표1>과 <도표2>를 들 수 있다. <도표1>은 미국의 실질 GDP 성장률과 최저생계비 및 차상위 소득계층의 인구비중 추이를 나타내고 있다. 그리고 <도표2>는 미국의 가구당 평균소득 이상의 소득을 얻는 가구수 비중 추이를 나타내고 있다.

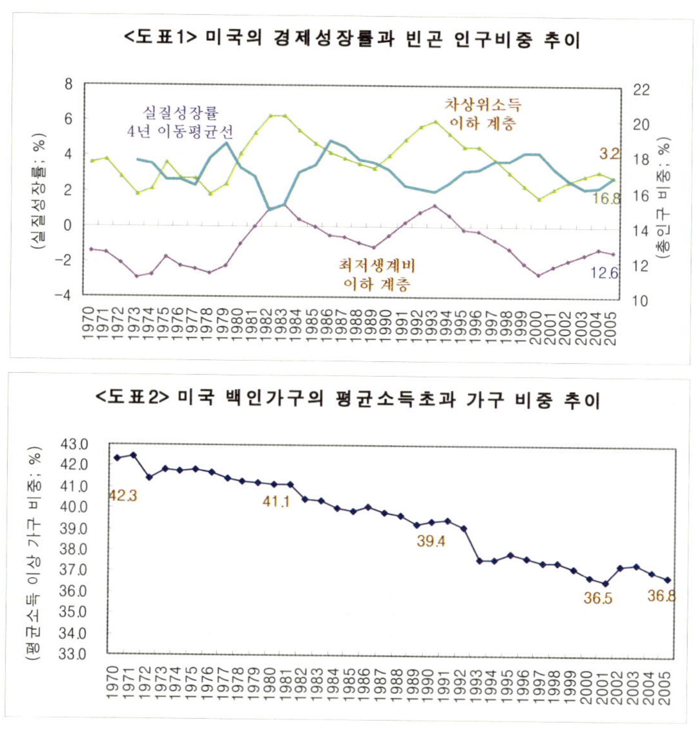

(주) 미 통계청 자료로부터 KSERI 작성

앞의 <도표1>에서 경기변동과 절대적 빈곤간에는 (−)상관관계가 뚜렷이 존재함을 알 수 있다. 즉 경기변동의 등락에 따라 절대적 빈곤율도 비례적으로 변동하고 있는 것이다. 다만 절대빈곤의 평균적 수준 그 자체는 해소하지 못하고 있다. 1970년 이후 미국의 최서생계비 이하 인구비중은 평균 13%를 전후로 경기변동에 따라 등락을 하고 있으며 차상위 소득 이하 인구비중 역시 평균 17.7% 수준을 전후로 등락을 반복하고 있다. 이로부터 미국 정부가 경제성장을 지속적으로 추구해오고 있지만 절대빈곤 그 자체는 근본적으로 해소되지 않고 있으며 단지 경기변동에 따라 절대빈곤의 한계선 상에 있는 계층만이 증감을 반복하고 있는 것으로 나타나고 있다.

다음에 <도표2>에서는 미국의 가구당 평균소득을 초과하는 가구수 비중이 지속적으로 감소하고 있는 것으로 나타난다. 1970년에 전체가구 평균소득 39,569달러(소비자물가지수로 2005년 가격으로 환산)를 초과한 가구비중이 42.3%에 달했으나 2005년에는 전체가구 평균소득 63,344달러를 초과한 가구비중은 36.8%로 줄어들고 있다. 이는 미국 정부가 경제성장을 지속적으로 추진해오고 있음에도 불구하고 미국의 상대적 빈곤율은 지속적으로 악화되고 있음을 나타내는 증거라고 할 수 있다.

이상으로부터 미국은 자본주의 시장경제의 대표적 모델로서 경제성장을 지속해오고 있는 나라이지만 결과적으로 절대적 빈곤이든 상대적 빈곤이든 근본적으로 해결하지 못하고 있는 것으로 나타난다. 오히려 상대적 빈곤은 더욱 심화되고 있다. 경제성장을 지속하면 할수록 그에 비례하여 평균적 생활수준의 영위가 점점 어려워지는 상대적 빈곤 문제가 확대되고 있는 것이다. 이것이 바로 자본주의 시장경제에서 경제성장에 내재된 위험 측면이다. 따라서 그저 양적인 경제성장만이 아니라 경제성장에 수반되는 위험요소인 상대적 빈곤문제를 동시에 최소화할 수 있는 경제성장의 '방법론'이 매우 중요하다고 할 수 있는 것이다.

미국은 2005년 기준으로 최저생계비(연2만 달러) 이하 소득 인구수가 3,700만 명에 달하고 있으며, 최저생계비의 1.25배 소득(연2.5만 달러)수준인 차상위 계층까지 포함하면 한국의 인구수보다 많은 무려 4,950만 명에 이르고 있다. 이에 비해 똑같은 자본주의 시장경제를 지향하고 있는 일본의 경우에는 최저생계비 이하 생활보호대상자가 142만 명으로 전체 인구의 1.1%에 불과하다. 잠재적 생활보호대상자를 감안하더라도 전체 인구의 5% 인 650만 명에 불과하다. 둘 다 똑같이 자본주의 시장경제 체제로서 경제성장을 지속적으로 추구하고 있음에도 불구하고 왜 이렇게 차이가 나는 것일까? 결국 이것은 미국과 일본간의 경제성장 추진의 방법론에 차이가 있기 때문이라고 할 수 밖에 없다.

그러면 자본주의 시장경제에서 경제성장이 어떤 메커니즘에 의해 성장 속에서 빈곤을 양산하는 것일까? 이를 올바로 이해하게 되면 빈곤을 최소화하면서 적절한 수준의 경제성장을 달성할 수 있는 방법론에 대한 시사점을 얻을 수 있게 된다. 물론 북한이나 아프리카 등 일부 국가에서는 절대적 빈곤이 문제가 되고 있다. 이들 국가의 절대적 빈곤은 대부분 공산독재 또는 후진독재 정권의 무능과 부패에 기인한다. 또는 인구사회학적 요인으로 빈곤의 원인을 설명할 수도 있다. 예컨대 이혼가정이나 소년소녀가장 또는 정보격차, 부모의 학력, 부모의 직업과 소득수준, 인종 등의 차이에 따라 빈곤발생의 편차가 생긴다고도 할 수 있다. 그러나 정치경제적 또는 전통적인 인구사회학적인 관점보다는 현실경제적 관점에서 볼 경우, 어느 정도 경제가 성장한 자본주의 시장경제에서의 상대적 빈곤은 경제성장의 패러다임 변화에 기인하는 구조적 현상으로 보인다.

일반적으로 자본주의 시장경제에서 일반 국민들의 소득원천은 대부분 근로소득이라고 할 수 있다. 그런데 근로소득의 문제는 궁극적으로는 일자리 문제로 환원된다. 일자리 문제는 다시 성장패러다임의 변화로 가장 잘 설명할 수 있다. 따라서 빈곤문제는 성장패러다임의 변화에 기인하는 일자리의 변화 문제로 설명하는 것이 가장 논리적이고 설득력이 있다.

노동집약적 성장에서 자본집약적 성장으로, 그리고 다시 자본집약적 성장에서 기술집약적 성장으로 패러다임이 변화함에 따라 소득의 원천인 노동의 형태도 단순노동에서 기능노동으로, 그리고 기능노동에서 기술(전문지식)노동으로 변화하게 된다. 이처럼 성장패러다임이 바뀌는 과정에서 변화된 패러다임에 적합한 노동력을 제공하지 못하는 근로자는 일자리를 잃는 순간 빈곤층으로 전락하게 된다. 특히 단순노동에서 기능노동으로의 변화보다도 기능노동에서 기술노동으로의 성장 패러다임 변화가 특히 심각한 빈곤문제를 야기한다고 할 수 있다. 예컨대 과거 자본집약적 성장 패러다임에서 단순 사무직이나 기능직 인력이 기술집약적 성장패러다임으로 바뀐 새로운 시장경제에 곧바로 적응하는 것은 사실상 거의 불가능하다. 왜냐하면 일자리를 유지할 수 있는 기술(전문지식)은 하루 아침에 쌓을 수 있는 것이 아니기 때문이다. 최소한 수년에서 10년 이상의 시간과 노력과 비용이 투입되어야만 가능한 것이다. 말하자면 성장 패러다임의 변화에 따른 구조적 실업이 빈곤문제를 유발시킨다고 할 수 있다.

이처럼 성장패러다임의 변화에 따라 요구되는 노동이 달라지게 된다는 점이 빈곤문제를 유발시키는 것이다. 여기에 노동에 대한 인식의 차이도 크게 작용한다. 일반론적 관점에서 미국의 경우 노동을 단기변동 비용으로 인식하고 일본은 장기 인적 자본으로 인식한다는 점에서 대해서는 다른 지면에서 설명한 바 있다. 물론 미일 양국의 노동을 바라보는 시각에는 장단점이 있다. 그러나 일본식의 노동관, 즉 장기 인적 자본으로 인식하는 경제일수록 성장 패러다임의 변화에 대해 경제 전체적으로 고용안정 속에서 노동인력의 재교육이 체계적이고 효율적으로 이루어질 수 있다는 점에서 빈곤문제가 상대적으로 덜 심각한 것이 아닌가 하는 생각이 든다. 미국의 경우처럼 성장 패러다임의 변화에 대해 개인 스스로가 자력으로 대응하는 경제체제에서는 능력이 없는 개인의 경우에는 상대적 빈곤층 또는 절대적 빈곤층으로 전락할 수 밖에 없다. 그 결과 상대적 빈곤이 지속적으로 심화되는 현상을 나타내고 있는 것처럼 보인다.

문제는 일본식 노동관에 따라 장기 인적 자본으로 간주하여 고용안정과 재교육을 한다고 할 경우 그 비용을 누가 어떻게 부담할 것인가 하는 것과 재교육을 어떤 방식으로 실시할 것이 가장 효율적이라고 할 수 있는가 하는 것이다. 부가가치를 창출할 수 없는 인력을 기업이 무한정 고용할 수는 없다. 변화된 성장패러다임에서 인적 자본화할 수 없는 노동에 대해서는 경제 전체적으로나 개별 기업차원에서 경쟁력 강화를 위해서는 어쩔 수 없이 구조조정이 불가피하다. 이에 대한 사회보장제도의 정비도 필요하다.

그러나 성장패러다임의 변화로 기업이 노동인력을 대량 해고한 후에 정부가 실업수당이나 재취업 대책으로 아무리 발버둥을 쳐봐야 이미 비용 면에서나 시간 면 그리고 재교육 효과 면에서 때는 늦다. 실업으로 빈곤계층으로 전락한 후에는 아무리 정부가 소득재분배 정책 강화로 돈을 쏟아 붓는다 한들 거의 구제가 불가능하다. 중요한 것은 대기업이든 중소기업이든 기업에서 해고되기 전에 중장기 플랜에 따라 기업과 정부가 성장패러다임의 변화에 대비하여 지속적 재교육을 위한 정책적 방법론을 강구하는 것이다. 즉 문제가 터진 후에 소득재분배 차원에서 문제를 해결하려고 하는 것이 아니라 문제가 발생하기 전에 미리 성장패러다임의 변화에 적합한 인적 자본을 양성하는 접근이 필요한 것이다.

한국의 경우 최저생계비 이하의 기초생활수급자는 150만 명으로 나타나고 있지만 이는 어디까지나 부족한 재정에 맞춘 숫자라고 할 수 있으며, 실제로 소득분위별 근로자 계층의 가계수지를 바탕으로 잠재적 빈곤계층을 추정해보면 전체 1,590만 가구의 30%에 달하는 477만 가구가 차상위 소득 이하의 잠재적 빈곤계층에 해당한다. 이처럼 이미 발등에 떨어져 활활 타오르는 엄청난 빈곤문제를 계속 무시한다면 그로 인한 경제사회적 혼란을 피할 수 없을 것임을 명심할 필요가 있다.

정부관료들이나 일부 정치권 또는 언론에서 주장하는 것처럼 양적 경제성장이 모든 문제를 해결하는 만능약은 절대 아니다. 빈곤은 경제성장에 수반되는 위험 측면이다. 5% 성장이니 7% 성장이니 하는 단순한 총량 성장방식으로는 또는 성장우선이니 분배우선이니 하는 이분법적인 사고방식으로는 미국의 경우에서 볼 수 있는 것처럼 오히려 빈곤문제를 심화시킬 뿐이다. 시대착오적인 1차원적 경제성장을 추구하면 할수록 그에 비례하여 빈곤문제는 더욱 심화될 뿐이다. 빈곤문제를 최소화하는 적절한 수준의 경제성장을 추구하는 방법론에 대한 올바른 이해야말로 빈곤과 성장 문제를 동시에 해결할 수 있는 최선의 방법이다.

빈곤문제를 소득재분배를 통한 방식으로는 절대 해결할 수 없다. 소득재분배 방식은 최선책이 아니라 차선책에 지나지 않는다. 왜냐하면 소득재분배 방식은 빈곤문제의 원인치료가 아니라 대증(對症) 치료에 불과하기 때문이다. 즉 빈곤문제는 원인치료 없이 대증적 치료만을 위해 돈을 투입하는 것으로는 근본적인 해결이 불가능하다. 자본주의 시장경제의 틀 내에서 성장에 수반되는 위험을 최소화할 수 있는 경제구조의 개선과 정책적 방법론 모색을 통해 돈을 들이지 않고서도 빈곤문제를 해결할 수 있도록 하는 것이 중요하다는 점을 다시 한번 강조하는 바이다.

(2007년 2월 12일)

2. 신자유주의와 레이거노믹스에 대한 올바른 이해

1

2007년 대선후보들간에 서로가 경제전문가임을 주장하는 싸움이 벌어지고 있다. 한편에서는 신자유주의 이념을 신봉하는 친기업적 경제전문가임을 주장하는가 하면 다른 한쪽에서는 사람중심의 경제전문가임을 주장하고 있다. 그러나 현실의 경제문제 해결을 위한 방법론은 이념에서부터 출발하는 것이 아니라 현실에 대한 올바른 이해와 통찰을 바탕으로 도출된다고 할 수 있다. 즉 현실에 대한 이해와 해석을 어떻게 하느냐에 따라 문제해결의 방법론이 달라질 뿐이다.

대처리즘이든 레이거노믹스든 아니면 고이즈미 개혁이든 현실에 앞서 먼저 이념적으로 존재하는 틀은 아니다. 이들 모두가 보수주의자들에 의해 추진되었기 때문에 마치 대처리즘이나 레이거노믹스 또는 고이즈미 개혁이 보수주의자들의 신자유주의적 사상과 이념을 기반으로 한 것처럼 보인다. 물론 결과적으로는 그런 면이 적지 않게 존재한다. 그러나 대처리즘이나 레이거노믹스, 고이즈미 개혁은 현실의 시급한 경제적 문제를 해결하기 위한 정책적 방법론을 의미한다. 공허한 이념적 사상이 아니라, 7,80년대 영국과 미국이 직면한 경제적 현실과 90년대 말 일본이 처한 경제적 현실에 대한 새로운 해석과 문제해결 방법론을 의미할 뿐이다.

다만 이들이 내건 정책노선은 문제해결의 방법론을 의미하기 때문에 시대와 각국의 경제현실을 초월한 통通시대적 통通상황적 보편성을 갖는 해법은 결코 아니라고 할 수 있다. 왜냐하면 시대와 상황이 끊임없이 변하기 때문이다. 시대와 상황의 변화에 따라 이들 정책노선의 방법론적 유효성 여부도 끊임없이 달라질 수 밖에 없는 것이다.

7,80년대의 영국과 미국 경제 그리고 90년대 후반의 일본경제는 보수냐 진보냐의 이념적 대결구도보다는 경제적인 면에서 심각한 구조적 문제를 안고 있었으며, 그런 구조적 경제문제를 해결하기 위해서 과감한 개혁이 요구되는 상황이었다. 이들 국가에서 개혁의 필요성과 당위성은 시간 문제였으며, 누가 주도권을 잡고 개혁을 추진하느냐 하는 정치적 주도권 싸움만이 남아 있었던 것이다.

7,80년대 영국과 미국의 경제적 현실은 내부적으로 공공부문의 심각한 비효율성과 산업 경쟁력 저하로 성장잠재력이 크게 저하되고 있었다. 또 1,2차 오일쇼크 충격으로 고인플레와 고금리로 실업이 급증하는 상황이었다. 일본 역시 90년대 장기불황으로 일본 국민들은 경제적, 정신적 고통으로부터의 탈출을 절실히 원하고 있었다. 즉 이들 국가의 국민들 대다수는 현실의 경제적, 정신적 고통을 벗어날 수 있는 개혁을 절실히 원하고 있었던 것이다. 대처 수상과 레이건 대통령 그리고 고이즈미 총리 모두는 이를 간파하고 과감한 개혁을 선거공약으로 내세웠다. 대처 수상은 '영국경제 재생과 작은 정부 실현'을, 레이건 대통령은 '강한 미국의 재건'을, 고이즈미 총리는 '민간이 할 수 있는 것은 민간에게' 라는 기치를 내걸었던 것이다. 이처럼 과감한 개혁 추진을 선거공약으로 내세운 결과, 이들 모두가 개혁을 열망하던 국민들의 압도적 지지를 받아 선거에서 압승을 거둘 수 있었다.

그러나 개혁은 반드시 보수주의적 정파들만이 추구하는 것이 아니다. 영국 노동당의 토니블레어 총리는 이른바 '제3의 길(The Their Way)' 이라는 기치를 내걸고 과감한 개혁을 표방함으로써 1997년 659석 중 419석을 차지하는 압승을 거두고 불과 42세의 젊은 나이에 영국 총리에 당선되었다.

제3의 길이란 종래의 보수주의 정파의 신자유주의도 아니며 그렇다고 진보주의 정파의 복지국가 정책도 아닌, 보다 현실적인 제3의 정책노선을 추구하겠다는 것을 말한다. 한편으로는 경제의 효율성과 경쟁력을 강화하기 위해 민간중심의 시장주의 노선을 견지하면서, 다른 한편으로는 시장주의 강화로 발생하는 양극화를 최소화하기 위해 공공부문의 역할 강화를 동시에 추진하는 것이라고 할 수 있다. 이런 점에서 제3의 길은 현실문제 해결을 위한 또 하나의 개혁 방법론을 제시한 것이었다.

그런가 하면 최근 중남미를 휩쓸고 있는 좌파정권 모두가 개혁추진을 선거공약으로 내걸고 있다는 점 역시 개혁이 보수주의 정파의 전유물이 아님을 알 수 있다. 또, 비록 가짜개혁으로 끝나기는 했지만 DJ정부나 참여정부 역시 진보적 정파에 속한다고 할 수 있다. 이로부터 보수건 진보건 관계없이 개혁의 필요성과 당위성은 현실의 경제적 모순에서 생겨난다고 볼 수 있다. 현실의 경제적 모순으로 많은 사람들이 경제적, 정신적 고통을 받게 되고, 그로 인해 개혁을 갈망하게 된다. 보수세력이든 진보세력이든 개혁에 대한 국민적 갈망을 누가 먼저 간파하고 그것을 정치적 공약으로 내세워 정권을 획득하느냐 하는 것이 문제가 될 뿐이다.

대처리즘과 레이거노믹스 그리고 고이즈미 수상의 개혁노선을 신자유주의로 부르기도 하지만 그 실체 면에 있어서는 보수주의자들의 사상과 철학을 반영한 '개혁주의'였다고 할 수 있다. 마찬가지로 토니 블레어 총리의 제3의 길이나 중남미 좌파정권이 추진한 개혁노선 역시 진보주의자들의 사상과 철학을 반영한 '개혁주의'였다. 말하자면 시대 및 경제적 상황에 따라 국민들이 원하는 개혁을 어느 정파가 어떤 방법론을 통해 주도적으로 추진했느냐의 차이만 있을 뿐, 신자유주의건 제3의 길이건 모두가 그 실체 면에서는 그때그때 당면한 구조적 문제해결을 위한 개혁주의였던 것이다.

구체적으로 미국의 레이거노믹스를 예로 들어 레이거노믹스가 신자유주의적 이념의 선전도구가 아니라 당시 미국경제가 처한 현실 문제를 해결하기 위한 개혁의 한 방법론이었다는 점을 설명해보기로 하자.

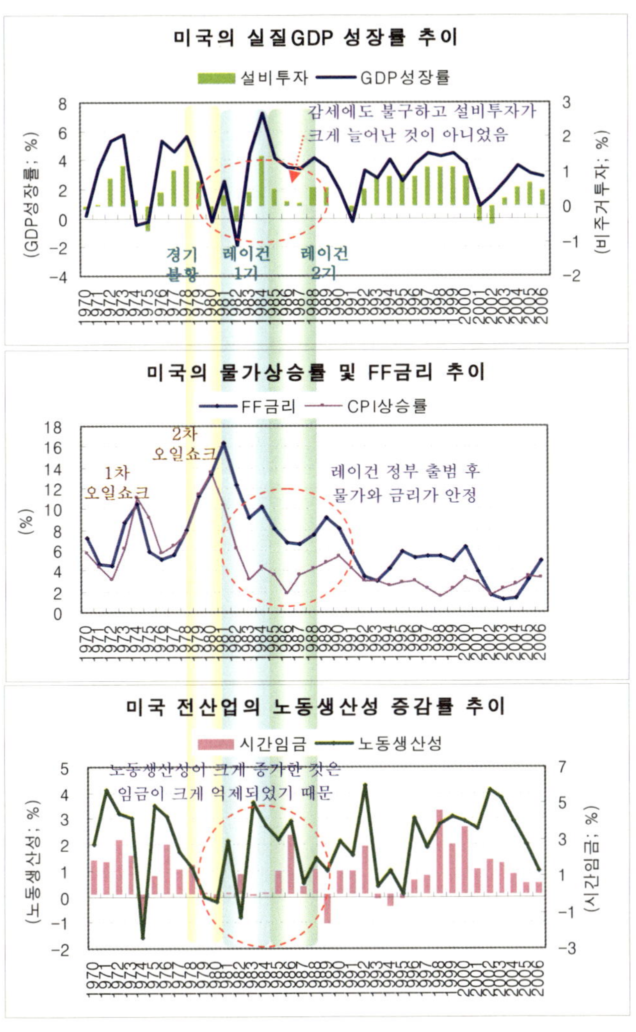

<도표1> 미국의 물가상승률 및 금리와 노동생산성 추이

(주) 각종 자료로부터 KSERI 작성

1930년대 대공황 이후 유효수요 창출을 근간으로 하는 케인즈이론이 등장한 이래로 이 이론은 70년대까지 미국 경제학의 주류를 형성해왔다. 그러나 상기 <도표1>에 나타난 바와 같이, 70년대 미국경제는 1,2차 오일쇼크로 급격한 원가견인형(Cost-push) 인플레가 발생했다. 그 결과 유효수요가 급격히 위축되고 물가가 급등하는 스태그플레이션 현상이 발생했다. 그런 가운데 고물가를 반영하여 금리도 급등세를 보였다. 1979년~1980년 사이에 물가는 전년대비 14%까지 상승했으며 그에 따라 금리도 무려 16% 이상까지 급등했다. 이처럼 고물가와 고금리가 지속되는 상황에서 가계는 소비보다 저축에 치중하여 소비침체로 불황에 빠졌으며, 미국기업들 역시 고금리와 소비침체로 도저히 설비투자를 할 수 있는 상황이 아니었다. 당시 미국경제는 1970년 이후 가장 심각한 경기불황에 빠졌던 것이다.

그런 와중에서 일본 제조업체들은 자동차와 소니 신화를 창조한 워크맨으로 대표되는 아날로그 가전제품 등을 앞세워 미국기업들을 압도하면서 대미수출을 확대하였다. 자동차를 중심으로 하는 미국 제조업체들의 경쟁력은 급격히 떨어지기 시작했다. 당시 미국 자동차산업의 메카였던 디트로이트에는 실업자가 넘쳐나고 수많은 기업들이 파산을 했다. 그 결과 미국 기업들의 생산력은 크게 감소하였으며 실업도 급증하였다. 뿐만 아니라 당시 미국기업들 상당수가 노후화된 설비들로 생산을 하고 있었기 때문에 일본 기업들에 비해 생산성이 크게 떨어졌다. 미국 기업들의 생산력이 크게 떨어진다는 것은 오일쇼크에 의한 원가견인형 인플레 외에도 공급부족에 의한 인플레 압력이 더욱 가중된다는 것을 의미하기도 했다.

엎친 데 덮친 격으로 1970년대 말부터 2차 오일쇼크 외에도 금융시장에서는 급격한 신용경색 현상이 발생했다. 이른바 저축대부조합(S&L)의 대규모 파산이 발생하기 시작한 것이다. 저축대부조합은 주택모기지론 대출영업을 주로 하는데, 시장 변동금리로 예금을 받아 자금을 조달한 후 이를 고정금

리의 주택모기지론 대출을 하였다. 즉 단기 변동금리 자금조달, 장기 고정
금리 대출의 영업구조였던 것이다. 그런데 시장금리가 20% 가까이 급등하는
상황에서 저축대부조합의 예금이 대규모로 이탈하기 시작하자 이를 방지하
기 위해 FRB는 예금금리 상한규제(Regulation Q)를 풀어버리는 정책적 실
수를 범하였다. 그 결과 시장금리를 지불하는 예금금리가 모기지론 대출금
리를 크게 상회하는, 장단기 금리차가 역전되는 현상이 발생되었다. 결국
저축대부조합은 역마진에 빠져 대규모 손실을 감당하지 못하고 파산하기 시
작한 것이다. 당시 13,000여 개에 달하던 저축대부조합 중 무려 4,000여 개
가 파산을 하는 대규모 파산이었다.

이는 당시 FRB가 정한 예대금리 상한을 넘어서 대출할 수 없도록 한 규제
금리 제도와 시장금리간의 모순에 기인한 것으로, 주택저축조합의 방만 경
영에 기인한 것이 아니었다. 따라서, FRB와 연방예금보험공사(FDIC)는 역
마진으로 부실화된 저축대부조합 구제와 금융시장의 신용경색 해소를 위해
예금자들에 대한 원리금 지급보증과 함께 무려 1,000억 달러 이상의 공적
자금을 부실 저축대부조합에 투입하게 된다. 이처럼 금융시장의 신용경색
현상이 발생한 상황에서는 자금조달이 원활히 이루어질 수 있는 환경이 아
니었기 때문에 기업이 아무리 공급확대와 생산성 향상을 위해 설비투자를
하려고 해도 불가능했던 것이다.[1]

---

[1] 저축대부조합 부실 문제는 1980년대 구조조정을 하는 과정에서 심각한 도덕적 해이가
발생하여 부실이 다시 확대되었다. FRB는 부실화된 저축대부조합에 대해 예금지급보증을
약속했다. 그 결과 부실 저축대부조합들에 대한 M&A가 활발하게 일어났다. 심지어는 불
과 1 달러에 인수된 경우도 있었다. 그런데 부실 저축대부조합을 인수한 사람들은 FRB의
예금지급보증 조건을 악용하여 저축대부조합 자금으로 석유개발투기와 주식투기 등 고위
험 투기에 몰두했던 것이다. 왜냐하면 투기를 해서 성공하면 대박을 터트려 일확천금을 얻
을 수 있게 되지만 설령 실패하더라도 예금자에 대한 원리금은 FRB가 전액 보장해주기로
되어 있으므로 자신이 손해 볼 일은 없었기 때문이다. 그로 인해 결국 1990년에 2차 저축
대부조합 부실사태가 발생하였다. 동시에 다시 신용경색 현상도 발생하였다. 이에 FRB와
연방예금보험공사(FDIC)는 1,300억 달러에 달하는 2차 공적 자금을 추가로 투입하였다.

이에 2차 오일쇼크와 더불어 1979년부터 3년간 지속된 경기불황에 직면하여 미국 국민들은 경제적 난국을 타개해줄 강력한 지도자를 원하기 시작했다. 그 결과 1981년 '강한 미국 재건' 을 내건 공화당 출신의 레이건 후보가 현직의 민주당 출신 카터 대통령에 압승을 거두고 새 대통령에 당선되었다. 경제난국을 타개하기 위해 레이건 정부가 해야 할 최우선 과제는 우선 10%를 훨씬 넘는 물가를 잡아 임금상승을 억제하고 금리를 낮추는 것이었다. 이는 비단 레이건 대통령이 아닌 다른 사람이 대통령이 되었더라도 마찬가지였다고 할 수 있다. 16%를 넘는 초고금리를 끌어 내려 기업들이 투자수익을 확보할 수 있는 수준으로 낮추어야만 기업의 설비투자 확대가 가능했기 때문이다. 인플레로 치솟는 임금상승과 초고금리를 부담하고서도 기업이 수익성을 확보할 수 있는 투자는 거의 없는 상황이었다고 할 수 있다.

뿐만 아니라 당시 미국기업들의 설비는 노후화되어 있었고, 높은 인플레로 임금이 급등하는 상황에서 생산성이 크게 떨어져 공급부족 현상이 발생했다. 그 근거로 후술하는 <도표2>에서 볼 수 있는 것처럼 1970년대 후반부터 1984년까지 수입이 급격히 증가한다. 이는 미국내 생산력 저하로 공급이 절대적으로 부족했다는 것을 강력히 시사해주는 증거라고 할 수 있다. 또한 당시에는 시장 수급에 의해 환율이 결정되는 변동환율제였음에도 불구하고 일본을 비롯한 대부분의 국가들이 자국통화를 대미 달러에 연계하는 식으로 환율관리를 하고 있었다. 그 결과 달러는 매우 고평가된 상태로 미국기업의 가격경쟁력을 크게 떨어뜨리는 주요 요인이 되었다. 이런 요인들이 겹쳐서 수입이 급증하여 결과적으로 미국내 기업들의 공급부족을 대신해주었던 것

그와 동시에 FRB는 지급보증을 악용한 사람들을 철저히 조사하여 모두 사기죄로 감옥에 보냈다. 또 신용경색과 버블 붕괴로 인한 경기침체를 막기 위해 FRB는 1991년부터 1993년까지 FF금리를 3%로 낮추고 금융기관의 대출금리를 6%로 하여 예대마진을 3% 대폭 확대해 줌으로써 자력으로 손실보전을 할 수 있도록 했다. 그 결과 1994년부터 미국경제가 IT혁명을 바탕으로 하는 신경제(New Economy) 붐의 시작과 더불어 회복국면에 진입할 수 있었던 것이다.

이다. 따라서 미국기업의 가격경쟁력 회복과 공급확대를 위해서는 고평가된 달러를 적정 수준으로 환원하는 것도 시급했다. 1985년 미일 양국간 플라자합의는 바로 이런 문제인식을 바탕으로 이루어진 조치였다고 할 수 있다.

2

7,80년대 미국경제가 처한 이러한 현실을 배경으로 하여 통화론자들이 중심이 된 통화량 공급 확대 및 기업의 공급확대를 주장하는 공급경제학이 등장했다. 통화론자들은 미국의 높은 인플레는 유가급등에 기인한 면도 있지만 공급 부족에 기인한 면도 크다는 점을 인식하였다. 또 앞서 〈도표1〉에서 볼 수 있는 것처럼 레이건 대통령이 취임할 당시에는 주택대부조합 부실로 신용경색 현상이 발생하여 단기금리가 16%를 넘는 매우 높은 수준에 있었다. 고물가와 신용경색으로 시장금리가 치솟고 있는 상황에서 당장에 금리인하를 통해 시장금리를 낮출 수는 없었다. 바로 이런 이유 때문에 통화량 공급확대를 통해 신용경색을 해소하고 시장금리를 낮추는 한편, 기업의 투자비용 부담을 덜어주기 위한 방편으로 감세정책을 들고 나온 것이다. 바로 이것이 통화론자들의 통화량 공급확대와 공급경제학 그리고 감세론이 하나로 연결되게 된 배경이다. 이들 통화론자들의 통화량 확대 및 공급경제학과 감세론 그리고 합리적 기대론이 어떻게 연결되는지 간단하게 설명해보기로 하자.

70년대 말과 80년대 초반 당시에는 규제금융 시절이었으며, 정책금리와 시장금리간의 괴리가 매우 컸다. 뿐만 아니라 고물가와 신용경색 현상이 진행되고 있었기 때문에 정책금리로 치솟는 시장금리를 통제할 수 있는 상황이 아니었다. 이에 통화론자들은 신용경색을 해소하고 금리를 안정시키기 위해서는 효과가 적은 정책금리 조절보다는 통화량 공급조절을 통하여 시장금리를 조절하는 것이 유효하다고 주장을 하게 된다. 말하자면 이에는 이로 대응을 해야 한다는 주장이라고 할 수 있다. 시장금리는 시장의 유동성 수급에 따라 움직이기 때문에 시장의 유동성 수급에 직접적인 영향을 미치는 통화량 공급조절을 통해서 하는 것이 효과가 있다는 발상이었던 것이다. 특히 주택대부조합의 대규모 부실로 신용경색이 진행되어 단기금리가 급등하고 있는 상황에서는 통화량 공급확대가 무엇보다도 중요하다고 보았던 것이다.

통화론자들은 중앙은행이 일관되게 통화량 공급을 확대하는 식으로 시장에 시그널을 보내어 시장 참가자들이 중앙은행의 행동을 예측 가능하도록 하는 것이 중요하다고 강조한다. 그렇게 되면 시장참가자들은 앞으로 통화량공급이 지속적으로 늘어날 것이며 따라서 시중 유동성도 풍부해져 금리도 낮아질 것으로 예상하여 행동을 한다는 것이다. 즉 중앙은행의 일관된 통화량 공급확대를 통해 시장 참가자들에게 통화량 공급확대가 계속될 것이라는 시그널을 보냄으로써 시장 참가자들로 하여금 금리가 내려갈 것이라고 생각하도록 유도할 수 있다는 것이다. 통화론자들은 시장참가자들로 하여금 합리적 기대(Rational Expectation)를 형성케 함으로써 정책금리를 동원하지 않고서도 얼마든지 시장금리 인하가 가능하다고 본 것이었다.

이것은 노이즈(통화당국의 일관성이 결여된 불규칙적인 정책)에 대해 시장참가자들은 일정한 시차를 두고 적응을 한다는 적응적 기대론(Adaptive Expectation Theory)이 주류를 이루고 있던 케이지안 모델과는 확연히 다른 새로운 방법론적 접근이었다고 할 수 있다. 통화론자들의 접근 방식에 의해 신용경색이 해소되고 시장금리도 낮아지게 되면 기업들의 투자가 가능해지고, 기업들의 투자가 늘어나게 되면 실물부문의 공급부족도 해소되어 물가도 안정되게 된다는 것이다. 결국 중앙은행의 일관된 통화량 공급정책이 시장참가자들로 하여금 합리적 기대를 형성케 하고, 그로 인해 시장금리와 물가도 안정되게 된다는 주장인 것이다.

다만 당장에 통화량 공급을 확대한다고 해도 신용경색이 해소되기까지에는 시간이 걸리며 시장금리가 금방 내려가는 것은 아니므로, 이들은 기업의 설비투자 확대를 당장에 촉진하기 위해서는 대폭적인 감세가 필요하다고 주장을 하게 된다. 시장금리가 지나치게 높기 때문에 기업이 가능한 한 내부유보를 통해 자금을 조달하여 투자를 할 수 있도록 대폭적인 감세가 필요하다고 주장을 한 것이다. 또 앞서 설명한 것처럼 고유가 외에도 기업의 생산력 저하로 인한 공급부족으로 물가가 급등하고 있다고 보았기 때문에, 이들은 물가 안정을 위해서는 기업의 생산력 증대가 무엇보다도 필요하다고 생각했다. 이런 점에서 감세론은 '레퍼곡선'으로 대표되는 공급경제학의 근간을 이루고 있다고 할 수 있다.

이상으로부터 레이거노믹스는 7,80년대 미국 경제의 현실을 바탕으로 새로운 문제해결 방법론으로서 탄생한 것이라고 할 수 있다. 레이거노믹스는 결과적으로 기업 투자촉진을 위한 규제완화 및 감세가 중심이 되었기 때문에 경우에 따라서는 신자유주의적이며 친기업적 정책으로 보이기도 한다. 물론 보수주의자인 레이건 대통령의 이념적 성향을 반영한 점도 부인할 수는 없을 것이다. 그러나 미국 경제의 현실을 무시한 채 레이거노믹스가 어느 날 갑자기 하늘에서 떨어져서 이념적으로 추진된 정책이 결코 아니었다는 것을 결코 간과해서는 안된다. 레이거노믹스는 7,80년대 미국경제가 당면한 현실 문제를 해결하기 위한 하나의 개혁추진 방법론이었던 것이다.

그렇다면 과연 레이거노믹스는 기대했던 것만큼의 효과가 있었을까? 레이거노믹스의 최대 성과라고 한다면 그것은 합리적 기대론에 입각한 통화량 공급확대를 통해 금리안정을 꾀한 것이라고 할 수 있다. 앞서 <도표1>에서 볼 수 있는 것처럼 레이건 정부 출범 후부터 금리가 급속히 안정되기 시작하면서 10% 이하로 떨어지기 시작한다. 금리하락이야말로 당시 미국경제가 경기불황에서 벗어나 회복국면으로 진입하게 된 결정적 요인이었다고 할 수 있다.

그러나 레이거노믹스가 실제로 기대했던 기업의 투자촉진 효과는 사실상 거의 미미했다. 앞서의 <도표1>에 나타난 바와 같이, 기업 설비투자의 실질 GDP성장률 기여도는 1970년 이후 가장 낮은 수준을 기록하고 있기 때문이다. 이것은 금리인하와 감세정책이 기업의 설비투자 촉진을 통해 공급을 확대하여 물가를 안정시킬 것이라는 통화론자들의 주장과는 상반되는 결과라고 할 수 있다. 그렇다면 왜 금리인하와 감세정책에도 불구하고 통화론자들이 기대했던 것처럼 미국 기업들의 설비투자는 크게 확대되지 않았을까?

이를 알아보기 위해서는 아래의 <도표2>를 자세히 살펴볼 필요가 있다. 이 도표에서 미국 기업의 실효세율(effective tax rate) 추이를 보면, 레이건 정부 때에 감세정책에도 불구하고 실효세율이 오히려 높아지고 있음을 알 수 있다. 이것은 레이건 정부의 감세정책의 혜택이 대부분 대기업과 고소득계층에 집중되었을 뿐, 중소기업과 서민계층에게는 거의 혜택이 없었다는 비판을 뒷받침해주는 강력한 증거라고 할 수 있다. 이처럼 감세정책에도 불구하고 실효세율이 오히려 증가함으로써 기업의 설비투자도 기대했던 것만큼 크게 증가하지 않았던 것으로 추론된다.

레이건 대통령은 대선에서 압도적 승리를 거둔 후 1981년에 경기부양을 위한 감세정책을 추진하기 위해 '경제회복감세법(Economic Recovery Tax Act ; ERTA)'을 제정한다.[2] 이 ERTA법의 주요 내용은 3년간 부유층을 중심

---

[2] 레이건정부의 감세정책에 관해서는 2004년 8월에 유료회원들에게 제공한 경제보고서 「한미일 3국의 재정과 경기부양 정책 비교」에 상세히 소개되어 있다.

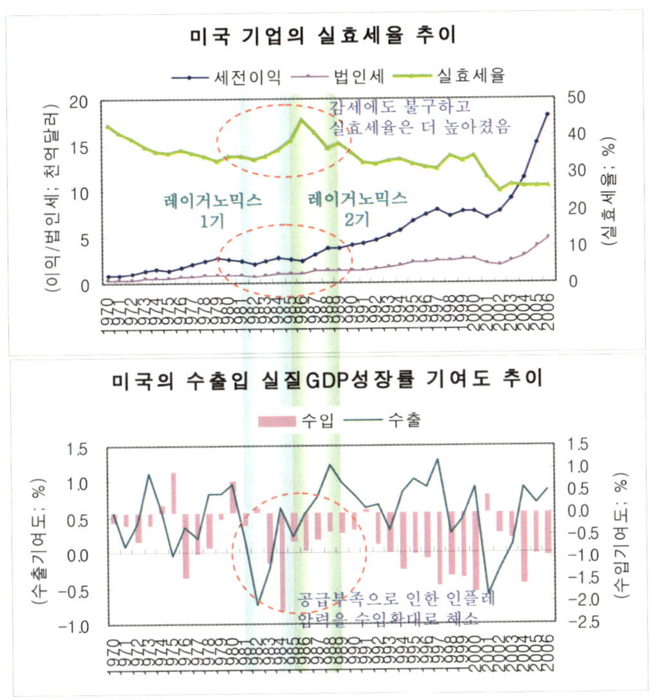

(주) 미 상무성 자료로부터 KSERI 작성

으로 한계세율을 25% 인하하고 인플레만큼을 다시 삭감한다는 것이었다. 이 조치로 인해 고소득층은 최고 70% 저소득층은 20% 정도의 감세효과가 발생하게 되며 가계 전체로는 약 30%의 감세효과가 발생할 것으로 기대되었다. 반면, 이 감세정책으로 연방재정은 5년 동안 약 7,500억 달러에 달하는 세수감소가 발생할 것으로 예상되었다.

그러나 <도표3>에서 볼 수 있는 것처럼 1982-1983년 기간 동안에는 실업률이 10% 달하는 등 경기침체가 심화되어 결과적으로 감세로 인한 경기부양 효과는 거의 없었다. 1984년부터 경기가 회복되기 시작한 것은 금리하락과

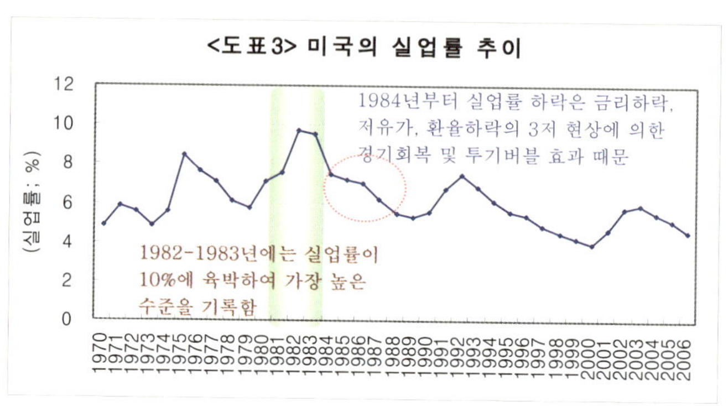

(주) 미 노동성 자료로부터 KSERI 작성

저유가 그리고 달러환율 하락에 의한 3저 현상에 기인한 것이었다. 특히 1985년 이후에는 부동산과 주식을 중심으로 투기적 버블이 발생함으로써 전 세계적으로 버블 호경기를 맞이하였던 것이다.

뿐만 아니라 '작은 정부' 구현이라는 구호와는 달리 감세정책과 더불어 정부 재정지출 삭감을 병행하지 않은 탓에 대규모 재정적자가 지속되어 재정에 대한 위기감이 고조되기 시작하였다. 대규모 재정적자의 주 원인은 레이건 정부의 이른바 '별들의 전쟁(Star Wars)' 계획 또는 'SDI (Strategic Defense Initiative)' 사업과 관련하여 국방비 지출이 폭발적으로 급증하였기 때문이다.

레이건 정부의 감세정책과 별들의 전쟁 계획으로 재정적자 확대가 지속되어 연방정부 채무가 급증하자 미 의회는 재정적자 억제를 위한 비상조치법(Gramm-Rudman-Hollings; GRH법)을 제정하게 된다. 미 연방정부 국가채무는 1980년 9,000억 달러에서 1986년에는 2조1,000억 달러를 상회하는 수준으로 불과 5년 동안에 2배 이상 급증 양상을 보이자 미 의회는 재정에 대한 위기감으로 초당적 차원에서 재정적자 급증을 막기 위한 입법조치를 취하게 된다. 이 법이 바로 1985년에 제정된 '균형예산을 위한 재정적자 억제 비상조치법(The Balanced Budget and Emergency Deficit Control Act ; 일명 GRH법)' 이다. 이 GRH법의 핵심은 예산안 편성시에 연방정부 전체로 적자 삭감목표 달성을 못할 경우 대통령이 각 연방부처에 강제적으로 일정 비율만큼씩 일률적으로 삭감하도록 하는 강제조정권(Sequestration)을 부여한 것이었다. 또 1981년 ERTA법의 허점을 악용하여 일부 부유층 및 대기업들의 탈세가 크게 늘어나 조세수입이 크게 줄어들었는데, 이를 방지하기 위해 1986년에 부유층 및 대기업의 감세 또는 면세 혜택을 축소하는 세제개혁법(TRA)을 제정하게 된다.

감세정책의 효과 문제 외에도 레이거노믹스에 관한 또 하나의 비판이 있다. 레이건 정부의 대기업 고소득자 계층 위주의 편향된 감세정책으로 실효세율이 오히려 높아져 미국 기업들의 설비투자가 저조했음에도 불구하고 10%를 넘던 물가는 절반 가량으로 낮아졌는데 어떻게 가능했을까 하는 것이다. 기업의 설비투자가 부진했다면 기업의 공급력도 크게 늘어나지 않아 물가도 쉽게 안정되지 않았을 것인데 말이다. 그런데 실제로 앞서의 <도표1>을 보면 레이건 정부 출범 이후 기업의 설비투자가 크게 확대되지 않고 있음에도 불구하고 물가는 급속히 안정되기 시작하는 모습을 보이고 있다.

이에 대한 답은 앞서의 <도표2>에서 찾아볼 수 있다. 이 시기에 미국 기업들의 공급부족에도 불구하고 물가가 안정을 보인 결정적 요인은 수입 급증에 기인한다. 즉 달러가 고평가된 상황에서 유가하락과 더불어 값싼 해외 상품 수입이 급증함으로써 미국내 물가도 안정되기 시작한 것이다. 그러나 수입이 급증함에 따라 이때부터 미국의 경상수지 적자도 급속히 확대되기 시작한다. 결국 레이거노믹스의 공급경제학은 미국기업들의 공급확대를 통해서가 아니라 해외수입에 크게 의존하는 형태로 공급을 확대시킴으로써 물가를 안정시킨 셈이었다.

레이건 정부는 '작은 정부'를 지향했음에도 불구하고 정부지출은 1970년 이후 가장 높은 증가율을 기록함으로써 '가장 큰 정부'로 변질되고 말았다. 그 결과 레이건 정부 때 처음으로 미국의 경상수지 적자와 재정수지 적자가 급격히 확대되는 쌍둥이 적자 문제가 본격적으로 발생하기 시작하였다고 할 수 있다. 결국 레이거노믹스는 '강한 미국의 재건'이라는 정치적 슬로건으로 미국인들에게 자신감을 불어 넣어 주었을지는 모르지만 경제적 성과 면에서는 결코 성공적인 정책이었다고 할 수 없다. 통화론자들의 통화량 공급확대를 통한 금리인하 유도는 성공적이었다고 할 수 있지만 감세정책과 공급경제학은 한마디로 실패작이었다. 이것은 대처리즘이나 레이거노믹스 또는 고이즈미 개혁으로 대표되는 신자유주의가 모든 시대와 모든 상황을 불문하고 만능의 문제해결책이 아님을 입증해주는 확실한 증거라고 할 수 있다.

결론을 맺자. 최근 대선을 둘러싸고 대처리즘과 대운하 건설을 둘러싼 찬반 논란이 가열되고 있다. 일부에서는 특정 대선후보들의 경제관련 노선이나 선거공약을 대처리즘이나 레이거노믹스로 대변되는 신자유주의 노선이라고 비판한다. 그런가 하면 대선후보 스스로가 자신은 친기업적이며 신자유주의 노선을 표방한다고 주장하기도 한다.

그러나 이들 대선 후보들에 대한 정치적 지지나 찬반 여부를 떠나서 이들의 무엇이 경제전문가적 경륜이고 신자유주의 노선을 의미하는 것인지 솔직히 잘 모르겠다. 경제전문가적 경륜이 있다고 하면서 한편으로는 케이지안적 토건국가 사업인 대운하 건설을 주장하는가 하면 다른 한편으로는 통화론자적 신자유주의 노선을 주장하는 이율배반적인 말들을 어떻게 받아들여야 할지도 모르겠다. 그저 듣기에 좋은 말들을 다 갖다 늘어놓는 감언이설로 국민들을 기만하려 한다고 비판해도 반론의 여지가 없을 정도이다.

경제학적으로 볼 때, 예컨대 대운하 건설은 케인지안 식의 토건국가적 유효수요 창출을 위한 경기부양책이다. 레이거노믹스와는 전혀 거리가 먼 것이다. 오히려 1970년대 초 일본 다나카 카쿠에이 수상의 '일본열도개조론' 발상과 비슷하다. 시대와 경제적 상황에 맞지 않는 대규모 토건국가적 사업은 대부분 투기광풍을 야기하여 엄청난 물가상승과 지가상승 그리고 재정적자 급증을 초래했다. 이것이 역사적 교훈이다.

중요한 것은 한국경제의 구조적 문제를 얼마나 올바로 이해하고 필요한 개혁을 과감히 추진해갈 수 있는 문제해결 방법론이라고 할 수 있다. 신자유주의 노선이든 아니든 이념적 투쟁과 대결은 이미 20세기 말 냉전의 종식과 더불어 무덤 속으로 사라진 지 오래되었다. 국가를 책임질 대통령을 뽑는 선거에서 여전히 20세기형의 무지와 맹목적 이념이 판을 치고 있다. 20세기의 시대착오적 이념 투쟁에서 벗어나지 못하는 한국 정치의 현실을 보면 한심함을 금할 길이 없다.

(2007년 9월 11일, 9월 18일)

3. IMF사태 10년의 경제적 성과 평가

1

2007년말이면 IMF사태 10주년을 맞이한다. 그래서 그런지 두세 달 전부터 국정홍보처(K-TV)나 KBS 등 이곳 저곳으로부터 IMF사태 10년간에 대한 평가를 해달라는 요청이 많이 오고 있다. 그런가 하면 연말 대선이 얼마 남지 않은 상황에서 정치적 의도를 가지고 참여정부의 경제적 성과에 대한 평가를 해달라는 요청을 해오는 언론매체와 대선캠프들도 있다. 그러나 정치적으로 민감한 시기이다 보니 자칫하면 정치적으로 악용될 소지도 많아 쉽사리 말하기도 어렵다. 또 말로 설명해준다 한들 상대방이 쉽사리 이해하기도 어렵다. 왜냐하면 이들 대부분이 옳건 그르건 여론의 관심을 끌만한 자극적인 말들에만 관심을 가지고 있을 뿐 실제로 현실경제의 실상이나 구조적 변화에 대해서는 잘 모르고 있기 때문이다. 그래서 IMF사태 10년의 평가나 참여정부의 경제적 성과 평가에 대해 요청이 오면 대부분 <경제시평>에 가입하라고 말하는 것으로 대신하곤 한다.

다만 정치적 악용 가능성에도 불구하고 IMF사태 10년을 맞이한 시점에서 IMF사태가 한국경제에 어떤 영향을 미쳤고 한국경제가 어떻게 변해 왔는지를 고찰해보는 것은 과거를 되돌아보고 반성한다는 의미에서 나름대로 의의가 있을 것이다. 이에 본 특집에서는 간략하게나마 거시경제적 성과에 초점을 맞추어 IMF사태 10년의 성과에 대해 평가를 해보기로 한다. 구체적으로는 2007년 10월 17일자로 발표한 경제보고서 「최근의 한국경제 동향 분석」에서 소개한 분석내용을 일부 보완하여 IMF사태 10년의 경제적 성과를 논해보기로 하겠다. 물론 본 특집에서 양적 및 질적 문제를 포함하여 경제적 성과의 모든 것을 다 평가할 수는 없다.

일반적으로 경제성장률, 물가, 고용은 경제를 평가할 수 있는 3대 지표이다. 이 글에서는 IMF사태 이후 경제적 성과에 대한 평가는 주로 경제성장률을 중심으로 논하기로 한다. 구체적으로는 먼저 지난 10년 동안의 성장률 추이를 살펴보고 통계상의 문제점을 지적하기로 한다. 두 번째로, 지난 10년 동안의 성장에 필요한 투입비용을 감안하여 DJ정부와 참여정부의 경제성장률 기여도를 각각 평가해보기로 한다. 그리고 마지막으로 물가와 고용구조의 변화에 대해서 간단히 언급하고자 한다.

먼저 1998년부터 IMF사태가 발생하기 시작한 이후 올해까지의 경제성장률 추이를 살펴보면 <도표1>에 나타난 바와 같다. IMF사태 이후 연평균 경제성장률은 명목 면에서는 6.3%, 실질 면에서는 4.4%를 기록함으로써 지표경기 면에서는 잠재성장률 수준의 비교적 양호한 성장을 해온 것으로 나타나고 있다. 또 1998년부터 2002년의 DJ정부 기간 동안에는 4.4%, 2003년부터 2007년까지의 참여정부 기간 동안에는 4.3%의 실질성장률을 기록한 것으로 나타났다. 실질성장률 면에서 4.4%가 적절한지의 여부는 여러 가지 판단기준이 있겠지만 대표적으로 잠재성장률을 기준으로 판단할 수 있다. 한국의 잠재성장률은 이미 90 년대 후반 이후 연평균 4% 수준으로 나타나고 있다. 따라서 지난 IMF 사태 이후 연평균 실질성장률 4.4%는 잠재성장률 수준을 달성하고 있는 것으로 평가할 수 있다.

이처럼 연평균 실질성장률 4.4%는 비록 잠재성장률 수준을 달성하고 있기는 하지만 그 내용 면에서 보면 1999년의 IT버블과 2000년부터 시작된 카드버블 그리고 2001년부터 시작된 부동산투기 버블의 3가지 버블을 바탕으로 달성된 것이라고 할 수 있다. 이들 3가지 버블이 경기부양을 위한 대책이었다고 강변한다면 할말은 없지만 이들 3가지 버블의 성장률 증대효과를 제외

<도표1> IMF사태 이후의 경제성장률 추이

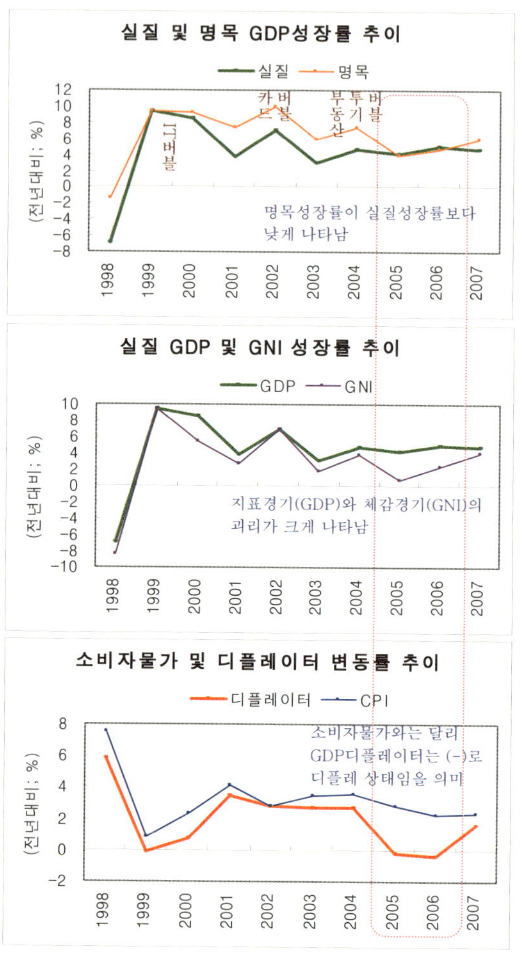

(주) 한국은행 자료로부터 KSERI 작성

하면 지난 IMF사태 이후 10년 동안의 연평균 실질성장률은 2~3%대로 떨어졌을 것이다. 예컨대 2000년부터 시작되어 2003년에 붕괴된 카드버블의 경제성장률 증대효과는 누계로 7%에 달한 것으로 추정되었다. 이를 감안하면 지난 10년 동안 실질 GDP성장률은 잠재성장률을 밑도는 연평균 3.7%로 떨어지게 된다.

그런가 하면 체감경기 면에서 대부분의 사람들은 지난 10년간 연평균 4.4%의 실질성장률에 대해 선뜻 공감하지 못한다. IMF사태 이후 지표경기와 체감경기가 다르다는 말이 일상적인 유행어가 되어 버릴 정도로 지표경기와 체감경기간의 괴리가 크게 확대되었다. 이처럼 지표경기와 체감경기간의 괴리가 확대된 가장 큰 이유는 무엇보다도 정부통계의 신뢰도 결여 때문이다.

구체적으로 지표경기와 체감경기의 괴리의 원인으로서 통계지표의 신뢰성 문제를 예로 들어보기로 하자. 상기 <도표1>에서 한국은행이 발표한 GDP 통계를 보면, 2005년과 2006년에 GDP 명목성장률이 실질성장률을 밑도는 역전 현상이 나타났다. 2005년 명목GDP성장률은 4%인데 실질성장률은 4.2%였으며, 2006년에는 명목성장률이 4.6%인데 비해 실질성장률은 5%로 오히려 증가한 것이다. 이처럼 명목성장률이 실질성장률을 밑도는 것으로 나타난 이유는 GDP 디플레이터가 2005년과 2006년에 각각 -0.2%와 -0.4%로 (-)를 기록하였기 때문이다.

GDP 디플레이터란 말하자면 경제 전체의 생산 및 소비, 교역 활동과 관련된 종합물가지수라고 할 수 있다. 이론상으로는 명목GDP를 이 GDP 디플레이터로 할인하여 실질GDP를 구하게 된다. 그러나 일반 소비자물가지수와는 달리 GDP 디플레이터는 먼저 명목GDP와 실질GDP를 구한 다음 역으로 산출되는 내재지표(Implied Index)라고 할 수 있다. GDP 디플레이터가 (-)라는 것은 말하자면 그 경제가 디플레 상태 즉, 전반적인 물가하락 상태에 빠졌다는 것을 의미한다. 버블 붕괴로 인해 장기불황에 빠진 일본경제가 90년대 후반 이후에 장기간 디플레에 빠져 제로금리 정책을 시행한 것은 너무나도 유명하다.

　그런데 2005년과 2006년에 한국경제는 GDP디플레이터가 (-)로 디플레에 빠졌다는 것이다. 90년대 후반 이후 일본경제처럼 말이다. 이와는 달리 일반 국민들이 체감하는 소비자물가지수는 2005년과 2006년에 각각 2.8%와 2.2%로 (+)로 나타나 (-)를 보인 GDP 디플레이터와 커다란 괴리를 보이고 있는 것으로 나타나고 있다. 대부분의 국민들은 2005년과 2006년에 한국경제가 집값 상승과 사교육비와 통신비, 유가 상승 등으로 생활이 더욱 어려워지고 있다는데 동의하여도 물가가 하락하는 디플레 상태에 빠졌다는데 동의할 사람은 거의 없다. 만일 2005년과 2006년의 명목성장률을 GDP디플레이터가 아닌 소비자물가지수 상승률로 할인하여 실질성장률을 계산한다면, 2005년과 2006년의 실질성장률은 2~3%대로 떨어졌을 것이다. 2005년과 2006년 일반 국민들이 느끼는 체감경기는 바로 이 정도 수준이었다고 생각한다.

　그렇다면 2005년과 2006년에 왜 소비자물가지수와는 달리 GDP 디플레이터가 (-)를 기록했을까? 2005년과 2006년에 생산자물가지수는 2.1%와 2.3%의 (+) 증가율을 기록했다. 이 기간에 GDP 디플레이터가 (-)를 기록한 것은 급격한 환율하락에 기인하는 것 외에는 설명할 길이 없다. <도표2>에서 보면 2005년과 2006년 원/달러 환율은 전년대비 -10.5%와 -6.4%가 떨어졌다. 그로 인해 원화환산기준 수출물가지수 증감률은 2005년과 2006년 큰 폭의 (-)를 기록한 반면, 원화환산기준 수입물가지수 증감률은 (-)를 기록해야 함에도 불구하고 반대로 (+)를 기록하였다. 이처럼 수입물가지수 증감률이 (+)를 기록한 것은 원화강세에도 불구하고 큰 폭의 유가급등에 기인한다고 할 수 있다. 이는 2005년과 2006년에 수출물가 하락으로 인한 디플레 압력을 수입물가가 상승함으로써 상쇄하고 있다고 할 수 있다. 따라서 이 시기에 아무리 원화 환율 하락이 크다고 해도 GDP 디플레이터가 (-)로 떨어진다는 것은 통계상의 결함 외에는 체감상으로 납득하기 어렵다고 할 수 있다.

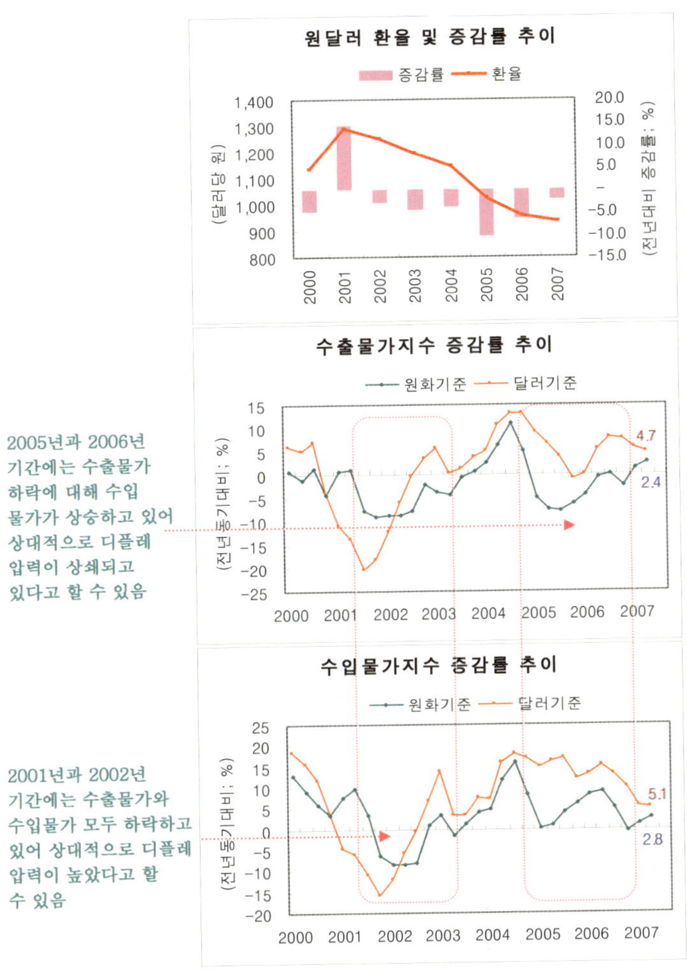

(주) 한국은행 자료로부터 KSERI 작성

그런데 2005년과 2006의 경우와 비슷한 상황이 2001년과 2002년에도 발생했다. <도표2>에서 2001년과 2002년에 원화 환율이 하락하는 가운데 수출물가는 큰 폭의 하락세를 보이고 있으며, 수입물가 역시 큰 폭의 하락세를 보이고 있다. 그 결과 수출물가 하락에 의한 디플레 압력을 더욱 가중시키고 있다. 그럼에도 불구하고 2001년과 2002년의 GDP 디플레이터는 +3%를 넘는 수치를 나타내고 있다. 이는 2005년과 2006년의 경우와는 정반대의 결과라고 할 수 있다.[3]

실제로 2001년 이후 미국경제를 비롯한 세계경제는 IT버블 붕괴와 9.11테러의 영향으로 디플레 우려가 매우 높아져 미국 FRB는 FF금리를 계속 인하하여 2003년에는 1%까지 내리는 초저금리 정책을 시행했었다. 다만 한국의 경우에는 카드버블로 인해 내수 호황으로 인플레 압력이 높은 상황이었다고 할 수 있다. 반면 2004년부터는 유가급등과 주가급등 그리고 세계경제 호조로 인해 인플레 압력이 높아져 미국 FRB는 2004년 하반기부터 금리를 인상하기 시작했다. 심지어는 일본은행마저도 2006년에 금리인상을 단행함으로써 제로금리 정책을 해제하기도 하였다. 그런 상황에서 한국만이 디플레에 빠졌다는 것은 납득하기 어렵다.

지표경기와 체감경기 괴리의 또 다른 이유로는 양적 경제성장에도 불구하고 그 성장의 성과물들이 특정 계층에게만 집중적으로 배분되고 있기 때문이라고 할 수 있다. 다수 서민들은 양적인 경제성장의 성과를 피부로 느끼지 못하고 있는 것이다. 즉 소득 양극화 심화를 들 수 있다. 소득 양극화의 원인은 여러 가지가 있을 수 있지만, 자본집약적 경제에서 기술집약적 경제로의 구조적 패러다임 변화에 따른 일자리의 양극화와 세계화 및 정책실패 등에 기인하는 급격한 자산경제화 현상으로 계층간 자산소유 가치의 양극화에 기인한다고 할 수 있다.

그러나 이 경우에도 통계상의 신뢰도 문제가 존재한다. 아래 <도표3>에서

---

[3] 2001년과 2002년의 GDP디플레이터가 (+)를 보인 것은 카드버블에 의한 내수소비 과열에 기인한다고도 할 수 있다.

볼 수 있는 것처럼 미국과 일본의 경우 1980년대 이후 지니계수가 지속적으로 상승하고 있다. 이에 비해 한국의 지니계수는 거의 변화하지 않고 있다. 이는 한국이 미국이나 일본과는 달리 상대적으로 소득불평등이 거의 심화되지 않았다는 것을 의미한다. 물론 IMF사태 이후 지니계수가 다소 상승하긴 했지만 미국이나 일본에 비하면 비교할 수 없을 정도로 낮은 수준을 유지하고 있다. 그러나 이런 통계수치에 수긍할 사람은 거의 없다고 할 수 있다.

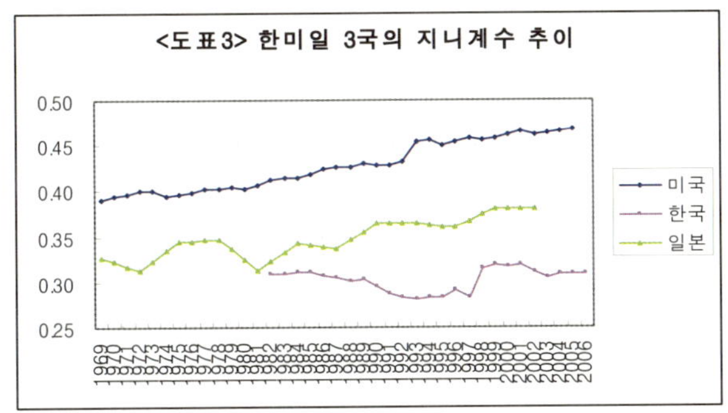

(주) 각종 자료로부터 KSERI 작성
한국은 근로자가구, 일본은 소득재분배 후 지니계수 수치임

이처럼 한국의 지니계수가 매우 낮게 나타나고 있으며 거의 변하지 않고 있는 것은 통계적 신뢰성에 심각한 문제가 있기 때문이라고 할 수 있다. 물론 지니계수를 산출하기 위한 통계표본의 차이를 들 수 있다. 한국은 근로자가구로 한정하여 지니계수를 산출하였기 때문이다.

한국의 자살자 수는 급증하여 세계 최고수준에 달하고 있다. 그리고 자살 동기의 대부분이 경제적 문제와 관련이 되어 있다. 바로 이것이 한국경제의 계층간 소득 양극화의 실상이라고 할 수 있다. 이런 엉터리 통계 문제를 올바로 거론하지 않고서 지난 IMF사태 이후의 경제적 성과를 제대로 논할 수는 없다.

2

이제 통계적 신뢰도 문제와는 별도로 IMF 10년간의 경제적 성과를 DJ정부와 참여정부 기간으로 나누어 이들 두 정부의 실질적인 경제성장률 기여도를 분석 평가해보기로 하자.

일반적으로 성과평가는 결과에 대한 평가뿐만 아니라 그 결과를 달성하기 위해 투입된 비용도 함께 고려하는 것이 상식이다. 이런 관점에서 DJ정부와 참여정부의 경제적 성과를 올바로 평가하기 위해서는 각 정부 기간 동안에 달성한 경제성장률뿐만 아니라 각 정부 기간 동안에 투입된 투입비용을 함께 고려하여야 한다. 경제성장을 위한 투입비용에는 여러 가지가 있을 수 있으나 가장 직관적이고 포괄적인 지표로는 국가채무 증가를 들 수 있다.

어떤 이유에서건 국가채무가 증가한다는 것은 미래의 빚으로 현재의 소비나 투자를 늘리고 있기 때문이라고 할 수 있다. 따라서 국가채무가 증가하는 기간에는 당연히 그만큼 경제성장률도 늘어나게 된다. 즉 미래의 성장잠재력이 늘어나든 아니면 심각하게 훼손되든 상관 없이 국가채무가 늘어나면 당장의 경제성장률은 어쨌든 늘어나게 된다. 이로부터 IMF사태 이후 실질적인 경제성장률이 얼마나 이루어졌는가를 알기 위해서는 이 기간 동안에 늘어난 국가채무 증가분을 제외하지 않으면 안 된다. 빚에 의한 성장은 굳이 DJ정부나 참여정부가 아니더라도 누구든지 정권만 잡으면 얼마든지 할 수 있기 때문이다. 국가채무 증가분을 제외한 경제성장률이야말로 IMF사태 이후 DJ정부와 참여정부의 경제정책과 한국경제의 자력에 의한 진짜 경제성장률을 의미한다고 할 수 있다.

주지하는 바와 같이 지난 IMF사태 이후 한국의 국가채무는 기하급수적으로 늘어났다. 이처럼 국가채무가 급증한 원인으로는 IMF사태 이후 부실금융기관 및 부실기업 구조조정을 위한 공적자금 투입 때문이라고 할 수 있다. 아래 <도표4>에서 보면 IMF사태 이후 부실금융기관 및 부실기업 구조조정을 위해 168조원 이상의 공적자금이 투입되었다. 공적자금 지원 현황을 살펴보면 2007년 3분기말 현재 총 168조원이 지원되었으며, 회수된 자금은 89조원으로 미회수분은 79조원으로 나타나고 있다. 또 공적자금 지원을 위해 조달된 자금내역을 보면 채권발행 102.1조원, 회수자금 재사용 42.1조원, 공공자금 19.8조원, 기타 4.3조원으로 나타나고 있다. 회수자금 재사용분을 제외하면 실제로 공적자금 투입을 위해 조달된 자금규모는 126조원 이며 그 대부분을 국채발행을 통해 조달했음을 알 수 있다. 또 공적자금 채무상환은 2003년부터 이루어지기 시작하여 2007년 말 현재 63.4조원에 이를 것으로

<도표4> 공적자금 지원 및 자금조달 내역 추이

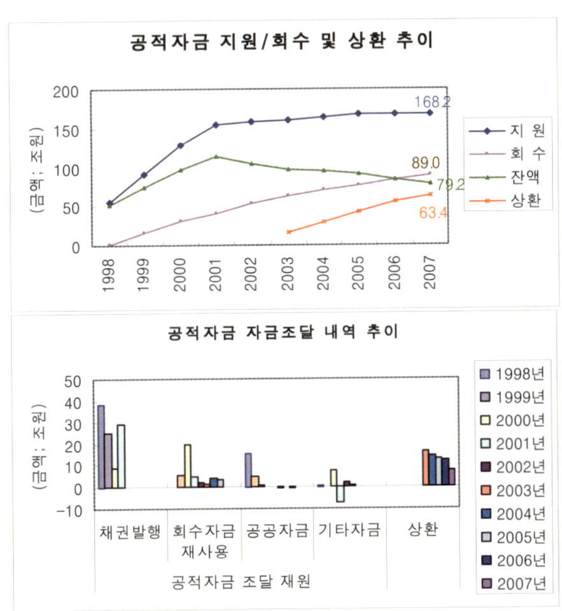

(주) 공적자금관리위원회 자료로부터 KSERI 작성

예상된다.

그런데 공적자금은 2002년까지 159조원이 투입된 것으로 나타나 거의 대부분이 DJ정부 시절에 투입 완료되었으며, 102조원에 달하는 채권발행을 통해 공적자금의 대부분을 조달했다. 그리고 2002년까지 회수된 공적자금은 54조원으로 105조원이 미회수된 것으로 나타났다. 이어서 참여정부 때에는 약 9조원의 공적자금이 추가로 투입되었으며, 추가로 회수된 자금은 35조원으로 나타났다. 즉 참여정부 때에는 회수된 공적자금이 지원된 것보다 훨씬 많은 것으로 나타났다. 이로부터 공적자금 투입 추이로 보면 국가채무는 DJ정부 때 급증했을 것으로 추론이 가능하며, 참여정부 때에는 공적자금으로 인한 국가채무는 오히려 감소했을 것으로 예상할 수 있다.

그런데 놀랍게도 아래의 <도표5>에서 국가채무 증가 추이를 보면, DJ정부 때보다 참여정부 때에 국가채무가 압도적으로 증가하고 있음을 알 수 있다. 1997년 50조원이던 국가채무는 DJ정부 말인 2002년에 134조원으로 늘어났다. DJ정부 기간 동안에 총 83조원의 국가채무가 늘어난 것이다. 이에 비해 참여정부 기간인 2006년 말 현재 국가채무는 총 283조원에 달하고 있으며 2007년에는 300조원을 넘을 것으로 전망되고 있다. 따라서 참여정부 시기에 늘어난 국가채무는 총 167조원에 달할 것으로 보인다.

이로부터 참여정부 때에는 공적자금과 무관한 적자국채 발행 급증으로 국가채무가 급증했다고 할 수 있다. 설령 참여정부 때인 2003년부터 2007년까지 공적자금 상환분인 63조원을 감안한다고 해도 참여정부 기간에 늘어난 국가채무 순증가는 104조원 가량에 달하고 있다. 그러나 참여정부 기간 동안에 63조의 공적 자금을 상환했다고 한다면 참여정부 때에 63조원의 국가채무가 증가하게 되지만 반대로 DJ정부 때의 국가채무는 63조원 줄어야 한다. 즉 전체 국가채무 면에서는 변화가 없어야 하는 셈이다. 결국 참여정부 기간 동안의 국가채무 순증가는 167조원에 달한다고 할 수 있다.

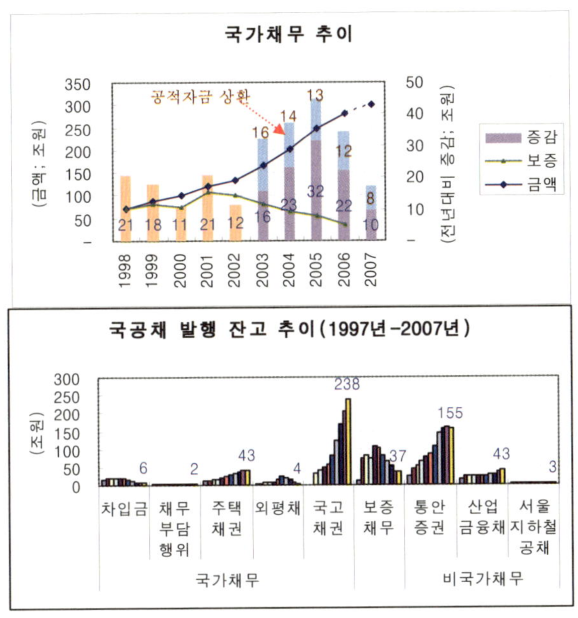

(주) 각종 자료로부터 KSERI 작성

이상의 설명을 바탕으로 지난 IMF사태 이후 10년 동안에 국가채무 증가분을 차감한 순수 경제성장률을 추정해보기로 하자. 비교를 위해 DJ정부와 참여정부로 나누어 분석해보겠다.

먼저 아래의 <도표6>에 나타난 바와 같이, 1998년부터 2007년까지 국가채무 증가분의 실질성장률 기여도는 연평균 3.6%에 달하는 것으로 나타나고 있다. 이는 이 기간 동안의 연평균 실질성장률이 4.4%라는 점을 감안하면, 실질성장률의 거의 대부분이 국가채무 증가에 의한 성장이었으며, 경제 스스로의 자력에 의한 성장률은 불과 연평균 0.8%에 그쳤다는 것을 의미한다. 즉 지난 IMF사태 이후 한국경제는 국가채무 증가에 의한 빚으로 성장을 해온 셈이라고 할 수 있다. 그 동안 기회 있을 때마다 우리 연구소가 한국경제는 빚에 의한 성장을 해오고 있다고 말해온 이유를 충분히 이해할 수 있을 것이다. 지난 IMF사태 이후 한국경제는 미래 자식세대들에게 빚더미를 떠넘기면서 현재 부모세대들의 성장을 추구해오고 있다고 할 수 있다.[4]

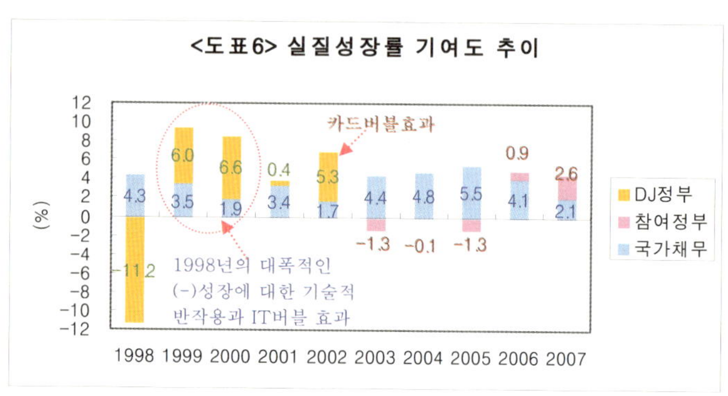

(주) 각종 자료로부터 KSERI 작성

구체적으로 DJ정부와 참여정부로 나누어 살펴보자. 먼저 DJ정부 기간 동안의 경우, 국가채무 증가분의 실질성장률 기여도는 연평균 3.0%로 나타나고 있다. 그런데 이 기간 동안의 연평균 실질성장률이 4.4%라는 점을 감안하면, DJ정부의 자력에 의한 성장률은 1.4%에 불과하다고 할 수 있다. 여기에 DJ정부 기간에 IT버블과 카드버블을 감안하면 사실상 DJ정부의 자력에 의한 성장은 거의 없었다고 해도 크게 틀리지는 않을 것이다.

이에 비해 2003년부터 2007년까지 참여정부 기간 동안의 국가채무 증가분의 실질성장률 기여도는 연평균 4.2%로 나타나, 같은 기간 동안의 실질성장률 4.3%에 비해 불과 0.1%의 차이밖에 나지 않는 것으로 나타나고 있다. 즉

---

[4] 2007년 10월 17일자 경제보고서 「최근의 한국경제 동향분석」에서는 국가채무에서 공적자금 투입분을 차감한 성장률 기여도를 분석 제시하고 있다. 그러나 본 특집에서는 공적자금 데이터를 보완하여 분석한 것으로 보다 정확한 분석방법이라고 할 수 있다.

참여정부 자력에 의한 경제성장률은 연평균 0.1%에 불과해 거의 성장을 하지 못했다는 것을 의미한다.

이상으로부터 한국경제는 지난 IMF사태 이후 10년간 양적으로는 잠재성장률 수준의 성장을 해온 것처럼 보이지만 그 대부분은 국가채무 증가에 의한 성장이었으며, 경제 스스로의 자력에 의한 성장은 매우 미약한 수준에 그치고 있다고 할 수 있다. IMF사태로 이루어진 대규모 공적자금 투입과 구조조정은 한국경제의 성장잠재력을 키우는데 기여하지 못한 채, DJ정부와 참여정부 모두 경제정책적 측면에서 한국경제의 자생적 성장력을 높이는데 실패했다고 하지 않을 수 없다. 특히 참여정부는 포스트-3김 시대를 여는 첫 번째 정부로서 국민적 개혁의 열망과 기대를 안고 출범했지만 DJ정부와 마찬가지로 경제의 자생력을 높이는데 완전히 실패하고 말았다고 하지 않을 수 없다. DJ정부는 IMF사태라는 위기극복 때문에 경제의 자생적인 성장잠재력을 높이는데 실패했다고 변명할 수도 있다. 그러나 참여정부에게는 그런 변명의 여지조차도 없다고 할 수 있다.

케인지안의 논리에 입각하여 국가채무 증가는 단지 소모적인 낭비가 아니라 현재의 시장실패 또는 불균형에 대처하고 미래의 성장잠재력을 키우기 위한 목적으로 재투자된 것이라고 주장할 지도 모른다. 이론상으로는 충분히 그럴 수도 있다. 그러나 그런 주장을 할 때에는 막대한 공적자금과 엄청나게 급증한 국가채무가 과연 어디에 어떻게 투입되어 한국경제의 미래 성장잠재력을 키우는데 기여했는지 그 근거를 제시해야 한다. 이미 각종 언론에 보도된 바와 같이 공적자금을 둘러싼 수많은 비리와 의혹사건에서 볼 수 있는 것처럼, 대다수 국민들은 막대한 공적자금과 국가채무가 한국 경제의 성장잠재력을 높이는데 투입되었다고 생각하지 않는다.

좋은 의미에서건 나쁜 의미에서건 참여정부는 결과적으로 개발공화국이었다고 할 수 있다. 대책 없이 뛰는 아파트가격을 잡는다는 평계로 끊임없이 추진한 신도시개발 사업과 경제자유구역 개발사업, 지방혁신도시 건설 사업, 행정복합도시 건설사업 등 엄청난 개발사업을 추진했다. 그 과정에서 막대한 국가채무가 증발되었다. 과연 이런 것들이 IMF사태 이후 기술집약적 성장 패러다임으로 바뀐 한국경제의 성장잠재력에 얼마나 기여할 지는 참으로 의문이라 하지 않을 수 없다.

이제 IMF사태 10년의 성과평가에 관한 두 번째 평가지표로서 물가에 관해 간단히 논해보기로 하자.

앞의 <도표1>에서 살펴본 바와 같이 지난 IMF사태 이후 소비자물가 변동률은 매우 안정적인 추이를 나타내고 있다. 그러나 물가에 관해서도 GDP 통계의 경우와 마찬가지로 지표물가와 체감물가간의 심각한 괴리가 존재한다. 지난 IMF사태 10년 동안에 서울을 비롯한 수도권의 물가는 거의 세계 최고 수준에 달했다. 서울의 주택가격은 일본 동경보다도 비싸졌으며, 사교육비 역시 세계 최고 수준을 자랑하고 있다. 그런가 하면 세계 주요 도시 가운데 서울의 생활물가 수준이 거의 최고수준에 달하고 있다. 이처럼 세계 최고수준의 물가를 기록하고 있지만 통계 면의 물가상승률은 매우 낮은 수준을 지속하고 있다. 체감물가와 지표물가가 심각하게 괴리되고 있는 것이다.

이미 여러 차례 설명한 바와 같이 물가는 플로우 면의 인플레 압력과 스톡 면의 자산버블을 들 수 있는데, IMF사태 이후 DJ정부와 참여정부의 부동산 투기대책 실패는 명백한 스톡 면의 가격안정 실패의 결정적 증거이자 최대의 정책적 과오라고 할 수 있다. 부동산 투기대책 실패는 가계부채 급증이라는 새로운 시한폭탄을 낳았다. 만일 제2의 IMF사태와 같은 혼란이 발생한다면 그것은 가계부채에서 시작될 가능성이 매우 높다.

최근에도 반값아파트 정책실패 사례에서 볼 수 있는 것처럼 엉터리 정책의 반복이 여전히 계속되고 있다. 경실련의 주장처럼 참여정부 관료들의 고의적인 실패유도 의도가 있든 없든 이러한 엉터리 정책의 반복이야말로 부동산투기와 부동산가격 폭등의 가장 근본적인 원인이라고 할 수 있다. 부동산 문제에 대해서는 이미 오래 전부터 여러 차례에 걸쳐 상론한 바 있으므로 여기서는 상세한 설명을 생략하기로 한다.

마지막으로 고용 면에서 IMF사태 이후 성과평가에 대해 간단히 언급하고 마무리하기로 하자. <도표7>에서 IMF사태 이후 고용구조 변화 추이를 살펴보면, 임금근로자는 1997년 1,340만 명에서 2007년 9월 1,600만 명으로 260만 명 가량이 증가했다. 또 임금근로자 중 정규직(상용) 근로자는 1997년 728만 명에서 2007년 882만 명으로 154만 명 증가했다. 반면 비정규직(임시+일용) 근로자는 1997년 612만 명에서 2007년 723만 명으로 111만 명 증가했다. 일견 IMF사태 이후 정규직과 비정규직 모두 일자리가 늘었으며, 임금근로자 대비 비정규직 근로자 비중은 2000년 52%에서 2007년에는 45%로 줄어든 것으로 나타나고 있다.

그러나 여기에도 통계상의 문제가 존재한다. <도표7>에서 고용보험 가입자 수를 보면, 2007년 3분기 현재 891만 명으로 나타나 고용보험에 가입하지 못한 임금근로자 수는 709만 명에 달하고 있는 것으로 나타나고 있다. 이로부터 임금근로자 중 고용보험에도 가입하지 못한 비정규직 근로자 수는 최소한 709만 명 이상으로 추정되고 있다. 여기에 임금근로자에 포함되지 않는 일용직 근로자 수 213만 명을 합하면 비정규직 근로자 수는 총 923만 명에 달하고 있는 것으로 추정된다. 이는 전체 임금근로자의 절반을 넘는 57.5%에 달하는 수치이다. 따라서 실제로는 IMF사태 이후 한국경제의 고용구조는 비정규직 급증으로 극도로 불안정해졌다고 할 수 있다.

한편 제조업의 노동 한 단위당 산출의 크기를 나타내는 노동생산성은 2000년을 기준으로 1.6배 가량 증가한 반면, 산출물 1단위 생산에 투입되는

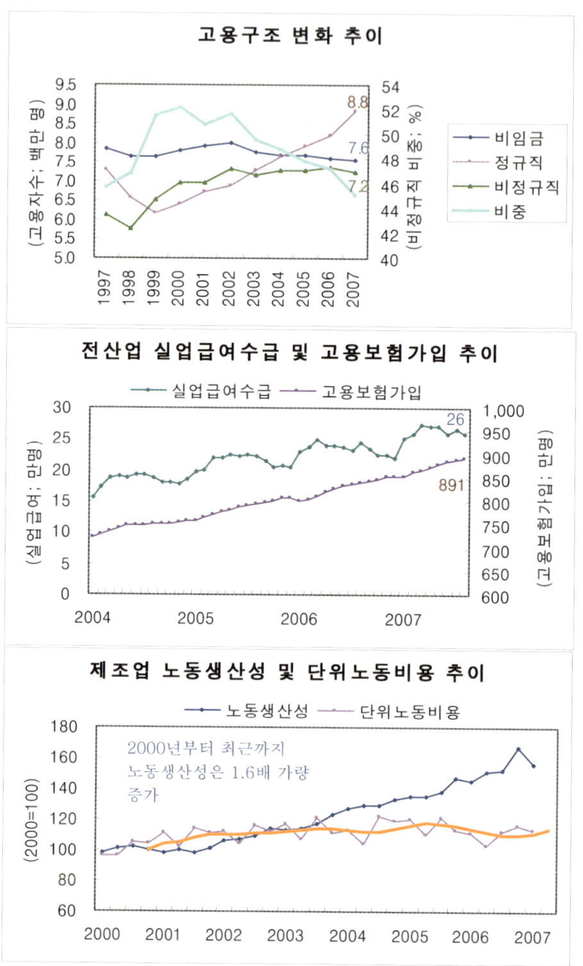

(주) 각종 자료로부터 KSERI 작성

단위노동비용은 1.15배 증가에 그치고 있다. 이로부터 한국경제는 IMF사태
이후 노동의 부가가치 향상에 주력해 왔다기보다는 노동비용을 억제하는데
주력해왔다고 할 수 있다. 같은 기간 동안 미국의 제조업은 노동생산성이

3배 증가한 반면 단위노동비용은 1.4배 가량 증가하였다. 이로부터 한국의 노동생산성 증가는 미국의 절반 수준에 불과한 반면 산출물 1단위 생산에 투입되는 단위노동비용은 미국보다 더 낮게 억제되고 있다는 것을 알 수 있다. 이것은 한국경제가 지난 IMF사태 이후 노동의 부가가치화에 힘을 쏟기보다는 비정규직화를 통해 단위노동비용을 절감하는 원가절감에 주력함으로써 한국경제 전체의 노동생산성을 정상적으로 높이지 못했음을 의미한다. 그 결과 한국경제는 점차 경쟁력이 약화되고 성장잠재력도 떨어져 어려움에 처할 가능성도 높아지고 있는 것이다.

결론을 말하자. 한국경제는 IMF사태를 전후로 큰 변화를 보여 왔다. IMF사태 전에는 기업과 금융기관의 과다부채로 인해 IMF사태를 겪었다. IMF사태 이후에는 가계와 정부부문의 부채가 급증하고 있다. 가계와 정부부문의 부채 급증이 문제를 일으킬 가능성이 매우 높아지고 있는 셈이다.

지난 IMF사태 이후 한국경제의 경제적 성과에 대해 경제성장률, 물가, 고용의 3가지 측면에서 평가한 결과 매우 비관적이라고 할 수 있다. 단순히 외형적인 실질경제성장률 면에서는 일견 잠재성장률 수준을 달성하고 있는 것처럼 보이지만 그 내용 면에서는 국가채무 급증이라는 빚에 의한 성장을 해왔다고 할 수 있다. 특히 DJ정부보다는 참여정부의 경우, 자력에 의한 경제성장률은 평균적으로 (-)성장률을 보였다. 물론 모든 것을 참여정부의 정책실패 탓으로 돌릴 수만은 없다. 그러나 포스트-3김 이후 새로운 개혁 패러다임 실현을 내세워 출범한 참여정부의 경제적 실정(失政)은 비판을 면할 길이 없을 것으로 보인다.

물론 지난 IMF사태 10년의 경제적 성과와 관련하여 야당이라고 해서 책임과 비난을 면할 길이 없다. 미국의 경우 경제 전체적으로 매우 중요한 문제는 항상 초당적 협력을 바탕으로 입법을 한다. 일본의 경우에도 여야 정당의 크기에 관계없이 경제 전체적으로 중대한 사안에 관해서는 항상 여야간 다양한 채널을 통해 물밑 논의를 거쳐 상호 초당적 협력을 한다. 물론 최종적으로는 각 정책에 대한 형식적인 찬반 투표를 하기는 한다.

한국의 경우, 지난 IMF사태 이후 제1 야당은 부동산투기가 경제의 성장잠재력을 심각하게 훼손하고 있음에도 불구하고 오히려 엉터리 시장수급 논리를 내세워 투기를 부추겼다. 이 글에서는 상론하지 않았으나 여야를 막론하고 정치권의 소모적이고 무지한 정쟁의 반복이야말로 지난 IMF사태 이후 한국경제의 성장잠재력을 가장 심각하게 훼손시킨 주범이라고 해도 과언이 아닐 것이다. 그런 점에서 정치권의 전면적인 물갈이 없이는 한국의 성장잠재력을 근원적으로 높이는 것은 불가능한 것처럼 보인다.

(2007년 10월 23일, 10월 30일)

4. 일본의 사회보장 개혁과 국가채무

최근의 일본경제에 대해 살펴보기로 하자. 최근 일본경제의 화두는 사회보장제도 개혁 및 그와 관련된 소비세 인상에 관한 이야기이다. 세금인상은 아무리 그 목적의 정당성이나 당위성이 인정된다 하더라도 유권자들에게는 결코 인기를 얻기 힘든 정책 과제이다. 그러나 일본이 기초연금의 절반을 국가재정으로 지원하기로 결정한 이상[5] 국가재정의 건전화는 필연적이다. 그런데 주지하는 바와 같이 일본은 이미 국가채무가 한계를 넘어선 상태로 세금인상을 통한 추가재원 확보 이외에는 달리 방법이 없다. 이에 본 특집에서는 일본에서 연금제도개혁과 소비세 인상 그리고 국가채무가 구체적으로 어떤 관계에 있는지 살펴보기로 한다. 참고로 국가채무와 경제성장간의 관계에 대해서는 한국과 미국의 경우, 이 책 1부의 "IMF사태 10년의 경제적 성과평가" 와 "고유가와 미국채 시장의 수급붕괴" (이 책 2부 6장을 참조) 특집에서 살펴보았다. 이들 두 개의 특집과 본 특집을 종합하여 비교해보면 국가채무와 경제성장간의 상관관계를 일목요연하게 이해할 수 있을 것이다.

최근 일본은 연금기록 누락 문제로 매우 어수선한 분위기다. 일본정부는 1997년부터 기초연금번호 제도를 도입하여 과거 연금통장기록을 기초연금번호로 전산화하는 작업을 추진해왔는데, 2006년 6월까지 전체 3억 건 중 약 5천만 건이 일부 또는 전부 누락되거나 내용 불일치가 밝혀졌다. 그로 인해 일본 국민들의 분노는 하늘을 찌르듯이 치솟았으며, 연금제도 개혁에

---

[5] 일본의 연금제도에 관해서는 『현실과 이론의 한국경제』 III권 제7장을 참조

대한 논의가 다시 급물살을 타고 있다. 일부에서는 연금기록 누락 문제로 인해 2007년 7월 29일 실시된 참의원선거에서 자민당의 아베 내각이 민주당에 참패를 하였을 뿐만 아니라 아베 수상의 퇴진으로까지 이어지는 결과를 초래했다고 말하고 있기도 하다.

일본 사회보장제도 개혁 논의의 초점은 연금 등 사회보장 재원의 안정적인 확보에 있다고 할 수 있다. 즉 기초연금(국민연금)의 1/2을 재정에서 부담하기 위해서는 특별목적세를 도입하지 않으면 안 된다는 것이다. 일본의 국가채무가 감당할 수 없을 정도로 한계에 이른 상황에서 부족한 연금재원을 무작정 적자 재정에만 의존할 수 없기 때문이다. 연금재정 확보를 위한 특별목적세 도입 방안에 관해서는 여기서 상론할 수는 없지만 여당인 자민당과 제1야당인 민주당의 개혁안에는 서로 약간의 차이가 있는 것으로 보인다. 그렇지만 대체적인 개혁의 기본방향은 소비세의 일부를 연금재원 확보를 위한 특별목적세로 충당하자는 것이며, 이를 위해 소비세 인상을 포함한 포괄적인 조세개혁을 단행하자는 것이다.

일본의 소비세는 다케시타 내각 때인 1989년 3%로 도입된 후, 1997년 하시모토 내각 때에 5%로 인상되었다. 하시모토 내각은 소비세 인상으로 인해 붕괴되고 말았다. 그 정도로 세금 인상에 대한 일본 국민들의 반발은 매우 크다고 할 수 있다. 그 후 2004년 민주당은 7월 실시된 참의원선거에서 소비세 8% 인상을 공약으로 내세웠다가 올해 7월 실시된 참의원 선거에서는 당분간 현상유지 쪽으로 바꾸었다. 자민당 아베 정권하에서 일본 국민들의 부담이 크게 늘었기 때문이라는 것이다. 자민당 지도부 역시 소비세 인상 여부를 둘러싸고 그때그때의 정치적 상황에 따라 여러 차례 말을 바꾸는 바람에 언론과 여론의 질타를 받았다. 여야 모두 하시모토 내각의 전례를 너무나도 잘 알고 있기 때문이다.

그런 가운데 2007년 10월에 일본 내각부 경제재정자문회의는 재정흑자 기

조를 유지하면서 의료/개호 등의 재원을 확보하기 위해서는 소비세를 2025
년까지 11~17%까지 인상하지 않으면 안 된다는 보고서를 발표했다. 이를 계
기로 일본 내에서는 2010년 이후부터 소비세를 현행의 5%에서 10% 이상으로
올리지 않으면 안 된다는 분위기가 형성되고 있다.

기본적으로 필요최소한의 노후생활권 보장을 국민의 헌법적 기본권으로
인식할 경우, 국가는 재정에서 사회보장 재원을 지원할 수 있는 논리적, 법
적 근거를 마련할 수 있게 된다. 왜냐하면 노후생활권 보장은 국민의 기본
권임과 동시에 국가의 책무이기 때문이다. 다만 사회보장 확대로 인한 세대
간 부채 물림이 없도록 국가재정이 안정을 유지해야 한다는 단서가 붙는다.
즉 국가재정에서 사회보장 지원을 확대하더라도 균형재정이나 흑자재정을
유지해야 한다는 것이다. 그렇지 않으면 미국의 경우에서 볼 수 있는 것처
럼 국가채무만이 급증하게 되고, 그 부담은 몽땅 자식세대들에게 대물림이
되고 말기 때문이다.

일본 역시 마찬가지이다. 사회보장제도 개혁의 걸림돌이 되고 있는 일본
의 국가채무 문제에 대해서는 이미 각종 자료를 통해 여러 차례에 걸쳐 발
표한 바 있다. 일본의 국가채무 문제가 어느 정도 심각한지 좀더 구체적으
로 살펴보기로 하자. 아래 <도표1>에서 보면, 일본의 국가채무는 2007년 3
분기 현재 836.5조 엔에 달하고 있다.

일본의 국가채무는 1970년대 1차 오일쇼크 때부터 증가하기 시작하여 80
년대 나카소네 내각 때에도 지속적으로 증가하기 시작한다. 이 시기에 일본
국가채무가 증가한 원인은 70년대의 2차례에 걸친 오일쇼크로 인한 경기침
체와 1985년 플라자 합의로 인한 '엔고불황'에 대처하기 위해 일본정부가
대규모 적자국채 발행을 통해 재정확대 사업을 크게 늘렸기 때문이다.

당시에는 일본 경제관료들 거의 대부분이 케인지안적 경기부양론에 사로
잡혀 있었기 때문에 적자국채 발행을 통한 경기부양은 너무나도 당연한 것

<도표1> 일본의 국가채무와 순성장률 추이

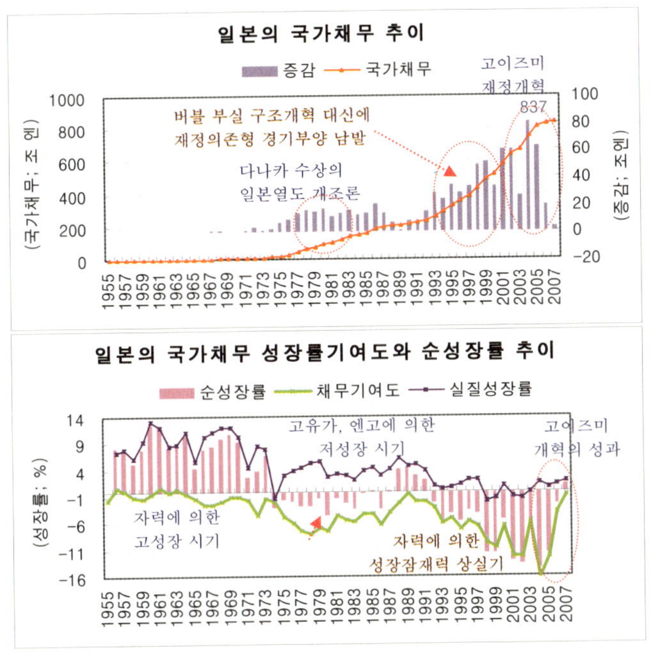

(주) 각종 자료로부터 KSERI 작성

으로 생각하고 있었다.[6]

　그러나 일본의 국가채무가 본격적으로 급증한 것은 90년대부터이다. 90년대에 버블이 붕괴되면서 계속되는 경기부양 대책과 금융기관 및 기업 부실에 따른 대규모 공적 자금 투입 등으로 국가채무가 기하급수적으로 급증하기 시작한 것이다. 1992년 240조 엔이던 일본의 국가채무는 10여 차례가 넘는 경기부양책을 남발한 결과 2006년에는 832조 엔으로 3.5배 가량이나

---

[6] 심지어는 그냥 적자재정으로 땅을 파서 그냥 메우는 것도 경기부양에 도움이 된다는 주장이 만연될 정도였다. 이런 주장은 경제의 중장기적 성장잠재력을 전혀 고려하지 않은 그야말로 근시안적인 단견이라고 할 수 있다.

급증했다. 불과 15년 동안에 592조 엔이나 국가채무가 급증한 것이다. 그런데 놀라운 것은 15년 동안에 이처럼 막대한 적자 재정이 투입되었음에도 불구하고 이 시기 일본경제는 연평균 0.4%를 밑도는 낮은 성장률에 그치고 있다는 점이다. 이것은 이 시기에 급증한 국가채무가 일본경제의 성장잠재력을 높이는데 거의 기여하지 못한 채 낭비되고 있었음을 시사한다. 이처럼 막대한 재정투입에도 불구하고 15년 동안 거의 제로성장에 머무른 최대 원인은 이미 여러 차례 설명한 바와 같이 일본 정부관료들과 정치권의 도덕적 해이에 기인한 버블 부실처리 지연 때문이라고 할 수 있다. 말하자면 부실이 부실을 낳고 또 그렇게 늘어나는 부실에 계속 한없이 적자 재정을 쏟아부었기 때문이다.

실제로 앞서의 <도표1>에서 일본의 국가채무 증가가 일본의 실질성장률에 기여한 부분을 차감한 순성장률과 실질성장률 추이를 살펴보면, 크게 4단계로 나누어 볼 수 있다.

먼저 제 1단계로는 1955년부터 1974년 1차 오일쇼크가 발생하기 전까지의 고도 성장기를 들 수 있다. 이 시기에 일본의 실질성장률과 순성장률은 연평균 9.3%와 8.2%의 매우 높은 수준을 보였다. 다음에 2단계로는 70년대 1차 오일쇼크 이후 80년대 말의 버블기까지를 들 수 있는데, 이 시기에 일본경제의 실질성장률과 순성장률은 연평균 3.8%와 -1%으로 크게 떨어지고 있다. 이른바 실질성장률 면에서는 고성장 경제에서 중성장 경제로 바뀐 것이다. 그러나 놀랍게도 국가채무 기여도를 차감한 순성장률은 -1%로 나타나 이 시기 일본의 경제성장률은 자력에 의한 성장이라기보다는 국가채무 증가에 의한 성장이었음을 의미한다. 말하자면 일본경제는 이미 70년대 중반부터 국가채무의 증가 없이는 자력에 의한 성장이 어려운 상황에 직면하고 있었다고 할 수 있다. 즉 일본경제는 이때부터 벌써 자력에 의한 성장잠재력이 떨어지고 있었던 것이다.

이처럼 일본경제가 1970년대 중반부터 자력에 의한 성장이 어려워지게 된 배경으로는 1,2차 오일쇼크에 의한 유가급등과 1973년의 달러 변동환율제 이행에 따른 지속적인 엔화 강세를 들 수 있다. 엔달러 환율은 변동환율제 시행 전에 달러당 300엔에서 80년대 말에는 달러당 120엔대로 20년이 채 안되는 사이에 무려 60%나 평가절상 되었던 것이다. 이처럼 급격한 엔화 강세는 일본경제가 감당하기에는 너무 벅찼던 것이라고 할 수 있다.

다음에 90년대부터 2005년 고이즈미 개혁의 성과가 가시화되기 전까지의 제 3단계 기간 동안의 일본경제는 버블이 붕괴면서 완전히 국가채무에 의존하지 않고서는 유지하기 힘든 지경에 이르게 된다. 1991년부터 2005년까지 연평균 실질성장률 및 국가채무 기여도를 차감한 순성장률은 0.7%와 −6.6%로 나타났다. 이 시기의 일본경제는 사실상 완전히 와해된 상태였다고 해도 과언이 아닐 정도이다.

그러나 마지막 4단계로 2001년부터 추진되기 시작한 고이즈미 개혁의 성과가 2006년부터 가시화되기 시작하면서부터 일본경제는 그야말로 기적과도 같은 자력성장의 회생을 하기 시작한다. 정말로 일본경제는 2006년부터 기적과 같은 회생을 하기 시작한 것이다. 그 이전의 일본경제는 자력에 의한 성장잠재력을 완전히 상실한 채 심각한 국가채무의존 중독에 빠진 채 헤어나지 못하고 있었다. 기업과 금융기관 부실 구조조정을 미룬 채 얼마나 소모적이고 낭비적인 토건중심의 재정확대 사업만을 남발했는지 짐작케 해주는 대목이라고 할 수 있다. 2001년부터 시작된 고이즈미 개혁은 부실을 과감하게 정리하고 국가채무 중독을 과감하게 끊기 시작한 그야말로 일본경제 회생의 구세주였다고 할 수 있다.

이처럼 고이즈미 개혁은 2006년부터 성과가 가시화되기 시작하였는데, 2007년의 실질성장률은 +2%에 국가채무 기여도를 제외한 순성장률도 +1.2%를 기록했다. 1991년 이후 처음으로 국가채무 증가에 의존하지 않고 일본경제 스스로의 자력에 의해 (+) 순성장률을 기록한 것이다. 기하급수적으로 급증하던 국가채무 증가도 완전히 멈췄다. 이를 바탕으로 일본정부는 2010년부터는 국가채무 삭감을 목표로 재정건전화를 위한 재정 및 조세개혁을 단행할 계획으로 있다. 연금 재원의 안정적 확보를 위한 사회보장 개혁과 소비세를 인상하려고 하는 것은 바로 이 때문이다. 즉 국가 적자재정에 의존하지 않고 경제 스스로의 자력에 의해 해결할 수 있는 사회보장제도 및 경제시스템을 구축하려고 하는 것이다.

소비세 인상을 통한 연금재원 확보는 기존의 연금 보험료 납부 방식에서 조세방식으로의 전환을 의미한다. 서두에서도 설명한 바와 같이, 보험료 방식은 막대한 기금 적립과 관리 면에서 많은 문제점이 드러나고 있다. 특히 확정급여형 연금지급 방식의 경우에는 정치권의 선심성 공약남발과 정부관료들의 도덕적 해이로 인해 보험료 수입보다도 지급연금액이 구조적으로 초과하게 된다. 그 결과 언젠가는 연금재정이 파탄되는 최악의 결과를 초래한다. 연금재정 적자는 자식세대가 모두 떠안아야 할 국가의 잠재채무인 것이다.[7]

사회보장 재원의 파탄을 막기 위해서는 우선 재원확보 방식을 보험료부과 및 기금적립 방식에서 적립하지 않는 조세 방식으로 바꾸어야 한다. 그래야만 소비세(부가가치세)든 소득세든 거래세든 폭넓은 세원에서 안정적으로 사회보장 재원을 확보할 수 있게 된다. 그래야만 그때그때의 경제적 수준과 형편에 맞게 연금부담을 낮게 책정할 수 있게 된다. 조세방식으로 전환하지

---

[7] 한국의 경우에도 이미 일반재정 수지는 적자를 기록한지 오래다. 연금 등을 포함한 통합 재정수지만이 겨우 흑자를 유지하고 있다. 그러나 통합재정수지가 흑자를 나타내고 있다고 해서 재정이 건전한 것은 결코 아니다. 보험료 납부자가 연금수령자보다 압도적으로 많기 때문에 대규모 수지 흑자를 기록하고 있을 뿐이며, 실제로는 미래의 잠재채무가 급증하고 있는 것이다.

않고 연금보험료에만 의존할 경우 보험료율이 10~20%에 달하게 되어 웬만한 중소기업이나 중간 소득계층이 감당을 하지 못하게 된다. [8]

뿐만 아니라 연금지급 방식도 확정급여형 지급방식에서 확정기여형과 기초연금을 결합한 방식으로 전환할 필요가 있다. 일본의 연금제도는 크게 근로자를 대상으로 하는 확정기여형 지급방식(후생연금)과 자영업 등 일반 국민을 대상으로 하는 기초연금 지급방식(국민연금)의 2원 제도로 되어 있다고 할 수 있다. 그리고 기초연금 재원에 대해서는 국가가 노후생활권을 헌법적 기본권으로 인식하여 소비세 등 폭넓은 재원을 바탕으로 국가재정에서 1/2을 지원하기로 정했다. 예전의 1/3에서 1/2로 재정지원 폭을 더 늘린 것이다. 그렇게 함으로써 저소득층 고령 세대에게도 모두 필요 최소한의

<도표2> 연금지급 방식 - 확정급여형과 확정기여형

연금 형태	기초연금	민간개인연금
연금 제도의 성격과 특징	사회보장 차원의 세대간 부의 이전 및 계층간 부의 재분배 시스템	민간 스스로 自助的 차원의 PAYG 시스템
	모든 사람들에게 확정(산식 기준) 연금 지급 보장을 전제	적립금 운용의 비용 및 손실 위험은 본인부담 원칙
연금지급 방식	확정급여형 (defined Benefit)	확정기여형 (defined Contribution)

(주) 『현실과 이론의 한국경제』 III권 제7장, KSERI

---

[8] 미국이나 독일 등에서는 차년도 연금지급액과 조세수입을 산정하여 당해년도 말에 정부 재정지원 예산을 확보한다. 동시에 예상치 못한 만일의 상황에 대비하여 연간 연금지급액의 최대 3년분 이하에 해당하는 기금을 법으로 적립하도록 의무화하고 있다.

노후생활권을 보장해주려고 하고 있는 것이다.

사회보장 재정개혁은 21세기 고령화 경제의 최대 화두가 되고 있다. 사회보장 재원을 건전하고 안정적으로 확보할 수 있는 경제시스템을 구축하느냐 못하느냐는 경제 스스로의 자력에 의한 지속적인 성장을 할 수 있느냐 못하느냐의 문제라고 할 수 있다. 경제 스스로의 자력에 의한 사회보장 재정건전성을 마련하지 못하면 국가채무 급증을 피할 수 없다.

미국 재무성은 최근 미국 사회보장제도 개혁에 관한 기초연구 결과를 발표했다. 미국의 사회보장제도 개혁과제는 사회보장세를 높이든지 아니면 현행의 사회보장 급여수준을 낮추든지 둘 중의 하나이다. 특히 의료수가 현실화 없이는 사회보장 개혁이 거의 불가능하다고 할 수 있다. 맹장수술 비용이 10만 달러(1억 원 가량)에 달하는 엄청난 의료수가 제도로는 절대로 막대한 사회보장관련 재정적자 부담을 줄일 수 없다.

일본 역시 소비세 인상을 통한 조세방식으로의 전환을 꾀하여 고령화 경제에 대응할 수 있는 사회보장제도를 구축하려 하고 있다. 이미 일본은 국가채무가 한계를 넘어선 상태로 경제 스스로의 자력에 의한 선순환의 사회보장 시스템을 구축하는 방법 외에는 달리 선택의 여지가 없다. 그 결과 적어도 현재의 배 이상으로 소비세 인상이 불가피하다는 것이다. 일본의 정치권은 정치적으로 인기 없는 문제에 선뜻 나서지 못한 채 여론의 눈치만을 살피고 있다.

그러나 무엇보다도 중요한 것은 사회보장 잠재수요를 양산하지 않는 경제시스템을 구축하는 것이다. 동시에 경제 스스로의 자력에 의해 사회보장 문제를 해결할 수 있도록 하는 사회보장제도의 개혁이 필요한 것이다. 한쪽에서는 대량으로 사회보장 수요를 양산하는 경제시스템을 방치하면서 다른 한쪽에서는 보험료율을 올려야 한다느니 연금지급액을 깎아야 한다느니 또는 재정지원을 늘려야 한다는 식의 주장을 하는 것은 문제의 선후가 바뀐 것이라고 할 수 있다. IMF사태 이후 한국이 바로 그런 상황에 있다고 할 수 있다.

(2007년 12월 18일)

5. 몇 가지 경제단신과 일본의 신성장 전략

서브프라임론 사태로 인한 미국 주요 금융기관들의 손실규모가 2007년 연말로 1,000억 달러를 넘고 있는 것으로 나타났다. 이로써 2007년 여름에 발생한 미국의 서브프라임론 사태로 인한 금융기관의 손실처리 상황은 예상 손실 추정액을 FRB의 1,500억 달러를 기준으로 할 경우 2/3 지점을, IMF의 2,000억 달러를 기준으로 할 경우 1/2 지점을 통과하고 있는 셈이라고 할 수 있다. 말하자면 서브프라임론 사태로 인한 금융기관의 손실처리 상황은 전체적으로 중간 지점을 넘고 있는 상황이라고 할 수 있다. 그런 점에서 최근의 미국 다우지수 12,000 포인트는 앞으로도 더 조정될 가능성이 높은 것으로 예상된다.

영국, 독일, 프랑스, 이탈리아의 EU 4개국 재무장관은 2008년 1월 17일 미국 서브프라임론 사태로 인한 금융시장 안정화 대책에 관한 회의를 개최했다. 은행의 거액 손실 문제가 유럽시장으로 확산된 점을 주목하여 금융거래의 투명성 향상이 필요하다는 점을 확인했다. 증권화 상품의 정보공개를 강화하는 한편, 각국의 금융감독 당국간에 정보교환을 긴밀히 하기로 했다. 금융기관의 유동성관리를 철저히 하도록 유도하는데도 합의했다.

회의가 끝난 후 기자회견에서 라가르드(Christine Lagarde) 프랑스 재무고용장관은 작년 여름처럼 금융시장의 혼란재발 방지를 위해서는 선진국이 일치해서 기동적으로 대응할 필요가 있다고 강조했다. 또 프랑스 금융당국자에 의하면, 신용평가회사에 의한 증권화관련 상품 등의 평가 방법과 관련하여 신용등급의 고저 외에도 상환시의 유동성 리스크 등에 관해서도 폭넓게 정보제공을 할 필요가 있다는 안이 제기되었다고 한다. 그러나 이탈리아가 제안한 감독기준의 통일은 합의에 이르지 못한 것으로 알려졌다.

일본의 와타나베 요시미(渡辺喜美) 금융청장관은 1월 16일 니이카타현 산죠시에서 한 기자회견에서 미국의 서브프라임론 관련 일본 금융기관의 손실이 줄어들고 있지 않다고 말했다. 다만 현재 일본 금융시스템에 커다란 충격을 줄 상황은 아니지만 방심은 금물이라고 지적했다. 일본 금융청은 2007년 12월 전국 금융기관이 보유하고 있는 서브프라임론 관련 증권화 상품의 잔액이 2007년 9월말 현재 1조4,070억 엔에 달하고 있으며, 손실액은 약 2,760억 엔에 이르고 있다고 발표했다. 일본 금융청장관은 이 손실액이 더욱 늘어날 가능성이 있음을 시사한 것이다. 그 외에도 금융청장관은 2009년도에 설립예정인 '지역력재생기구(地域力再生機構)'에 대해서, 지역기업 재생이라는 점뿐만이 아니라 지역이라는 면의 재생을 의도한 새로운 대책으로 지역활성화에 크게 도움이 되기를 바란다고 말해 지역금융기관에 적극적인 활용을 촉구했다.

한편 2007년 일본의 투신업계는 서브프라임론 사태의 영향으로 5년 만에 4조 엔에 달하는 운용손실을 기록한 것으로 나타났다. 누구든지 쉽게 구입 가능한 공모 투자신탁이 일본 국내주식과 해외부동산 등에 투자한 상품들의 가격이 미국 서브프라임론 사태로 인해 크게 하락하여, 신흥경제국 주식투자수익 증가로도 손실을 다 메우지 못했다. 2008년에도 주식이나 채권시장의 불투명성이 크게 높아졌고, 개인자금의 유입도 당분간 둔화될 가능성이 높아졌다. 공모 투신의 순자산 잔고는 2007년 11월말 현재 78조 엔으로 2007년 연초에 비해 약 13조 엔의 자금 순유입을 보였으나, 이 기간 동안에 4조 엔의 운용손실을 기록한 셈이다. 그 결과 2007년 11월 말 현재 잔고는 9조엔 증가에 그친 것이 된 셈이다.

일본 공정거래위원회는 M&A 심사대상을 넓힐 것이라고 말했다. 합병이나 주식취득 시에 공정거래위원회에의 신고의무 범위를 넓히겠다는 것이다. 헤지펀드와 같은 투자펀드가 주식을 취득하거나 외국기업이 일본 자회사를 통해 일본기업의 주식을 취득하는 '삼각합병' 등을 심사대상에 추가할 것이라고 말했다. 업계 재편 방식이나 매수자가 다양화되는 가운데 시장의 독점으로 이어지는 M&A를 사전에 감시하는 체제를 강화하겠다는 것이다.

이제 2008년 1월 중순 일본정부가 발표한 신성장 전략에 대해 간단히 살펴보기로 하자. 일본정부 경제재정자문회의는 2008년 1월 17일 글로벌 자금순환의 변화와 경제의 글로벌화에 대응하기 위해 일본경제의 구조개혁안을 검토했다. 생산과 수출에 의존하는 외수 주도형 경제가 안고 있는 문제점을 분석하고, 지속적인 경제성장을 실현하기 위한 대책을 논의했다. 1985년 플라자합의를 계기로 엔고불황에 직면하여 내수주도형 경제성장을 제창했던 '마에카와 리포트(前川 Report)'의 21세기판을 만들겠다는 것이다. 1월 17일 개최된 일본정부의 경제재정자문회의의 주요 내용 가운데 경제성장전략에 관한 내용을 살펴보면 다음과 같다.[9]

일본경제가 직면하는 과제를 극복하고 '희망과 안심'의 국가를 실현하기 위해서는 지향해야 할 일본 경제사회의 미래상을 공유하는 것이 필요하다. 일본이 향후 10년간에 걸쳐 실현하려고 하는 미래상으로서 다음의 3가지 목표를 제시하고 이를 달성하기 위해 개혁전략을 강구한다. 이 3가지 목표를 달성할 경우, 인구감소가 예상되더라도 실질 2% 이상의 경제성장률을 유지할 수 있을 것으로 전망한다.

---

[9] 참고로, 일본정부 경제자문회의 구성원은 일본 총리를 비롯하여 총 11명으로, 이중 민간인은 4명이다. 福田康夫(議長) 내각총리대신, 町村信孝 내각관방장관, 大田弘子 내각부특명담당대신(경제재정정책), 增田寬也 총무대신, 額賀福志郎 재무대신, 甘利明 경제산업대신, 福井俊彦 일본은행총재, 伊藤隆敏 동경대학대학원경제학교수(겸 공공정책대학원교수), 丹羽宇一郎 이토츄상사 회장, 御手洗冨士夫 캐논주식회사 회장, 八代尙宏 국제기독교대학교 양학부교수

**(목표1) 세계와 함께 발전하는 개방된 나라 (세계에 자랑할 수 있는 매력적
인 나라)**

사람, 물건, 돈, 정보의 글로벌한 흐름을 확대하고 다이나믹한 성장을 계
속한다. 아시아의 발전에 공헌하고 가보고 싶은 나라, 살고 싶은 나라로
만든다. 제조 및 에너지 등의 기술 분야에서는 세계 최고수준을 유지한다.

**(목표2) 인생 90살 시대를 안심하고 생활할 수 있는 나라 (질 높은 노동과
질 높은 삶)**

생산제일의 발상이나 대량소비형 생활에서 벗어나 질 높은 삶과 근로 및
주거를 실현한다. 환경과 경제를 양립하고 자원을 소중히 여기는 생활방
식을 만든다.

(목표3) 인구감소 속에서도 경제성장을 유지하는 나라(인구감소의 극복)

일본의 강점인 인재, 기술, 문화 및 생활방식을 최대한 살려 소비자/생활
자 주도로 양극화를 최소화하고, 개방된 내수 및 외수 균형을 취한 지속
적인 성장을 실현한다.

위의 3가지 목표에 공통적이며 보다 고차원의 사회를 만들기 위해, 지구
환경과 공생하는 경제사회를 만드는 것이 중요하다. 에너지절약형 기술이
최고인 일본은 앞으로도 '환경력' 즉 환경을 배려하는 마인드의 공유와 지
구환경문제에 선도적 역할의 수행, 저탄소사회 구축 등을 위한 환경혁신의
강화가 필요하다.

또, 이 3가지 목표를 실현하기 위한 경제성장의 방법론은 각 경제주체가
자립하면서 강점을 발휘하며 연계해가는 '연계력과 환경력' 이라고 할 수
있다.

(1) 전원 참가형 경제

1) 소비자가 성장을 견인한다

생산제일의 발상에서 벗어나 소비자 중시의 사회를 만든다. 훌륭한 상품/서비스가 생활의 풍요로움을 더해주고, 소득과 고용으로 연결되는 선순환을 지향한다.

2) IT를 철저히 활용한다

IT를 전면 활용함으로써 모든 사람이 연계되는 사회를 만든다. 새로운 커뮤니케이션을 넓히고 새로운 서비스나 고용기회를 확대한다. 생산성 향상과 지역활성화도 실현한다.

3) 고령세대와 자식세대가 서로 돕는다

고령자와 젊은 세대가 함께 일할 수 있는 노동시장을 만든다. 건강과 간병, 자녀교육 등 생활의 안심에 기여하는 서비스를 저출산고령화 시대의 성장산업으로 육성한다.

4) 자식세대에 대해 책임을 진다

환경과 양립하는 경제를 구축하여 장래 자식세대들에게 넘겨준다. 그런 경제모델을 구축하여 지속가능한 사회를 구축한다.

5) 정규직과 비정규직의 장벽을 허문다

다양하고 유연한 고용방식을 선택할 수 있고 취업형태에 관계없이 공정한 대우가 보장되는 사회를 만든다.

6) 업종과 기업규모를 뛰어넘어 연계한다

대기업과 중소기업, 제조업과 농업/서비스업 등이 지혜나 정보를 순환 공유하여 연계함으로써 발전한다.

7) 도시와 지방이 상호 의지한다

광역경제권을 형성하고 그 가운데 도시와 지방이 연계함으로써 상호 간의 생활과 산업이 서로 의지하도록 한다

(2) 강점을 살리는 경제

1) 강점을 살림으로써 국제경쟁력을 높인다

글로벌화 속에서 'Only One'의 부가가치를 추구하여 세계 최고의 기술수준을 유지한다.

2) 리스크를 기회로 전환하여 성장한다

인구감소, 고령화, 해외의존도가 높은 에너지와 식량의 안정적 확보, 환경제약 등 리스크 요인을 극복하고 역으로 성장의 열쇠로 삼는다.

3) '오래 사용할 수 있고 여유로운 생활'로 질 높은 생활을 창조한다

좁은 주택공간, 사용하고 버리는 소비생활에서 오래 사용할 수 있고 여유로운 생활을 할 수 있는 스톡형 사회로 전환한다.

4) 누구든 언제든 능력을 연마하고 발휘하도록 한다

소득을 높일 수 있는 기회가 모든 사람에게 제공될 수 있도록 능력개발의 기회를 마련하고 노력하는 사람이 보상 받는 사회를 만든다.

(3) 세계와 함께 성장하는 경제

1) 경제를 개방하여 사람, 물건, 돈, 정보의 흐름을 확대한다.

유럽과 아시아 등과 연계 및 협조를 확대하고 뛰어난 요소나 제도를 일본에 적극 도입하여 새로운 성장에너지로 삼는다.

2) 일본의 강점을 살려 지구적 문제에 주도적 역할을 한다

기후변동 대책 등 환경보전, 수자원 확보 등 선진국과 신흥국, 개도국의 공통과제의 해결을 주도한다.

3) 일본의 매력을 세계에 발신한다

소프트파워로서의 일본문화, 컨텐츠, 생활방식 등 일본의 매력을 세계에 널리 확산시켜, 살고 싶은 나라, 가보고 싶은 나라로 만든다.

4) 각 지방이 강점을 살려 세계와 연계한다

일본의 지방과 세계 각 지방간에 다양한 연계통로를 만든다.

5) 최대의 성장중심지인 아시아에 위치한 강점을 살린다

아시아 경제권 속에서 아시아와 함께 성장해가기 위해 경제제도의 고도화 및 조화를 꾀함과 동시에 금융자본시장의 성장성과 안정성을 높인다. 지구환경을 둘러싼 문제에도 대응하면서도 성장할 수 있는 틀을 만든다.

6) 일본에서 국제적인 인재를 육성한다

일본을 아시아 인재육성의 거점으로 한다. 국제적 인재를 육성함과 동시에 외국의 훌륭한 인재를 일본에 유치하여 능력을 발휘하기 쉬운 사회로 만든다.

다음에 일본 경제재정자문회의는 상기 성장전략을 실현시키기 위한 구체적인 추진전략으로써 다음과 같은 3가지 전략을 제시하고 있다.

(전략1) 공생전략 (전원참가형)

대기업-도시-근로자가 주도하는 경제를 고쳐 중소벤처기업-지방-소비자-고령자 등을 주역으로 하여 함께 성장하는 경제를 구축한다. 안심하고 살 수 있는 사회안전망과 맞물려 두터운 중산층을 유지한다

(전략2) 자립전략 (강점 발휘형)

약점을 한탄하고 보호를 원하는 경제에서 벗어나 강점을 키워 개인과 기업, 지역이 함께 자립할 수 있도록 한다. 새로운 도전을 통하여 정체감을 타파하고 국제경쟁력을 창출해내도록 한다.

(전략3) 글로벌 전략

세계의 역동성에 적극적으로 참여함으로써 비약적 발전을 해온 국민성을 최대한 발휘하여 세계와 함께 성장한다.

상기 성장전략을 적극 추진함으로써 일본정부는 2011년까지 잠재성장률을 현재의 2% 전후 수준에서 3% 전후 수준으로 높이고, 실질성장률도 현재의 2% 전후 수준에서 2.5% 전후 수준으로 높일 생각으로 있다.

또 상기 성장전략을 바탕으로 일본 후쿠다 수상은 2008년 1월 18일 국회에서 행한 연두시정연설에서 '혁신적 기술창조 전략', '글로벌 전략', '모든 사람이 성장을 실감할 수 있는 전원참가형 성장전략'을 추진할 것임을 밝혔다. 소비자행정을 일원화하는 새조직을 만드는 등 생활자/소비자 중시 정책도 전면에 내세웠다. 나아가 국민중심의 행정 및 재정 전환, 활력 있는 경제사회의 구축 등 5가지 기본방침에 따라 정책을 운영해갈 것임도 천명했다.

(2008년 1월 28일)

6. 빌 게이츠 회장의 창조적 자본주의

　최근 KBS스페셜 팀에서 연구소 방문을 희망하는 요청이 왔다. 김용철 변호사의 양심선언으로 폭로된 '삼성 비자금' 관련 특집을 기획하고 있는데, 우리 연구소로부터 자문을 받고 인터뷰도 하고 싶다는 것이었다. 우리 연구소는 2006년에 출간한 『현실과 이론의 한국경제』 III권 제10장에서 한국 재벌그룹의 지배구조 문제를 다룬 바 있는데, 이 책을 읽고 공감하는 바가 많았다고 한다. 처음에는 사절했으나 완곡한 부탁에 자문을 해주기로 했다.

　주지하는 바와 같이 삼성 비자금 사건은 현재 특검 수사가 진행되고 있는데, 처음에 삼성 측과 일부 보수 언론들이 사이코 정신병자로 몰아 부쳤던 김용철 변호사의 말이 거의 빠짐없이 사실로 드러나고 있다. 개인적으로 삼성그룹 경영진에 대해 참으로 유감스럽게 생각한다. 왜냐하면 대한민국에서 가장 힘센 곳이 삼성인데 굳이 시대착오적인 반칙과 편법을 써 가면서까지 할 필요가 있었느냐 하는 것이다. 정정당당하게 법과 원칙을 지키면서 게임을 하더라도 삼성을 이길 수 있는 곳이 없는데도 말이다. 가장 힘센 삼성그룹이 공정한 게임의 룰을 어기고 반칙과 편법까지 해버린다면 나머지 기업들과 사람들은 도대체 어떻게 하란 말인가!

　또 뇌물이나 자리에 눈이 멀어 자신들의 양심과 자긍심을 스스로 내팽개치면서까지 그런 삼성그룹 경영진을 옹호하거나 방조한 법조인들과 정치인들, 정부관료, 보수언론들을 보면, 과연 이 나라가 누구를 위한 나라인지 의심하지 않을 수 없게 만든다. 그들에게는 삼성이 곧 대한민국이며 대한민국이 곧 삼성인 것으로 보이는 것 같다. 법과 원칙이 있어도 삼성만은 예외이며, 반칙과 편법을 해도 삼성만은 눈감아주고, 심지어는 삼성만을 위한 법과 제도를 만들어주는 한국사회의 지도층을 보면 참담하기 그지 없다고 하지 않을 수 없다.

KBS스페셜 팀은 2007년 9월 말에도 연구소를 방문한 적이 있다. 당시에는 "IMF사태 10년 후" 라는 특집기획의 자문을 받기 위해서였다. 이 때도 2003년에 출간한 『현실과 이론의 한국경제』 I권 제1장에서 다룬 IMF사태의 원인 분석에 크게 공감하여 찾아왔다고 한다. 2007년 연말에 방송된 이 특집은 IMF사태를 전후로 정부관료들의 무지와 도덕적 해이가 어떻게 IMF사태로 이어졌는지, 그리고 IMF사태 직후 DJ정부와 미국간의 흥정 과정에서 미국측의 무리한 시장개방 요구와 DJ정부의 신자유주의적 정책의 문제점, 마지막으로 IMF사태가 한국사회에 준 가장 큰 충격으로서 고용 불안정과 양극화 문제를 "2만 달러 국가와 88만원 세대" 라는 말로 표현하여 집중 조명했던 것 같다.

다만 IMF사태가 발생하게 된 근본적인 정치경제적 내부 배경과 원인보다는 IMF사태 직전과 직후의 인물 중심의 사건전개 방식으로 편집되었다는 점과, 미국 주도의 신자유주의적 음모라는 인상을 주고 있다는 점은 아쉬운 부분이었다. 물론 88만원 세대라는 말에 내포된 비정규직과 양극화 문제의 심각성에 대해 일반 시청자들에게 강력하게 문제제기 함으로써 여론의 폭넓은 공감대를 형성했다는 점에서는 성공적이었다고 할 수 있다. 그러나 좀더 문제의 본질에 접근하는 심도 있는 전문적 기획력이 필요하다는 아쉬운 생각도 들었다. 사실 한국의 내부적 배경과 원인에 대해 좀더 심도 있는 기획을 했더라면 이번 삼성 비자금 사건과도 연결될 수 있었기 때문이다.

지난 2008년 1월 23일 스위스 다보스에서 세계 정치경제 지도자 2,500여 명이 참석한 가운데 '2008 세계경제포럼(WEF)' 이 개최되었다.　27일까지 계속된 이 포럼의 첫날 세계경제 패널 토론에 참가한 사람들은 올해 미국경제가 경기후퇴에 직면할 것이라는 점을 기정 사실화하면서 문제는 얼마나 심각할 것인가라는 데 인식을 같이 했다. 또한 유럽과 일본이 미국경제 침체를 보완하기에는 역부족이며, 국제공조의 필요성과 더불어 중국과 인도 등 신흥경제국의 성장에 기대를 표시했다.

모건스탠리의 수석이코노미스트인 로치(Stephen S. Roach)씨는 미국의 소비는 9.5조 달러로 중국과 인도의 6배에 달하고 있는 반면, 미국 GDP의 5% 정도가 과잉소비에 의한 것이라고 분석했다. 따라서 신흥경제국의 성장으로도 미국경제의 침체를 메우기는 어려울 것이라고 주장했다. 스티글리츠(Joseph E. Stiglitz) 콜롬비아대학 교수도 미국경제가 버블붕괴로 인한 경기후퇴를 벗어나기 위해서는 소비를 계속 늘려가는 것 외에는 방법이 없다고 말했다. 그런가 하면 소로스펀드의 소로스(George Soros) 회장은 미국을 비롯한 각국 중앙은행들이 상황을 제어하는데 실패했다고 비판했다. FRB와 각국 중앙은행들은 구조화 금융(Structured Financing)과 같은 첨단 금융혁신 기법에 수반되는 위험을 전혀 감지하지 못했다고 주장했다. 백미러를 통해 되돌아보면 미국 주택시장이 버블이었다는 것을 금방 알 수 있다고 말했다.

또 FRB가 주가하락 방지를 위해 금리인하 정책을 남용하고 있다고 비판하는 목소리도 나왔다. FRB가 지나치게 인플레에만 집착한 통화정책을 추진한 나머지, 미국 주택시장에서 버블이 발생하는지도 몰랐을 뿐만 아니라 언제 버블이 붕괴할지에 대해서도 전혀 예측을 하지 못했다고 비판했다. 그리고 서브프라임론 사태가 발생한 후에도 적절한 조치를 취하지 못하고 주가하락 방지를 위해 금리인하에만 힘을 쓰고 있다는 것이다. 서브프라임론 사태가 버블이었던 만큼 버블을 해소하는 것이 필요하다는 것이다.

참고로 올해 미국경제 침체를 신흥경제국의 성장으로 메울 수 있는지를 살펴보기 위해 주요 지역별 경제성장 추이를 살펴보기로 하자. 아래의 <도표1>에서 세계 주요 경제권별 경제성장 추이를 살펴보면, 2006년 기준으로 미국과 캐나다, 멕시코로 이루어진 NAFTA의 미달러 환산 실질GDP 규모는

<도표1> 세계 주요 지역별 경제성장 추이

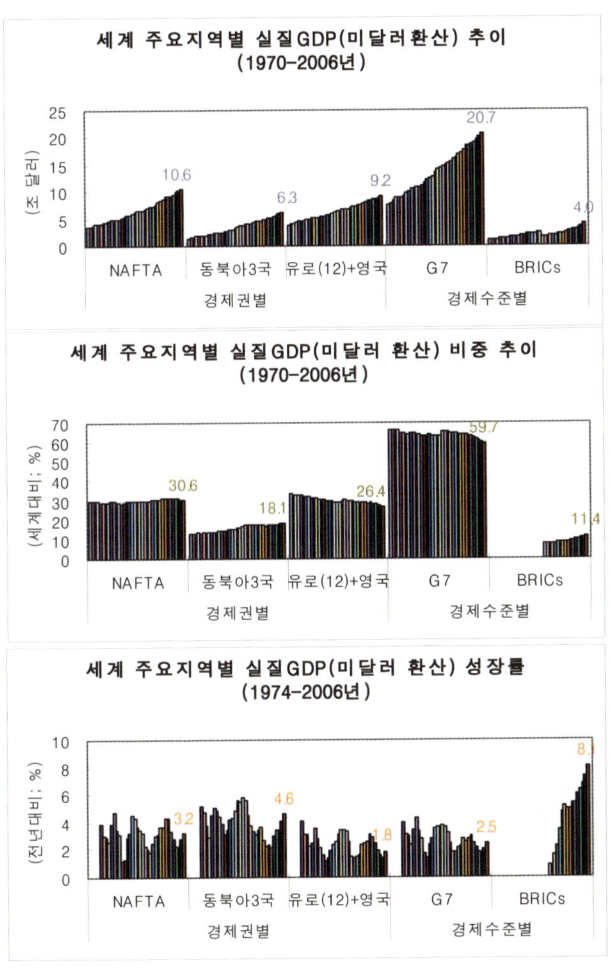

(주) UN 자료로부터 KSERI 작성. 실질성장률은 4년 이동평균치임

10.6조 달러로 세계 전체 실질GDP의 30.6%를 차지하고 있으며, 최근 4년간의 연평균 실질성장률은 3.2%로 나타났다. 또 일본, 중국, 한국으로 이루어진 동북아 3국의 실질GDP 규모는 6.3조 달러로 세계 전체의 18.1%를 차지하고 있고, 최근 4년 동안의 연평균 실질성장률은 4.6%로 나타났다. 그리고 영국을 포함한 유로화(12) 국가의 실질GDP는 9.2조 달러로 세계 전체의 26.4%를 차지하고 있으며, 최근 4년 동안의 연평균 실질성장률은 1.8%로 나타났다.

또 경제수준 별로는 서방 선진 7개국으로 이루어진 G7국가의 실질GDP는 20.7조 달러로 세계 전체의 59.7%를 차지하고 있으며, 최근 4년 동안의 연평균 실질성장률은 2.5%를 기록했다. 반면 브라질, 러시아, 인도, 중국의 4개국으로 이루어진 BRICs 국가의 실질GDP는 4조 달러로 세계 전체의 11.4%에 그치고 있으며, 최근 4년 동안의 연평균 실질성장률은 8.1%로 매우 높은 수준으로 나타났다.

이처럼 BRICs의 실질성장률이 G7에 비해 3.2배의 높은 성장률을 기록하고 있으나, 경제규모 면에서는 1/5에도 미치지 못하고 있음을 알 수 있다. 이는 G7의 경제성장률 1% 감소를 메우기 위해서는 BRICs의 경제성장률이 5%의 추가 성장을 하지 않으면 안 된다는 것을 의미한다. 그런데 미국의 서브프라임론 사태가 미국뿐만 아니라 유로경제권과 일본에도 영향을 미치고 있다는 점을 감안하면, 미국의 경기침체는 유로경제권과 일본경제의 동반하락을 초래한다고 할 수 있다. 따라서 BRICs 국가들이 서브프라임론 사태의 영향을 전혀 받지 않는다고 해도 도저히 BRICs 국가의 추가 성장으로 세계경제 감속을 막을 수는 없다고 할 수 있다.

한편 1월 24일 포럼 둘째 날에 마이크로소프트 빌 게이츠(Bill Gates) 회장은 21세기의 새로운 자본주의적 접근 방식으로서 기업(인)들이 전 세계의 빈곤과 질병을 퇴치할 수 있는 '창조적 자본주의(creative capitalism)'를 실현하자고 호소했다. 그는 자본주의는 인류발전에 기여해왔다고 평가했다. 지금까지의 자본주의는 인류의 수명을 연장시켰으며 과학을 발전시킴으로써 세상을 보다 살기 좋은 곳으로 만들었다고 말했다.

그러나 빌 게이츠 회장은 아직 자본주의가 해야 할 일이 남아 있다고 말했다. 전 세계에 하루에 1달러도 못 되는 돈으로 생계를 연명하고 자본주의의 혜택을 전혀 누리지 못하는 사람들이 10억 명이 넘고 있다고 말했다. 말라리아로 매년 수백만 명이 죽고 있으나 말라리아 치료약에 대해서는 대머리 치료제보다도 관심이 적다고 비판했다.

세상은 분명 좋아지고 있으나 그 속도가 빠르지 못할 뿐만 아니라 모두가 다 좋아지는 것도 아니라고 말했다. 그는 부자들에게 도움을 주는 것만큼 가난한 사람들에게도 똑같이 도움을 줄 수 있는 그런 21세기형 자본주의를 새로이 만들어가야 한다고 역설했다. 빌 게이츠 회장은 이런 자본주의를 창조적 자본주의라고 부르고 싶다고 말했다.

빌 게이츠 회장은 자신은 낙관주의자라고 말했다. 그러나 인내심이 많지 않은 낙관주의자라고 말했다. 그는 기업들이 과학과 기술의 발전을 활용하여 모든 사람들에게 자본주의의 혜택을 골고루 누리게 해줄 수 있는 창의력 발휘가 절실하다고 강조했다. 이를 위해, 기업 CEO들이 자신들이 보유한 우수한 인재들과 시간을 투입하여 전 세계의 가난한 사람들의 문제를 해결하는데 헌신해줄 것으로 촉구했다.

빌 게이츠 회장은 창조적 자본주의는 기업의 사적 이익추구를 추구하는 시장경제 원리를 이용하여 자본주의의 혜택을 충분히 받지 못한 사람들의 삶을 개선시켜줄 수 있는 두 가지 임무를 동시에 달성하는 그런 시장경제라고 설명했다. 그는 세계보건기구(WHO)와 인도 제약회사가 아프리카의 가난한 사람들이 구입할 수 있는 가격으로 뇌수막염 백신을 개발한 사례를 들었다. 그는 아일랜드 록그룹인 U2의 보노(Bono)와 케네디가家 인척인 쉬라이버(Bobby Shriver)씨와 공동 설립한 'PRODUCT RED' 운동은[10] 시장수요와 선의의 명분을 연계시킨 기업가정신의 한 사례라고 설명했다. 그는 델 회장인 델(Michael Dell)씨와 함께 델사 컴퓨터에 윈도우 비스타를 실어 PRODUCT (RED)라는 이름으로 판매하여 아프리카 에이즈 퇴치 운동에 동참할 것이라고 말했다.

빌 게이츠 회장은 창조적 자본주의는 혁명(revolution)이 아니라 진화(evolution)라고 말했다. 아담 스미스는 사적 이익추구야말로 자본주의 원동력이라고 말했지만, 그에 앞서 다른 책에서는 인간은 다른 사람들의 재물을 빼앗는 것으로부터 즐거움을 느낀다고 썼다는 점을 강조했다. 아담 스미스가 주장했던 사적 이익 추구의 본질을 우회적으로 설명한 것이다. 빌 게이츠는 가능한 한 빠른 시일 내에 기업들이 이익을 확보하면서도 동시에 가난한 사람들도 자본주의의 혜택을 누릴 수 있는 방법을 찾아낼 수 있다면, 세상의 빈곤을 줄일 수 있는 지속 가능한 방법을 발견할 수 있을 것이라는 말로 연설을 마쳤다.

삼성 비자금 사건과 마이크로소프트의 빌게이츠 회장의 다보스포럼 강연은 기묘한 대조를 이룬다. 삼성으로 대표되는 한국의 재벌그룹은 자본주의 시장경제가 가장 발달한 미국 기업들에 비해 1세기 가량 뒤져 있다는 느낌

---

[10] (PRODUCT)RED는 브랜드 로고이다. 보노와 쉬라이버가 에이즈와 결핵, 말라리아 퇴치를 위한 글로벌펀드를 조성하기 위해 PRODUCT RED라는 브랜드를 만들었다. 글로벌 펀드에 참여하고자 하는 기업은 이 브랜드 로고를 자사 제품에 표시하여 소비자들에게 자사의 사회적 공헌 활동 홍보효과를 통하여 매출을 올리고, 대신 이 로고를 사용한 로열티로 로고를 부착한 제품판매 이익의 일정 비율을 글로벌 펀드에 지불하는 것이다. 로고처럼 대부분의 제품들은 붉은 색 디자인으로 차별화되어 있다. 현재 이 브랜드를 사용하고 있는 제휴기업은 아멕스(American Express), 애플, 컨버스(Converse), 모토롤라, 갭(Gap), 아르마니(Emporio Armani), 홀마크(Hallmark), 마이크로소프트, 델 등이 있다.

을 떨쳐버릴 수 없다. 한국을 대표하는 글로벌 기업인 삼성그룹 회장이 반칙과 편법으로 특검 수사를 받고 있는 시간에, 세계 최대 글로벌 벤처기업인 마이크로소프트사의 회장이자 세계 최고 부자인 빌게이츠 회장은 자본주의가 건전하게 발전하기 위해서는 자본주의 혜택이 부자들에게만 돌아가서는 안 된다는 '창조적 자본주의' 철학을 호소하고 있다. 차이가 나도 너무 난다. 국력의 차이란 비단 양적인 경제력만의 차이가 전부는 아니다. 그 나라 지도자들의 공동체에 대한 철학과 도덕성의 차이도 국력을 비교하는데 절대로 무시할 수 없는 중요한 요인이라고 할 수 있다. 본 특집을 빌어 빌게이츠 회장에게 진심으로 존경과 경의를 표한다.

(2008년 1월 29일)

제2부 투기와 버블의 세계경제

1. 주가 폭락과 한국 부동산시장 부실 위험

서브프라임론 부실 확대 여파로 인한 신용위험의 증가가 미국내뿐만 아니라 세계 금융시장으로 파급되고 있다. 미국내에서는 서브프라임론 부실로 인한 차압이 급증하고 있는 가운데 서브프라임론 증권화 상품에 투자를 한 일본과 유럽 금융기관의 손실도 확대됨에 따라 세계 금융시장의 신용위험이 높아지고 있다. 미국 월가에서는 유동성 장세가 종말을 고하고 있는 것이 아닌가 하는 관측까지도 대두되고 있다.

지난 2007년 7월 26일 미국 다우지수는 서브프라임론 부실 확산에 대한 우려로 전일대비 311달러 폭락한 데 이어 다음 날인 27일에도 208달러 이상 연속 폭락함으로써 시장의 불안이 가중되고 있다. 다우지수의 폭락 영향으로 영국 FTS100 지수도 200포인트 이상 폭락했으며 독일의 DAX지수도 184포인트 가량 폭락했다. 다음 날일 7월 27일에는 닛케이지수 역시 한때 500엔 가까이 폭락하였다가 418엔 하락으로 마감하였으며 한국의 KOSPI도 100포인트 가량 폭락하였다가 80포인트 하락으로 마감하였다. 10년 만기 미국채 금리는 4.7%대까지 급락하는가 하면, 엔화는 달러당 120엔대 전후 수준에서 118엔대로 급등하여, 엔캐리 트레이드 자금의 일본 환류가 가속화되고 있는 모습을 보이고 있다.

미국 폴슨 재무장관은 언론과의 인터뷰에서 "주식시장의 급등락은 항상 있는 일이다. 리스크에 대한 광범위한 재조정이 이루어져 주가가 크게 조정을 받고 있다" 고 말했다. 건전한 주가조정의 범위를 벗어나지 않고 있으므로 미국경제에 심각한 타격을 줄 가능성은 적을 것이라고 말했다. 서브프라임론 문제에 대해서는 주택을 소유한 개개인 입장에서는 힘들 것이라고 말했다. 현재 미국 주택시장은 상당한 폭의 조정기를 맞이하고 있으며 사태가 수습될 때까지는 좀더 시간이 걸릴 것이라고 했다. 다만 미국경제는 여전히 견실한 상태로서 미국경제 전체를 위협할 정도로 심각한 위험이 될 것으로 보지는 않는다고 말했다.

시오자키 야스히사(塩崎恭久) 일본 관방장관도 7월 27일 오전 기자회견에서 닛케이지수 폭락 및 급격한 엔고와 관련하여 주가 움직임에 대해 정부가 코멘트를 할 입장이 아니라고 말하면서, 실물경제 면에서 특별히 달라진 것은 없으며 일본경제는 여전히 성장세를 지속하고 있다고 말했다.

서브프라임론 사태와 그 여파에 관해서는 이미 2006년 여름부터 여러 차례에 걸쳐 우리연구소가 분석 전망한 대로 사태가 진행되고 있다. 예컨대 2007년 1월 15일자 경제시평 「금리변화로 본 2007년 미국경제 전망」에서는 이미 미국 주택시장의 재고주택이 200만호를 넘고 있어 주택시장 침체가 장기화될 것이라는 것을 예측한 바 있으며, 2007년 3월 19일자 경제시평 「서브프라임론, 시한폭탄이 될 것인가?」에서는 서브프라임론 부실규모가 1,000억 달러 이상에 달할 것이라는 점을 이미 제시한 바 있다. FRB 버냉키 의장의 발언이나 외국 전문기관의 분석결과 그리고 최근 일련의 주가폭락 등이 우리 연구소가 이미 분석 제시한 결과를 확인해주고 있다.

예컨대 신용평가기관인 무디스사는 올 연말까지 상당수의 모기지론 부실이 지속될 것이라고 말하면서, 약 250만 건의 모기지대출이 부실화될 것이라고 전망했다. 그리고 2008년 상반기까지는 총 공급모기지의 연체율이 2007년 1분기의 2.9%에서 3.6%로 최고에 달할 것이라고 전망하면서 특히 변동 고금리형 서브프라임론(ARM)의 차압률은 2005년 2.5%에서 최근 4%로 증가한 데 이어 2008년 여름에는 10%를 넘을 것으로 전망했다. 그 가운데에서도 2006년 말에 발행된 ARM의 차압률은 20%를 넘을 것으로 보았다. 그리고 전국적으로 7% 가량의 집값 하락이 예상된다고 말했다.

그런가 하면 UBS증권은 일본 은행들의 미국의 서브프라임론 관련 증권화 상품에 투자한 잔고가 1조 엔을 넘을 것으로 추계했다. 또 실제 투자손실액은 각 그룹별로 수십억 엔에서 수백억 엔 정도에 그칠 것으로 예상해 투자손실이 일본 은행들의 실적에 미치는 영향은 그리 크지 않을 것으로 보고 있다. 버냉키 FRB의장은 최근 미의회 증언에서 서브프라임론 관련 증권화상품의 부실규모가 최대 1,000억 달러에 달할 가능성도 있다고 언급하면서 세계 금융시장에서는 신용위험이 높아질 가능성이 있음을 우려했다.

또 2007년 7월 25일 일본 최대 증권지주회사인 노무라홀딩즈는 미국 서브프라임론 부실 확대로 올 상반기에 누계로 720억엔 가량의 손실이 발생했다고 발표했다. 동시에 노무라홀딩즈 관계자는 미국 주택담보대출증권(RMBS) 사업에서 철수할 것을 검토하고 있다고 말했다. 노무라홀딩즈는 RMBS 사업을 포함한 미국사업 전체의 적자가 지속되고 있어 미국사업 전반에 대한 재검토가 필요한 상황이라고도 했다. 노무라홀딩즈는 서브프라임론을 포함한 주택담보대출을 다른 금융기관으로부터 매입한 후 잔고가 일정 규모에 달하게 되면 증권화하여 일반 투자자들에게 판매하는 RMBS사업을 해왔다. 그러나 서브프라임론 부실이 표면화되기 시작하면서 올해 1분기 평가손이 414억엔에 달했으며 2분기에는 312억 엔의 추가손실을 계상했다. 노무라홀딩즈는 증권화된 RMBS 재고감소를 서두르고 있는데, RMBS 재고는 3월말의 3,918억 엔에서 6월말 2,660억 엔으로 711억엔 가량이 줄었다.

미국 제널일렉트릭(GE)사 역시 최근 발표한 2007년 4~6월기 결산에서 서브프라임론 사업부문이 2억 달러의 적자를 기록하여 이 사업을 매각하고 철수하기로 했다고 말했다. 서브프라임론 사업부문의 잔고는 37억 달러에 달하고 있으나 앞으로 상당기간 사업환경 개선 전망이 어두워 철수를 결정했다고 말했다. 다만 매출은 423.16억 달러로 2자리 수 증가를 기록했으며,

항공기엔진과 발전기기 등 세계적인 수요 증가로 순이익이 전년동기대비 9.6% 증가한 54.2억 달러를 기록했다고 발표했다.

이처럼 미국의 금융기관과 헤지펀드들 뿐만 아니라 일본이나 유럽 금융기관들이 대규모 손실을 기록하고 있는 가운데 서브프라임론 관련 MBS를 매입한 한국의 금융기관들 역시 적지 않은 손실에 직면해 있을 것으로 보인다. 특히 미국 부동산에 집중 투자한 해외부동산펀드들은 대부분 상당한 손실을 입은 것으로 보인다. 실제로 한국의 해외부동산 투자펀드들 상당수가 적지 않은 적자를 기록한 것으로 알려지고 있다.

그러나 문제는 부동산투기로 인한 부실 문제가 미국의 서브프라임론에만 국한된 것이 아니라는 점이다. 한국 역시 미국 이상으로 부동산투기가 기승을 부렸다. 그 결과 지방 부동산시장의 잠재부실은 심각한 수준에 이르고 있는 것으로 보인다. 지난 2001년부터 시작된 한국의 부동산투기는 미국과는 비교할 수 없을 정도의 엄청난 가격폭등과 전국적인 아파트 공급과잉을 초래했다. 특히 지방의 경우에는 이미 심각한 아파트 공급과잉으로 부실이 표면화되기 시작하고 있다. 비록 시차는 있을지언정 한국경제 역시 미국의 서브프라임론 사태와 마찬가지로 이 투기의 심각한 후유증을 결코 피해갈 수는 없을 것으로 보인다.

주지하는 바와 같이 한국의 아파트 투기는 지난 2001년부터 2006년까지 지속되었다. 아래 <도표1>에서 볼 수 있는 바와 같이 서울을 비롯한 인천, 경기 등 수도권 지역의 아파트 신규 공급량은 1995년부터 2006년 기간 동안에 연평균 18.2만 호로 나타나고 있다. 반면, 지방의 경우에는 IMF사태 전에 200만호 주택건설 사업의 영향으로 30만호 가량에 달하던 아파트 신규 공급량이 200만호 건설사업이 끝나고 IMF사태가 발생한 후에는 15만호 이하로 절반으로 줄어들었다. 그러나 부동산투기가 본격화되기 시작한 2002년부터 다시 증가하기 시작하여 2006년에는 26만호를 훌쩍 넘어섰다. 특히 참여정부가 출범한 2003년부터 수도권의 공급물량이 줄어들고 있는 가운데 지방의 아파트 건설물량은 계속 증가세를 지속함으로써 공급과잉이 가중되었음을 짐작케 한다.

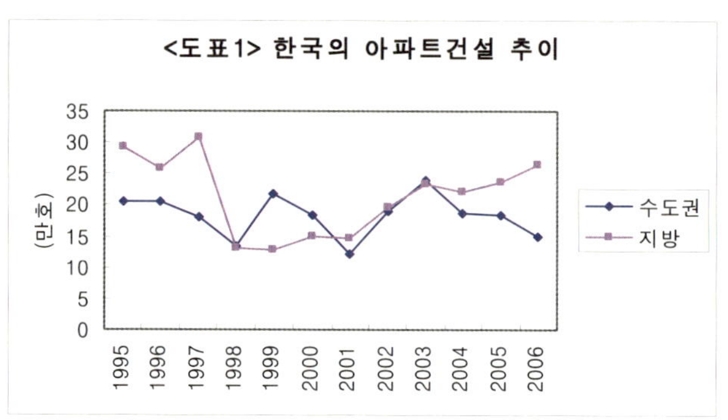

(주) 통계청 자료로부터 KSERI 작성

이 짐작이 맞는 지를 확인하기 위해 아파트 공급 과부족을 추정하는 방법론에 대해 먼저 간단히 설명해보기로 하자.

> 아파트 과부족 = 아파트 실제 공급량 − 아파트 잠재 수요량
>
> 아파트 잠재 수요량 = 전체 가구수 × 아파트 비중
>
> 아파트 비중(%) = 아파트/전체주택 × 100

일반적으로 아파트 공급 과부족은 실제 총 공급량에서 아파트 총 수요량을 뺀 것으로 정의된다. 아파트 실제 공급량은 각 연도별 아파트 총 누적 공급량 통계로부터 확인 가능하다. 문제는 아파트 잠재 수요량을 어떻게 추

정하는가라고 할 수 있다. 여기서는 아파트 잠재 수요량을 전체 가구수(혈연 기준)에 전체 주택 중에서 아파트가 차지하는 비중을 곱한 것으로 구하기로 한다. 아파트 비중은 대단히 복합적이고 함축적인 의미를 지니는 지표라고 할 수 있다. 왜냐하면 아파트 비중은 시간의 흐름에 따라 가구수 변화 및 아파트 선호도, 아파트를 구입할 수 있는 가구 소득수준의 변화(유효가구 수 변화), 투기적 가수요 등을 종합적으로 반영하고 있는 '현시적(顯示的) 지표(revealed index)'라고 볼 수 있기 때문이다. 그런 의미에서 전체 가구수에 아파트 비중을 곱한 것을 아파트 잠재 수요량으로 간주하는 것은 매우 현실적이며 설득력이 있다고 할 수 있다.

이제 상기 분석 모델을 바탕으로 구체적으로 수도권과 지방의 아파트 공급 과부족과 잠재부실 규모를 추정해보기로 하자.

아래의 <도표2>에서 수도권과 지방의 가구수 변화를 살펴보면, 수도권으로의 지속적인 인구유입으로 수도권 가구수는 계속 증가하고 있는 반면 지방은 2001년부터 정체를 보이고 있다. 수도권의 경우 1995년 503만 가구에서 2006년 610만 가구로 10년 동안에 100만 가구 가량이 늘어난 반면, 지방의 가구수는 1995년 610만 가구에서 2001년 645만 가구로 늘어난 후 정체를 지속하여 2006년 654만 가구로 거의 증가하지 않고 있다.

다른 한편으로 200만호 주택건설 사업으로 인해 아파트 가격이 급등함에 따라 아파트에 대한 선호도도 높아지기 시작했다. 전체 주택에서 아파트가 차지하는 비중을 보면, 수도권의 경우 90년대 중반 30%를 약간 넘었으나 2000년에는 54%를 넘고 있으며 2005년에는 58%에 이르고 있다. 이에 비해 지방의 경우에는 90년대 중반 17%에 불과했으나 2000년에는 43%까지 증가했으며 2005년에는 48%에 이르고 있다.

이로부터 전체 가구수에 아파트 비중을 곱하면 수도권과 지방의 아파트 잠재 수요량을 도출할 수 있다. 먼저 수도권의 아파트 잠재 수요량 변화를

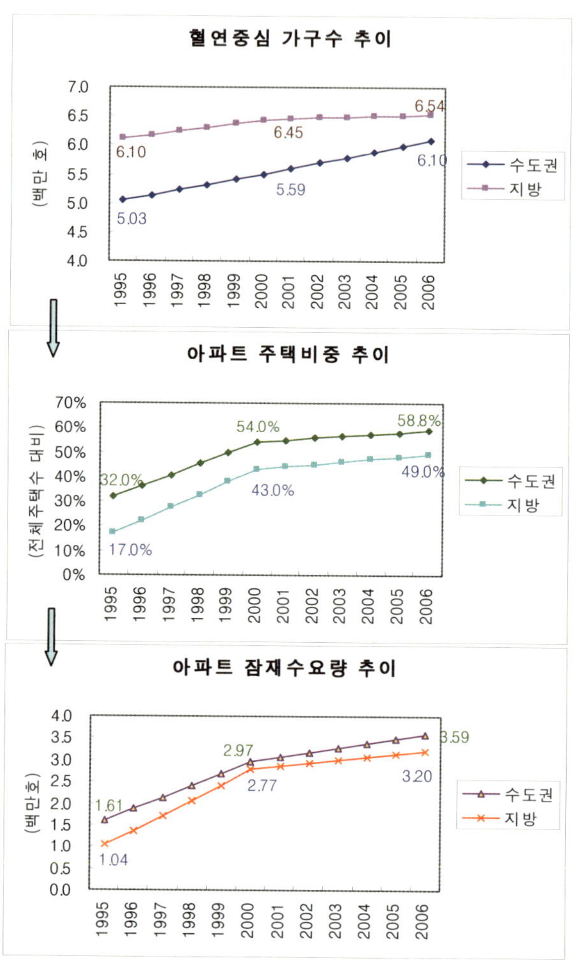

(주) 각종 자료로부터 KSERI 작성

보면 1995년 161만호에서 2000년 297만호로 136만호 가량이나 급증하였다. 이는 이 기간 동안 수도권 인구유입으로 인한 가구수의 지속적인 증가와 아파트 비중(선호도 등)의 급증에 기인한 것이라고 할 수 있다. 또 2006년에는 다시 359만호로 늘어나 2000년에 비해 62만호 가량 늘어난 것으로 나타났다. 즉 수도권의 아파트 잠재 수요량은 1995년~2000년 기간 동안에 136만호 증가한 반면 2001년~2006년 기간의 62만호 증가에 그쳐 수도권 아파트 잠재수요의 상당부분이 투기가 본격화된 2001년 이후에 발생한 것이 아니라 90년대 후반에 집중적으로 발생하였음을 알 수 있다.

이에 비해 지방의 아파트 잠재 수요량은 1995년 104만호에서 2000년 277만호로 그리고 2006년에는 320만호로 증가한 것으로 나타나고 있다. 즉 1995년~2000년 기간 동안에 163만호가 증가한 반면, 2001년~2006년 기간 동안에는 43만호 증가에 그친 것으로 나타나 수도권과 마찬가지로 90년대 후반에 잠재수요가 급증하고 있었음을 알 수 있다. 지방의 아파트 잠재수요가 급증한 원인은 가구수 증가보다는 아파트 비중의 급증에 기인한다고 할 수 있다.

이상의 분석결과를 바탕으로, 실제 아파트 공급량에서 아파트 잠재 수요량을 빼면 아래의 <도표3>에 나타난 바와 같이 각 연도별 아파트 수급 불균형 즉 과부족 정도가 도출된다.

먼저 수도권의 아파트 수급 과부족을 살펴보면, 200만호 주택건설사업의 막바지인 1995년에는 아파트 잠재 수요량이 161만호인 데 비해 실제 총공급량은 167만호로 공급이 수요를 초과한 상태에 도달하여 200만호 주택건설사업의 효과가 가시적으로 나타났다고 할 수 있다. 그러나 1997년 IMF사태 직후부터 2000년까지의 3년 동안에 아파트 잠재수요량은 지속적으로 늘어나고 있는데 반해 IMF사태의 충격으로 인해 실제 공급량이 크게 줄어듦에 따라 아파트 공급부족의 잠재적 압력이 물 밑에서 크게 높아지고 있었던 것으로 보인다. 이처럼 90년대 후반 수도권의 아파트 공급부족의 잠재적 압력이 크게 높아지고 있는 상황에서 2001년부터 저금리기조가 정착되고 정부의 부동산정책 실패 등이 맞물리면서 부동산투기가 본격화되기 시작했다고 할

<도표3> 아파트 수급 불균형 추정

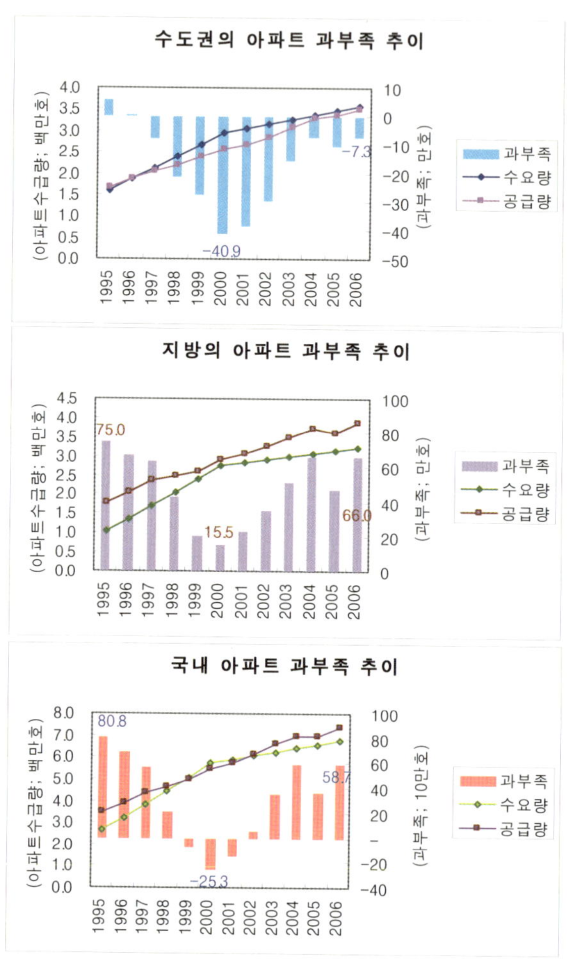

(주) 각종 자료로부터 KSERI 작성

수 있다. 2001년부터 부동산투기와 더불어 신규 공급이 크게 증가하기 시작
함에 따라 공급부족 압력도 빠르게 해소되기 시작하였다. 2000년 수도권의
아파트 잠재적 공급량 부족은 약 41만호로 최고 수준에 달했으나 신규공급

증가로 빠르게 해소되면서 2006년에는 7.3만호까지 줄어들고 있다. 실제로 다주택보유 가구 및 수도권 비거주자의 투기적 가수요를 빼면 수도권의 아파트 잠재적 공급부족은 거의 해소된 상태로 보인다.

이에 비해 지방의 경우는 매우 심각한 상황이라고 할 수 있다. 1995년부터 지방은 이미 아파트 공급량이 잠재 수요량을 크게 초과하여 공급과잉 압력이 매우 높은 상태에 있었던 것으로 나타나고 있다. 지방의 아파트 잠재적 공급과잉은 1995년에 75만호에 달해 최고수준을 기록하였으나 공급 감소와 아파트 비중 급증에 따른 수요 증가로 인해 2000년에는 15.5만호까지 줄어들었다. 그러나 2001년부터 가구수 증가가 정체를 보이는 가운데에서도 참여정부의 지역개발 정책으로 인한 부동산투기로 지방의 아파트 공급이 크게 증가하여 2006년에는 아파트 잠재적 공급과잉이 무려 66만호에 달하고 있는 것으로 추정되고 있다.

이처럼 수도권과 지방의 반복되는 아파트 수급 불균형은 전적으로 정부의 주택정책 실패에 기인하는 것이라고 할 수 있다. 즉 주택공급 정책은 10년에서 30년 단위의 장기적 관점에서 일관되고 지속적으로 추진해야 함에도 불구하고 200만호 건설 또는 신도시건설 등과 같이 불규칙적인 공급 파동을 유발하는 식으로 단락적으로 추진해온 탓에 수급불균형 심화 현상이 주기적으로 반복되고 있다고 할 수 있다. 정부가 10년 단위의 주택공급정책을 추진하기 시작한 것은 2002년 우리 연구소의 정책연구를 통해서였으며, 그에 관한 구체적인 내용은 <현실과 이론의 한국경제> 제I권의 9장에 제시되어 있다.

문제는 지방의 아파트 잠재적 공급과잉 급증으로 잠재부실 규모가 위험수위를 넘고 있다는 것이다. 지방 아파트의 미분양 물량 증가는 말할 것도 없고 이미 주택담보대출을 떠안고 아파트를 구입한 가구들은 아파트 가격급락으로 인한 손실 및 금리상승으로 인한 이자부담 증가 위험에 직면해 있다.

말하자면 지금 한국의 지방 아파트시장은 붕괴되기 직전의 심각한 상황이라고 할 수 있다. 지방의 아파트가격이 본격적으로 하락할 경우에는 미국의 서브프라임론 사태와는 비교할 수 없을 정도로 심각한 경제적 혼란이 야기될 가능성을 배제할 수 없다.

아래의 <도표4>는 지방 아파트의 잠재적 공급과잉분 66만호에 대한 주택담보대출 규모를 시뮬레이션 분석에 의해 추정한 결과를 나타내고 있다. 평균 분양가를 1억원, 1.5억원, 2억원의 3가지로 가정할 경우, 공급과잉분 66만호의 잠재부실 규모는 66조원에서 132조원에 이를 것으로 추정된다. 또 금융기관의 예상 부실채권 규모를 추정하기 위해 주택담보비율을 50%로 가정할 경우, 평균 분양가에 따라 지방의 공급과잉 아파트 66만호에 대한 주택담보대출 규모는 33조원에서 66조원에 달하게 된다. 즉 지방 아파트 부실이 표면화될 경우 금융기관이 떠안게 될 부실채권 규모는 최소한 33조원 이상을 넘을 것으로 전망된다.

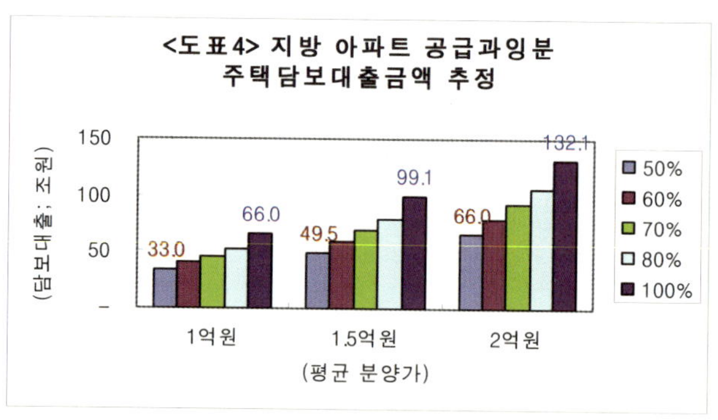

(주) 각종 자료로부터 KSERI 작성

앞에서 살펴본 것처럼 미국의 서브프라임론 사태로 인한 주가폭락은 남의 이야기가 아니다. 한국의 경우에도 지방의 아파트시장은 붕괴 직전에 놓여 있다. 예상되는 잠재 부실규모는 최소한 66조원 이상에 이를 것으로 추정된다. 경고하거니와 지방의 아파트시장 붕괴는 시간문제일 뿐이다. 비록 수도권은 아직 아파트 공급부족이 남아 있는 것으로 나타나고 있지만 투기적 가수요와 다주택보유 등을 제외하면 실제로는 공급과잉 상태에 있다고 할 수 있다. 따라서 지방의 아파트시장에 문제가 생기면 정도의 차이는 있을지언정 수도권이라고 온전할 리가 없다.

수도권에 비해 상대적으로 지방 아파트시장의 심각한 잠재적 공급과잉은 근본적으로 인구분산 정책의 실패에 기인하고 있다. 지방에서 수도권으로의 인구이동이 계속되는 한, 수도권과 지방 아파트시장의 불균형은 더욱 악화될 뿐이다. 지방에서 수도권으로의 인구이동은 지방학생들의 수도권 대학진학과 깊은 연관이 있다. 수도권은 이미 기존의 가구수(인구)조차도 도저히 감당할 수 없는 용량초과 상태에 빠져 있다. 그로 인해 수도권에 대한 모든 정책들이 규모의 불경제로 인한 비용체증의 악순환을 보이고 있다. 주택, 교통, 복지 등 모든 면에서 그렇다. 반면 지방은 기존의 용량조차도 소화할 수 없을 정도로 심각한 가구수(인구) 감소에 직면하여 웬만한 정책사업을 벌여도 사업타당성을 확보하기 어려운 상황에 처해 있다. 그 결과 수도권은 무엇이든 공급부족 압력에 노출되어 있으며 지방은 무엇이든 공급과잉 압력에 노출되어 있는 것이다. 이런 구조 속에서 정책실패로 인한 투기광풍이 불어 닥칠 경우 수도권은 언제든지 아파트 시세는 부르는 것이 값이 되는 거품 상황이 벌어지게 될 수 밖에 없는 것이다.

(2007년 8월 6일)

2. 대규모 펀드와 '허수' 주가

얼마 전에 국내 대형 금융기관의 자금운용을 총괄하는 임원과 저녁을 함께 하면서 국내 주식시장에 관해 이야기를 나눈 적이 있다. 이 분은 조 단위의 대규모 주식투자를 운용하는 총 책임자다. 그런데 이 분의 말에 의하면 최근 국내 주식시장은 한 마디로 정상적인 상황이 아니라고 했다. 언제까지나 무한정 주식시장으로 자금유입이 지속될 수는 없으며, 자금유입이 멈추는 순간 유동성 장세가 끝나고 주가 조정도 불가피하게 될 것이라고 말했다. 연기금이나 기관투자자 또는 대형 펀드들은 자신들이 띄워놓은 주가 상승으로 연초 대비 높은 투자수익률을 기뻐하며 떠들어대고 있다고 한다. 하지만 그것은 어디까지나 일종의 자작극에 가까운 허수에 불과하다는 것이다. 실제 수익률이 얼마가 될 것인지는 이들이 매입한 주식을 모두 팔아봐야 안다는 것이다. 자신들의 대규모 자금을 증시에 지속적으로 투입하면서 주가가 몇 달에 걸쳐 계속 상한가를 쳤지만, 반대로 자신들이 시세차익 실현을 위해 주식매도를 통해 증시에서 빠져 나갈 경우 주가가 몇 달에 걸쳐 계속 하한가를 치게 될 것이라는 것이다. 다소 냉소적인 비판이기는 하지만 매우 시사적인 말이라고 하지 않을 수 없다.

투자실무나 투자프로그램 개발 시에 중요하게 고려되는 용어 중에 '시장충격(Market Impact)' 이라는 말이 있다. 이는 연기금이나 기관투자자 또는 대형펀드와 같은 이른바 큰 손들의 대규모 자금이 주식에 투자될 경우, 자신이 매수하는 힘에 의해 주가가 상승해버리는 현상을 말한다. 또는 그

반대로 대규모 자금이 증시에서 이탈할 경우 자신의 매도 힘에 의해 주가가 하락해버리는 현상을 말하기도 한다. 이런 시장충격 현상은 대형 우량종목에 대한 시장집중도가 높으면 높을수록 더욱 심화되어 나타난다. 그리고 시장충격이 크면 클수록 이들 큰 손들의 대규모 자금이 일단 투자되어 주가가 상승한 후에는 좀처럼 시장에서 빠져 나오기가 어려워지는 현상, 즉 투자자금의 매몰화(sunk) 현상을 강하게 보인다. 그래서 사실상 시세차익 실현이 어려워진다는 것이다.

아래 <도표1>은 2007년 10월 현재 한국 주식시장의 시장집중도를 나타내고 있다. 2007년 10월 현재 KOSPI 상장기업 수는 총 742개사이다. 1일 평균 거래대금은 2005년과 2007년에 7조 원대를 상회하는 모습을 보이고 있으며, 시가총액대비 거래대금 비중은 1%를 훨씬 밑돌고 있다.

또 시가총액 기준으로 10조원 이상 상장기업 수는 25개로 전체 상장기업 수의 3.4%에 해당하며, 5-10조원 상장기업 수는 31개로 전체 상장기업 수의 4.2%를 차지하고 있다. 이로부터 시가총액 5조원 이상 상장기업 수는 총 56개로 전체 상장기업 수의 7.6%에 해당한다.

그런데 이들 56개 상장기업의 시가총액 비중은 전체 상장기업 시가총액의 72%를 차지하고 있다. 2007년 10월 현재 시가총액이 1,029조원이므로 약 741조원에 달한다고 할 수 있으며, 1개사 평균 시가총액은 13.2조원에 해당하는 셈이다. 또 주식 거래대금 비중도 전체의 61%를 차지하고 있는데, 2007년 10월의 거래대금이 181조원이므로 110조원에 달하는 것으로 나타나고 있다. 1개사 평균 10월 한달 동안 약 2조원(1일 평균 910억 원 가량) 가량 거래된 셈이다. 말하자면 7.6%의 상장기업이 전체 증시의 2/3 가량을 차지할 정도로 시장집중도가 매우 높은 상태라고 할 수 있다.

이처럼 시장집중도가 높을 경우, 주식시장에 대규모 자금이 유입되면 사실상 주가가 단기급등 현상을 보이는 '허수' 현상이 나타나게 되며, 포트

<도표1> 한국 증시의 시장집중도 (2007년 10월 현재)

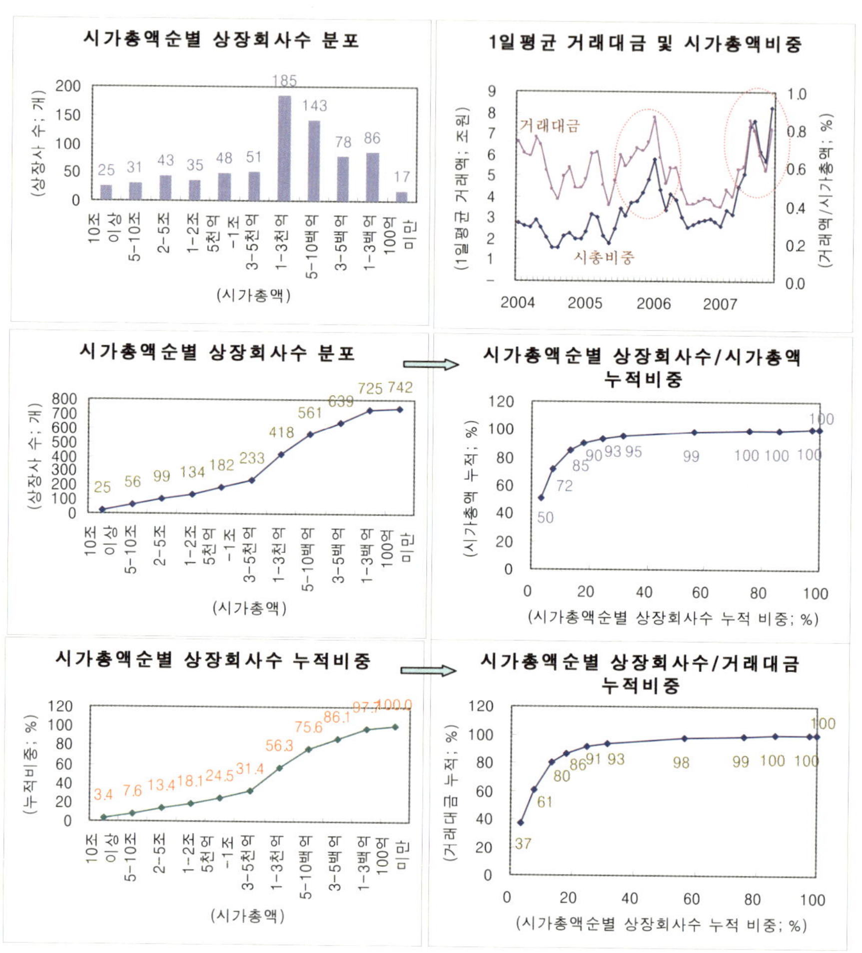

(주) KRX 자료로부터 KSERI 작성

폴리오 분산투자도 불가능해진다. 말할 것도 없이 운용자금 규모가 커질수록 수익률 확보도 중요하지만 안전한 운용이 더욱 중요해진다. 그래서 연기금이나 대형 기관투자자 및 펀드들이 모두 우량종목을 중심으로 적극적으로

포트폴리오 분산투자를 하려고 한다. 그 경우 시가총액 비중이 높은 56개 우량종목에 거래가 집중되게 되는데, 이들 우량종목의 1일 평균 거래액이 910억 원에 불과하므로 한 종목당 한 기관투자자가 하루에 100억 원어치만 매입을 해도 거의 상한가를 치게 된다. 뿐만 아니라 이들 종목을 중심으로 극심한 물량부족 현상을 보이게 된다. 즉 사려해도 살 주식이 없는 것이다. 그 결과 주가는 계속 급등을 하게 되어 시가총액 기준으로 작성되는 주가지수도 폭등을 하게 된다. 말하자면 시장충격이 매우 커지게 되는 것이다.

사정이 이렇다 보니 예컨대 어느 기관투자자가 조 단위의 주식투자를 할 경우에는 시장충격 효과를 줄이기 위해 2,3개월에 걸쳐 나누어 매일 계속해서 매입을 하지 않으면 안 된다. 특히 시가총액 비중이 높은 대형 우량종목을 중심으로 매입을 하게 되므로 KOSPI 지수가 큰 폭으로 상승을 하게 된다. 이처럼 주가지수가 폭등했음에도 불구하고 중소형주 중심의 투자를 하는 개미투자자들이 그다지 시세차익을 얻지 못했다고 하는 이유가 바로 여기에 있다고 할 수 있다.

그렇다고 기관투자자들이 상위 56개 종목을 제외한 나머지 종목에 포트폴리오 투자하기란 매우 어렵다. 왜냐하면 전체 742개 상장기업 중 상위 56개 종목을 제외한 686개 종목의 시가총액 합계는 전체의 28%에 불과한 288조원이며, 1개사 평균도 4,200억 원에 불과하기 때문이다. 또한 이들 686개 종목의 거래대금 비중도 39%에 불과한 71조원으로 1개사 평균 1,000억 원(1일 평균 45억 원 가량) 가량에 불과하기 때문이다. 이런 상황에서 기관투자자들이나 대규모 펀드가 단기간에 조 단위의 주식투자를 할 경우 이들 중소형 종목을 조금만 매입해도 순식간에 종목당 지분율이 3,40%를 넘어가버리게 된다. 즉 더 이상 포트폴리오 분산투자가 불가능해지며, 대주주로서 경영에 관여하지 않을 수 없는 지분투자자가 되어 버린다. 현재 국내 기관투자자나 연기금, 펀드 등은 모두 포트폴리오 분산투자만을 전제로 경영을 하고 있는 상태로, 지분투자자로서의 전문성과 조직을 갖추지 못하고 있는 상태이다. 지분투자자로서의 전문성이란 대주주로서의 기업경영 및 관리능력과 구조조정 및 M&A 능력을 말한다.

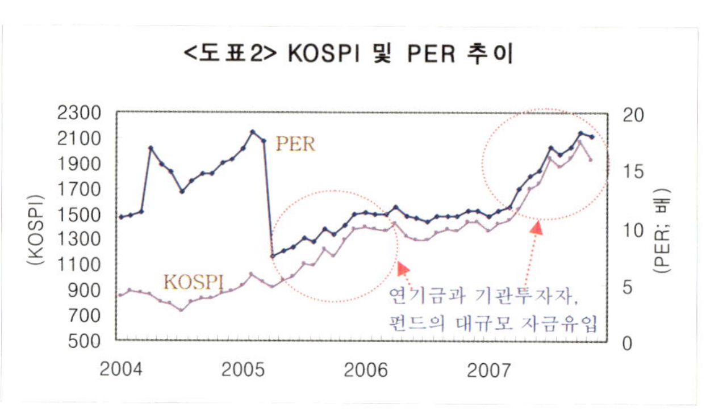

(주) KRX 자료로부터 KSERI 작성

실제로 시장집중도가 높은 상태에서 증시에 자금유입이 급증함에 따른 시장충격을 살펴보기로 하자. 위 <도표2>를 보면, 지난 2004년부터 최근까지 KOSPI지수는 2차례에 걸쳐 크게 상승했음을 알 수 있다. KOSPI 지수는 2004년 초에 900 포인트에서 횡보를 하다가 2005년부터 대외여건 호전과 기업실적 호전에 힘입어 연기금과 기관투자자를 중심으로 순매수가 늘어나면서 상승하기 시작하여 2006년 초에는 1,400 포인트까지 오르는 1차 상승을 보였다. 그리고 2007년 3월부터 다시 기관투자자와 펀드 및 연기금 자금이 계속 유입됨에 따라 과잉 유동성 장세를 형성하면서 지난 10월에는 2,000 포인트를 돌파하는 2차 상승을 보였다. 2차 상승은 연초대비 상승률로 치면 대략 40% 가량 급등한 셈이다.

그런데 2005년과 2007년의 두 차례에 걸친 주가 상승이 모두 기관투자자 주도에 의한 기관장세였다는 점은 다음 <도표3>의 투자자별 순매수 추이에서 확인할 수 있다. 이 도표에서, 2004년 1월부터 최근까지 기관투자자와 비금융법인 등 기타 투자자는 각각 20.5조원과 16조원의 누적 순매수를 하고 있는 반면, 개인과 외국인은 각각 7조원과 25.2조원의 누적 순매도를 하고 있다. 특히 외국인은 2006년 하반기부터 계속적인 순매도를 지속하고 있으며, 외국인의 대규모 순매도를 기관투자가가 대규모 순매수로 떠받쳐주고 있다. 또 개인은 2006년까지 순매도를 하다가 2007년부터 4.7조원의 순매입으로 돌아서고 있는 것으로 나타나고 있다.

기관투자자 유형별 순매수 추이를 보면, 투신펀드 등 자산운용기관이 2006년 말까지 17.5조원의 순매수를 하였다가 2007년 6월까지 7.8조원으로 줄어들었다. 그 후 7월부터 다시 급증하기 시작하여 10월 현재 17.1조원의 순매수를 보이고 있다. 즉 불과 3,4개월 만에 10조원 가까운 순매수를 한 셈이다. 반면 은행은 4.3조원의 순매도를 보이고 있다. 이로부터 지난 2005년과 2007년의 2차례에 걸친 KOSPI의 급상승은 주로 막대한 투신펀드의 지속적 순매수에 의한 기관장세라는 것을 확인할 수 있다.

그런데 투신펀드 순매수의 주요 자금원은 국민연금 주식위탁투자 자금이라고 할 수 있다. 국민연금의 주식투자 운용액은 2004년부터 2007년 9월까지 총 13.7조에 이르고 있다. 이는 자산운용 기관투자자의 누적 순매수액 17.1조원의 80%에 달하는 금액이다. 이는 지난 2004년부터 최근까지 두 차례에 걸친 주가 상승의 원천이 국민연금의 막대한 주식투자자금 유입에 의한 것이라는 것을 보여주는 것이라고 할 수 있다.

이상의 <도표2>와 <도표3>의 설명으로부터 국민연금 자금유입에 따른 시장충격 효과로 2005년과 2007년에 KOSPI 지수가 급등하였음을 추론할 수 있다. 그리고 그 과정에서 2006년 하반기부터 외국인의 대규모 순매도로 인한 (-) 시장충격을 기관투자자의 순매입에 의한 (+) 시장충격으로 완화시켜 주고 있는 구조를 형성하고 있다. 즉 외국인은 지난 2006년 하반기부터 기관

<도표3> 투자자별 유가증권시장(KOSPI) 순매수 추이

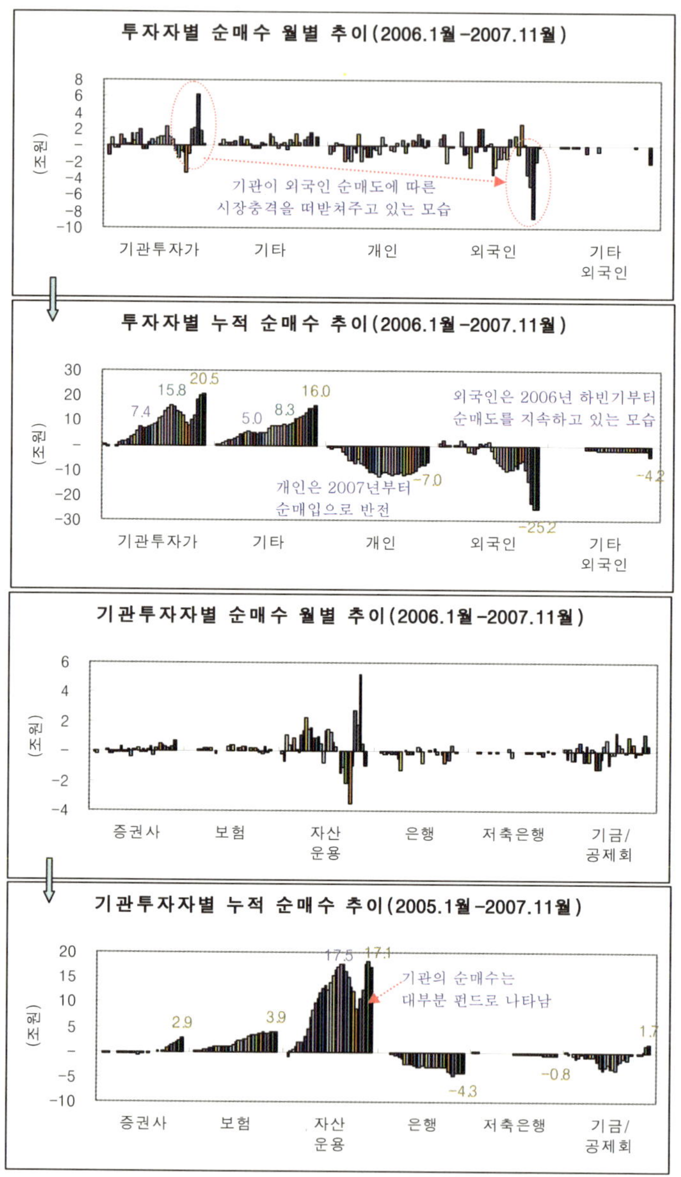

(주) KRX 자료로부터 KSERI 작성

투자자의 반대 순매수에 의지하여 대규모 순매도에 따른 시장충격 없이 시세차익을 실현시켜 빠져나가고 있는 것이다.

기관투자자의 순매수 지속에 의한 시장충격의 또 다른 증거로서 주가수익률(PER)의 급등을 들 수 있다. PER는 주가(시가총액)를 이익(경상이익)으로 나눈 것이다. 따라서 PER가 상승했다는 것은 이익의 증가 속도보다 훨씬 더 빠른 속도로 주가가 상승했다는 것을 의미한다. 앞서의 <도표2>에서 보면 2005년부터 주가가 상승하기 시작함에 따라 주가수익률(PER)도 같은 상승 궤적을 그리면서 급등하기 시작하고 있다. 즉, 2005년부터 KOSPI 지수 상승과 PER의 상승 궤적이 거의 유사한 모습을 나타내고 있는 것이다. 특히 PER는 2007년 초에 10배 정도였으나 최근에는 20배 가까이로 상승했다. 즉 불과 1년도 채 안 되는 짧은 기간 동안에 이익의 상승 속도보다 주가의 상승 속도가 2배 가량 빨랐다는 것이다. 이것은 명백히 KOSPI 지수가 지나치게 과대평가되어 있다는 것을 시사하는 증거라고 할 수 있다. 그리고 이처럼 주가가 과대평가된 가장 큰 원인은 바로 기관투자자들의 대규모 순매수에 의한 시장충격의 '허수' 현상 때문이라고 할 수 있다.

주가수익률(PER)에 대해서는 이미 여러 차례 설명한 바 있으나, 실제로는 PER에 대한 잘못된 오해가 심각한 것도 주가 과대평가의 한 원인이라고 할 수 있다. PER는 이익에 대한 주가의 비율을 의미하는 것이므로 시간상의 변화에 대해서만 의미를 가진다. 종목이 다른 주식간에 PER를 비교하는 것은 잘못된 것이다. 그야말로 투자론의 기초를 모르는 무지의 소치라고 할 수 있다. PER는 모든 종목마다 다 같아야 하는 것이 아니다. 따라서 모든 나라 주식시장의 PER도 다 같거나 비슷해야 하는 것은 아니다. 이를 간단히 설명해보기로 하자.

다음 <도표4>는 10개 종목으로 구성된 가상의 증권시장균형선(Security Market Line)과 각 종목의 PER를 시뮬레이션하여 나타낸 것이다. 본 시평의

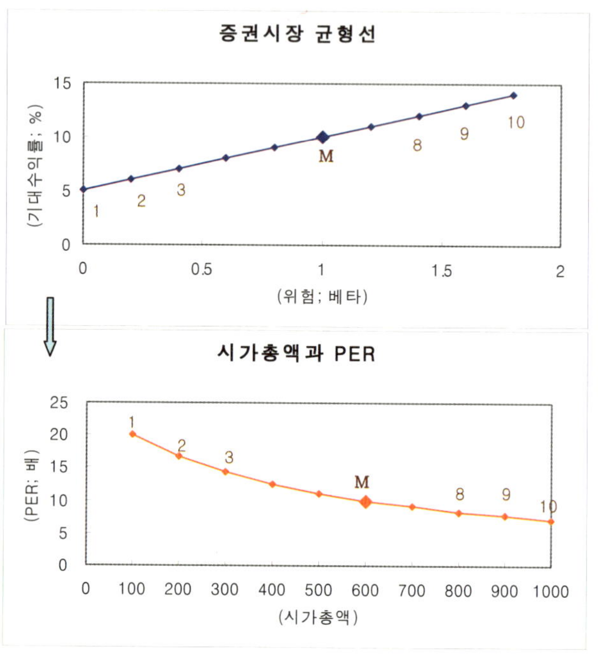

(주) KSERI

설명만을 따라가도 충분하므로 투자론을 모른다고 해서 신경 쓸 필요는 없다. 이 도표에서 예컨대 1번 종목은 위험이 없는 무위험 증권 즉 국채를 나타낸다고 할 수 있다. 또 M은 전체 증권시장의 수급이 일치하는 시장 전체(시장포트폴리오)의 위험과 기대수익률을 나타낸다.

현대 투자론에 의하면, 증권시장 수급균형 상태에서는 위험과 기대수익률 공간상에서 상기 도표에서와 같이 선형의 증권시장 가격선이 도출된다. 이를 바탕으로 10개 종목의 시가총액(기업가치)을 100에서부터 1,000으로 가정할 경우, 증권시장균형선의 기대수익률로부터 각각의 주가수익률(PER)를 도출할 수 있다. 이를 도표로 나타내보면, 예컨대 시장포트폴리오 M의

106

PER는 10인 반면 1번 종목의 PER는 20으로 나타난다. 그런가 하면 10번 종목은 7.1로 나타난다. 이로부터 증권시장 균형 하에서는 각 종목의 PER가 반드시 같을 필요는 없으며, 또 반드시 같아야 하는 것도 아님을 알 수 있다. 이것은 흔히 증권업계 실무자들이 주장하는 것처럼, 한국 증시의 PER가 다른 나라에 비해 높지 않다고 말하는 사람들의 주장이 얼마나 엉터리인가를 입증해주는 것이라고 할 수 있다. 결국 PER는 다른 종목간에 비교를 하는 것은 잘못된 것이며, 단일 종목의 시간의 흐름에 따른 PER의 변화만이 해당 주가의 적정수준을 판단하는데 의미가 있을 뿐이다.

앞서의 <도표2>로 되돌아가서 시간상의 PER의 변화가 주가적정 수준의 판단기준이 되는 이유에 대해 설명해보기로 하자. KOSPI(<도표4>의 시장포트폴리오 M에 해당)의 PER는 2007년 초의 10 수준에서 2007년 10월 현재 20 수준으로 2배 가량 급증했는데, 이는 이미 설명한 바대로 상장기업 전체 이익의 증가속도에 비해 주가지수 상승속도가 2배 가량 더 빨랐다는 것을 의미한다. PER가 10에서 20으로 증가했다는 것을 거꾸로 해석해보면, 2007년 초에 투자자가 100의 가격에 주식을 구입하면 10의 이익(배당)을 받을 수 있었다. 즉 투자자의 주식투자 수익률이 10%였다고 할 수 있다. 그런데 똑같은 10의 이익(배당)을 받을 수 있는 주식을 지금은 200을 주어야 살 수 있으므로 결과적으로는 주식투자 수익률이 5%로 줄어든 셈이다. 즉 주식 투자자 입장에서 볼 때 연초에는 100을 투자하면 10의 이익을 얻을 수 있는 장세였는데, 지금은 200을 투자하여 10을 얻는 장세가 되어 있다는 것을 의미한다.

주가와 이익을 비례적으로 늘려도 마찬가지이다. 예컨대 연초에 주가가 100이고 이익이 10이었는데 최근에 이익이 15로 증가하고 주가도 300으로 증가한 경우를 생각할 수 있다. 이 경우에도 마찬가지로 투자수익률이 10%에서 5%로 떨어진 것이 된다. 이처럼 주식투자 수익률이 떨어진 이유는 주식시장에 과다 유동성이 유입되어 자금이 넘쳐나는 반면 살 수 있는 주식은 한정되어 있다 보니 낮은 수익률에라도 주식투자를 하지 않을 수 없게 되었기 때문이다. 유동성이 넘쳐나는 증거로는 앞서의 <도표1>에서 1일 평균 거래대금이 2005년과 2007년에 7조원을 상회하는 수준으로 급증하고 있는 점으로도 충분할 것이다.

그런가 하면 연초에 PER가 10이었다는 것은 주식시장이 100을 투자하여 10 이상의 이익을 낼 수 있는 기업에게만 자금을 공급해주었다는 것을 의미한다. 그런데 PER가 20으로 높아졌다는 것은 10의 이익을 내는 기업에게 200의 투자를 해주고 있다는 것을 의미한다. 즉 그만큼 주식시장에 돈이 넘쳐나 투자수익률이 낮은 기업이나 위험이 높은 기업에게도 투자를 해주지 않을 수 없게 되었다는 것을 의미한다. 미국의 서브프라임론 사태가 발생한 것도 바로 이 때문이라고 할 수 있다. 돈은 넘쳐나는데 투자할 곳이 마땅치 않다 보니 결국 수익률이 낮고 위험한 투자안에까지 손을 뻗친 것이다.

이상으로부터 PER의 시간상의 변화로 볼 때 한국 증시는 국민연금의 주식 순매입 확대를 바탕으로 기관투자자들의 지속적인 대규모 순매입에 따른 시장충격의 허수 현상으로 주가가 과대평가되어 있는 상황이라고 할 수 있다. 그 결과 투자수익률이 낮은 종목이나 기업에게도 자금이 공급되고 있어 위험이 높아지고 있는 상황이라고 할 수 있다.

결론을 말하자. 지난 2005년과 2007년 2차례에 걸친 주가 급등은 상위 소수 우량종목에 대한 시장집중도가 매우 높은 상황에서 연금의 주식매입 확대에 따른 시장충격 효과가 절대적인 영향을 미쳤다고 할 수 있다. 그리고 그 과정에서 주가급등 '허수' 현상이 발생했으며, 국내 기관투자자는 지속적인 순매수를 통해 외국인투자자의 순매도에 따른 (-) 시장충격 효과를 최소화시켜 준 것으로 보인다.

만일 국민연금이나 급증하고 있는 대규모 펀드들이 주식을 매각해야 하는 상황이 발생한다면 주가는 어떻게 될까? 그것은 서두에 언급한 대형 기관투자자 임원의 말대로 팔아 봐야 안다. 장부상으로 또는 회계상으로 평가차익이나 투자수익률이 40~50%라고 하는 것은 그야말로 허수에 불과하다. 만일 국민연금이 주식투자 시세차익을 실현하기 위해 매각을 한다면 역으로 주가가 얼마나 떨어질지 한번 생각해보라.

결과적으로 국민연금이나 대규모 펀드 상품들은 주식투자 규모가 커지면 커질수록 팔 수 없는 매몰화 상황에 직면하게 된다. 주가가 하락하게 되면 장부상의 가치를 유지하기 위해 원하든 원치 않든 기관투자자는 계속 떠받쳐주지 않을 수 없게 된다. 외국인 순매도를 떠받쳐주는 것처럼 말이다. 그런 점에서 대량으로 주식을 보유한 외국인 투자자 입장에서는 언제든지 시장충격을 최소화하면서 안심하고 매각할 수 있다고 할 수 있다. 반면 기관투자자는 새로운 펀드로 환매되는 펀드를 인수 인계하는 식으로 시장충격을 최소화해 갈 수 밖에 없게 된다.

미국의 기관투자자들이나 대규모 헤지펀드들이 괜히 배당을 강조하거나 지분투자형의 M&A를 그냥 이유 없이 하는 것이 아니다. 투자규모가 커질수록 매도가 불가능해지는 매몰화 위험을 최소화하려 하기 때문이다. 이들은 벌써 수십 년 전부터 이런 현실적인 문제에 직면하여 많은 시행착오를 해왔다. 그리고 그런 시행착오의 결과로 배당수익을 강조함으로써 매몰화 위험을 피하고, 지분투자가 불가피하다는 점을 감안하여 M&A 등 경영참여에 대한 노하우를 쌓아온 것이라고 할 수 있다. 결코 신자유주의 음모론과 같은 유치한 이야기가 아닌 것이다.

이제 한국도 그런 상황에 직면하고 있다. 경제의 펀더멘털이나 수익성 및 지배구조와 같은 기업의 경영상황, 주식투자의 적정 수익률과 적정 주가수준을 감안하지 않은 채 묻지마 투자 식으로 마구잡이로 펀드에 자금이 몰리고 있다. 그로 인해 주식시장이 감당할 수 없을 정도로 펀드가 대형화되어 시장충격만을 남발하여 주가급등 양상을 보이고 있다. 그러나 정작 대형 펀드들은 이러지도 못하고 저러지도 못한 채 계속 매몰화되어 자신은 매도하기 어려운 상황에 빠지고 있다. 미국의 서브프라임론 사태에서 볼 수 있는 것처럼, 만일 투자자들의 펀드 환매가 일시에 집중될 경우 주가 폭락과 펀드 파탄의 위험을 피할 수 없게 된다.

주가 하락을 막기 위해서는 국민연금이든 펀드 자금이든 계속 증시에 자금을 공급해주어야 한다. 그렇지 않으면 거래량이 급감하면서 주가는 조그만 충격에도 하락 압력에 직면하게 될 것이다. 지금까지 투입된 대규모 자금은 주가 2,000 포인트의 허수를 만든 채 사실상 매몰화된 상태라고 할 수 있다. 주가하락을 막기 위해서는 문제 있을 때마다 기관투자자들은 끊임없이 추가매입을 해주어야 한다. 그러나 과연 증시에 그런 자금이 무한정으로 계속 유입될 것이라고 장담할 수 있겠는가!

대규모 기관투자자들의 매몰화를 최소화하기 위해서는 기업에 대한 배당 요구를 강화할 수 밖에 없으며, 지분투자에 대비한 기업경영과 지배구조 감시에 대한 노하우 및 역량강화가 필요하다고 하겠다. 금융기관들과 정책당국은 해외투자 확대가 만사인 것처럼 말하고 있으나 국내에서도 이렇게 어려운 데 해외투자라고 쉽겠는가! 일본이 여러 차례에 걸친 해외투자 실패를 반복하고 있는 사실을 상기해보라. 일본이 한국보다 못해서 해외투자 실패를 되풀이하고 있겠는가. 해외투자는 국내투자보다 몇 십 배 더 위험하고 어려운 것이라는 점을 명심할 필요가 있다. 허수에 놀아나는 어리석음을 범하지 않기를 바란다.

(2007년 11월 19일)

3. 최근의 시장금리 급등과 금융시장 동향 분석

　최근 은행권의 자금부족으로 시장금리가 급등세를 보이고 있는 가운데 한국은행이 시장개입에 나선 것으로 보도되고 있다. 은행권의 자금부족의 원인에 관해서는 은행 예금이 대거 주식시장 특히 펀드상품으로 이동한 데 기인하는 것으로 보고 있다. 최근의 금리급등 원인을 살펴보기 위해 금융권의 자금이 어떻게 흘러가고 있는지에 대해 자세히 살펴보기로 하자.

<도표1> 주요 시장금리 일별 추이

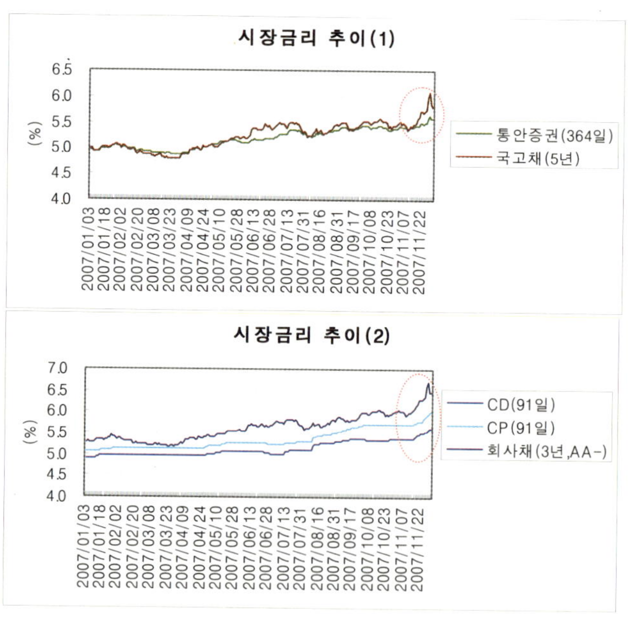

(주) 한국은행 자료로부터 KSERI 작성

상기 <도표1>에서 주요 시장금리 추이를 보면, 2007년 11월부터 주요 시장금리가 급등하는 모습을 보이고 있다. 국고채와 회사채 금리는 2007년 4월부터 상승하기 시작하여 6월부터 횡보하는 모습을 보이고 있다가 11월부터 급등세를 보이고 있다. 이에 비해, 회사채는 지난 4월부터 지속적으로 금리가 상승하는 모습을 보이다가 11월에 역시 급등하는 모습을 보이고 있다. CD와 CP 금리도 4월에 약간 상승한 후 7, 8월에 한국은행이 연속으로 콜금리를 0.25%씩 인상하여 5%로 한 것에 영향을 받아 상승한 후 역시 11월부터 급등하는 모습을 보이고 있다.

이로부터 이미 시장금리는 2007년 4월부터 상승압력에 노출되어 있었음을 알 수 있다. 그런데 4월부터 시장금리가 상승압력을 받은 것은 무엇보다도 4월부터 주가가 1,500 포인트를 돌파하면서 은행예금이 주식시장으로 대규모로 이동한 데 기인한다고 할 수 있다. 은행과 주식시장간의 자금이동 관계를 살펴보기에 앞서, 먼저 <도표2>에서 2000년부터 2007년 9월기까지의 일반은행(시중은행+특수은행+지방은행)의 자금조달 및 자금운용 추이를 살펴보자.

주지하는 바와 같이 일반은행은 원화 예대마진을 주 수익원으로 하는 금융 기관이다. 즉 일반은행은 원화예수금을 조달하여 원화대출을 함으로써 예대마진을 통해 수익을 올리는 기관이다. 따라서 일반은행의 원화예수금 및 원화대출금의 증감 추이를 살펴보면 일반은행의 자금과부족 사정을 확인할 수 있게 된다.

구체적으로 아래 <도표2>에서 2000년부터 최근까지 일반은행 원화예수금의 전년대비 증감 추이를 보면, 2004년부터 원화예수금이 거의 증가하지 않고 있다. 이에 비해 원화대출금은 부동산투기 대출과 거의 맞물려 변동하고 있음을 알 수 있다. 일반은행의 원화대출금은 부동산투기의 영향으로 2002년과 2003년에 급증하였다가 2004년과 2005년에는 주춤한 후, 다시 2006년부터 급증하는 모습을 보이고 있다. 그 결과 원화예수금에서 원화대출금을 차감한 자금과부족(예대출금 증감차이) 추이를 보면, 2001년부터 자금부족을 나타내고 있다. 특히 2006년부터는 자금부족이 39조원에 달하고 있으며 2007년에는 56조원으로 더욱 확대되고 있다. 이로부터 일반은행의 자금부족이 매우 심각한 상황에 이르고 있음을 알 수 있다.

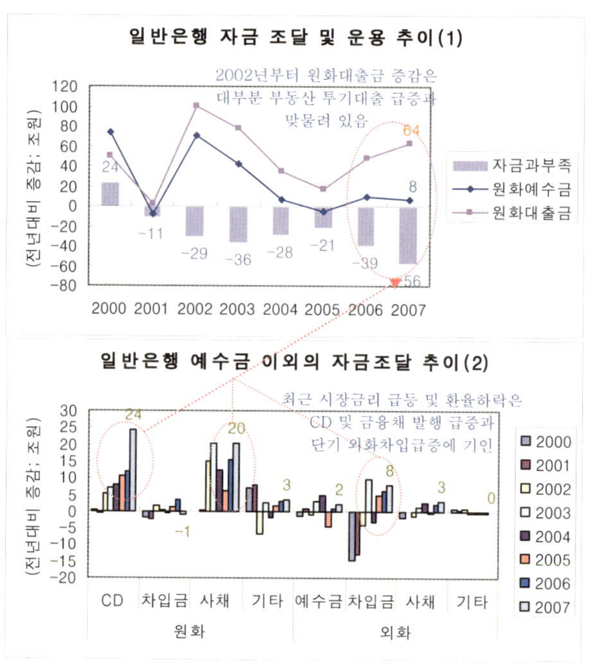

(주) 금융감독원 자료로부터 KSERI 작성

일반은행은 이처럼 2001년부터 원화대출금 증가가 원화예수금 증가를 초과하고 있는 가운데 부족한 자금을 어떻게 조달하여 원화대출을 확대하고 있을까? 상기 <도표2>에서 일반은행의 원화예수금 이외의 자금조달 추이를 살펴보면 원화 CD발행 및 사채매각 그리고 외화 차입금 증대를 통해 조달하고 있음을 알 수 있다. 일반은행은 부족한 원화자금 확보를 위해 이미 2001년부터 CD발행을 계속 늘려오고 있다. 특히 2007년에는 CD발행이 전년대비 24조원으로 급증하고 있다. 그밖에 금융채나 보유 국채 및 회사채 매각 등을 통해서도 부족한 원화자금을 조달하고 있는데 2006년과 2007년에 급증하는 모습을 보이고 있다. 또 엔캐리 자금 등을 비롯한 외화차입금도 2005년부터 계속 증가하고 있는데 2007년에는 전년대비 8조원이 증가했다.

이상으로부터 일반은행은 2004년부터 원화예수금이 더 이상 늘어나지 않고 있는 가운데 원화대출금을 계속 확대해왔으며, 그 결과 최근에는 더 이상의 추가대출 확대를 위한 자금확보가 불가능한 상황에 이르고 있다고 할 수 있다. 이런 징후는 앞서의 <도표1>에서 볼 수 있는 것처럼 이미 2007년 4월부터 국채와 회사채 그리고 CD 등 시장금리의 상승압력 증대로 나타나고 있었다고 할 수 있다. 그것이 2007년 11월에는 한계를 넘어서 일반은행이 급전을 조달해야 하는 상황에까지 몰린 것으로 보인다. 그 결과 시장금리가 급등하는 모습을 보인 것이라고 할 수 있다.

그렇다면 왜 2004년부터 일반은행의 원화예수금이 거의 증가하지 않고 정체를 보였을까? 그것은 2004년부터 시작된 주가상승에 기인한다고 할 수 있다. 특히 2007년 4월부터 주가가 1,500 포인트를 돌파하면서 일반은행 예금으로부터 주식시장으로 자금이 급격히 이동하기 시작한 데 기인한다고 할 수 있다. 아래 <도표3>에서 2006년 4월부터 최근까지 국내 증시자금 유입 추이를 보면, 2007년 4월부터 주가가 상승하기 시작하면서 한달 후인 5월부터 수익증권인 주식형 펀드로의 자금유입이 급증하고 있는 것으로 나타나고 있다. 2007년 3월에 주식형펀드 자금은 47조원 가량이었으나 11월 말에는 105조원으로 무려 +58조원이 늘었다. 이로부터 지난 4월부터의 주가급등의 주원인은 주식형 펀드로의 대규모 자금유입에 따른 것으로, 주가가 과다상

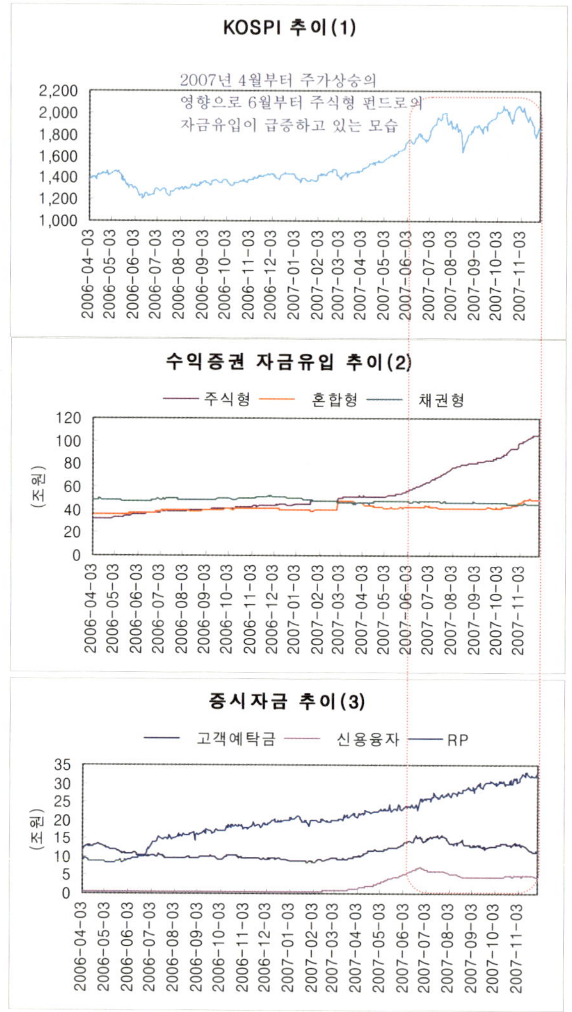

(주) 각종 자료로부터 KSERI 작성

승했을 가능성이 매우 높다고 할 수 있다. 그 증거로는 주가수익률(PER)이
연초의 10에서 최근 18을 상회하는 수준으로 거의 두 배 가까이 상승한 것

을 들 수 있다. 주가수익률의 상승이 유동성과잉에 의한 버블일 가능성이 높다는 점에 관해서는 이미 본 시평 "대규모 펀드와 '허수' 주가"에서도 설명한 바 있으므로 재론은 생략하기로 한다.

그런데 이처럼 주식형펀드 자금이 단기간에 58조원 가량 늘어난 것은 앞서의 <도표2>에서 일반은행의 2007년도 자금과부족 -56조원과 거의 일치하고 있다. 말하자면 부동산시장으로 향하던 투기자금이 대거 은행을 이탈하여 주식시장의 주식형 펀드로 발길을 돌리고 있는 것이다. 이처럼 자금이 증시로 급격히 이탈하여 예금이 줄어들고 있음에도 불구하고 일반은행은 자금사정을 고려하지 않고 여전히 계속 부동산대출을 무리하게 늘려왔다고 할 수 있다.

한편 금융시장 상황이 이런 가운데 한국은행은 아래 <도표4>에서 볼 수 있는 것처럼 2003년 중반부터 환매조건부채권의 매각을 통해 시중 과잉유동성을 흡수하기 시작하고 있다. 이처럼 한국은행이 2003년부터 시중유동성을 흡수하기 시작한 것은 두말할 필요도 없이 부동산투기를 억제하기 위해서이다. 특히 2006년 하반기부터는 환매조건부채권(RP) 매각을 4조원 대로 크게 확대하였으며, 2007년에는 다시 8조원대로 확대함으로써 시중 과잉유동자금 흡수에 가속도를 붙이고 있다. 또 은행의 환매조건부채권 매각을 통한 자금조달은 그다지 증가하지 않고 있는 반면, 증권사의 환매조건부채권의 매각은 2006년 하반기부터 크게 증가하는 모습을 보이고 있다.

한국경제 전체로 총량 면에서 투기적 유동성이 여전히 과잉 상태에 있다. 따라서 총량 면에서는 과잉 유동성을 흡수해야 한다. 그러나 과잉유동성을 계속 흡수해가면 시장금리는 당연히 상승압력을 받을 수 밖에 없다. 왜냐하면 일반은행의 경우에서처럼 자금이 부족한 기업이나 금융기관은 보유한 채권이나 주식 등을 매각하든지 아니면 채권발행이나 증자 등을 통해 자금을 조달하려 하기 때문이다. 그 경우 채권공급이 늘어나게 되어 금리는 올라갈

수 밖에 없고 주식시장도 유동성이 흡수되는 만큼 자금이 빠져나가게 되어
하락 압력에 직면하게 된다.

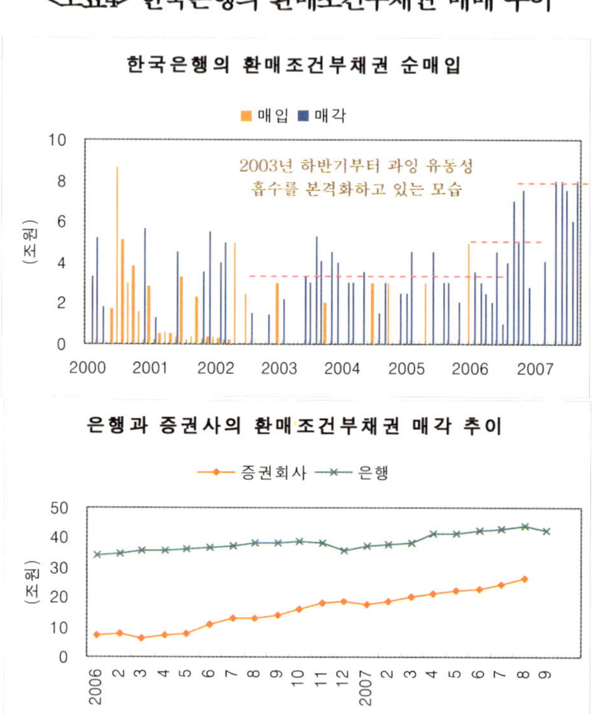

(주) 한국은행 자료로부터 KSERI 작성

공기가 든 고무풍선이 터지는 경우는 두 가지가 있다. 하나는 고무풍선에
바람을 잔뜩 집어넣어 압력을 견디지 못하고 풍선이 터지는 경우이다. 말하
자면 유동성 과잉으로 인한 투기적 버블이 부풀어 오를 대로 올라 결국에는
견디지 못하고 터지는 경우인 셈이다. 또 다른 하나는 풍선을 눌러서 터트
리는 경우이다. 부풀어 오를 대로 부풀은 풍선의 바람은 빼지 않은 채 풍선

의 한쪽을 누르면 다른 쪽으로 튀어 나온다. 그것을 반복하다 보면 결국에는 풍선이 터지게 된다. 말하자면 투기를 잡기 위해 한쪽을 누르면 투기가 다른 쪽으로 밀려서 튀어간다. 이처럼 투기를 잡기 위해 튀어 이쪽 저쪽을 좇아 다니며 억누르다 보면 갑자기 버블이 붕괴되는 것이다.

가장 현명한 방법은 무엇보다도 지나치게 많은 풍선의 바람을 빼는 것이다. 그리고 투기억제 효과가 없는 엉터리 정책들을 남발하여 불필요하게 여기저기를 누르지 않는 것이다. 은행들이 자금부족을 해결하기 위해서는 은행 스스로가 부동산 투기대출을 줄여야 한다. 계속 부동산투기 버블을 통해 수익을 얻기 위해 은행이 무리하게 유동성 확보를 위해 무리수를 두면 둘수록 은행은 파국으로 치달을 수 밖에 없다. 은행뿐만 아니라 한국경제 전체가 파국에 처하게 된다. 은행은 부풀을 대로 부풀어 올라 금방이라도 터질지도 모르는 부동산 대출을 계속 줄여가야 한다. 부동산투기와 주식투기 간에 핑퐁게임을 하여 언제까지나 가격버블의 악순환을 유지할 수는 없다. 이미 그 악순환의 고리가 한계에 도달했음을 일반은행의 자금부족과 시장금리 급등이 경고해주고 있는 것이다. 이런 근본적인 해결책을 강구하지 않는 한, 한국은행의 시장개입은 미봉책에 불과할 뿐이다.

일반은행의 자금부족 상황이 버블 붕괴의 경고라는 것을 아래 <도표5>에서 한미일 3국 은행의 예금 및 대출금 추이 비교를 통해 간단히 설명해보기로 하자. 먼저 이 도표에서 일본 국내은행들의 총대출 및 총예금 추이를 보면, 80년대 후반 부동산 및 주식 버블 시기에 총대출이 총예금을 초과할 정도로 일본 국내은행들이 과대대출을 한 것으로 나타나고 있다. 말하자면 일본 국내은행들도 당시 자금부족을 겪을 정도로 과다 대출을 통해 부동산 및 주가 버블을 야기한 것이다. 이와 똑 같은 상황이 지난 2003년 이후 한국에서 재연되고 있다. 특히 한국 예금은행들의 총대출금과 총예금 간의 괴리가 더욱 확대되고 있어 80년대 후반의 일본 국내은행들보다 더 악성인 양상을

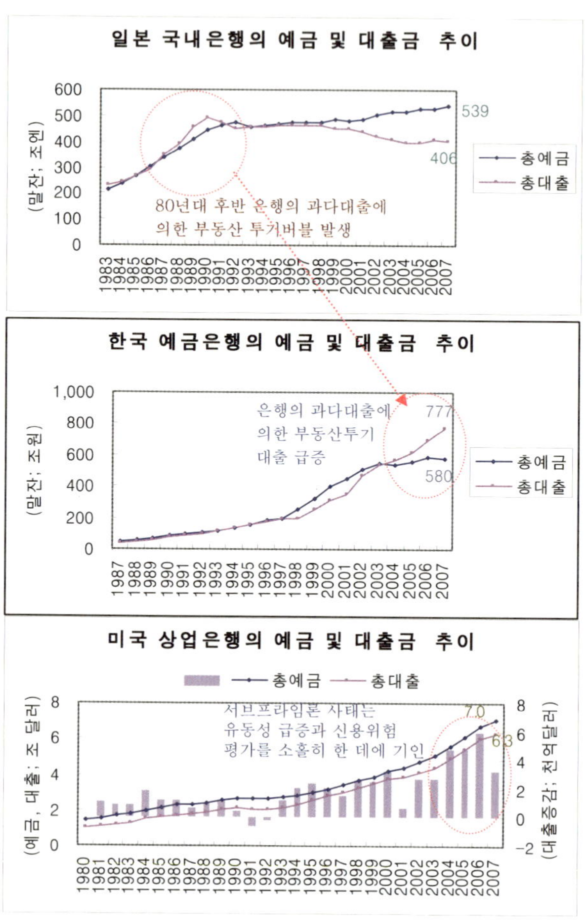

(주) 각종 자료로부터 KSERI 작성

보이고 있다. 여기서 상론할 수는 없으나 은행의 예대출금 괴리와 부동산가격 및 주가 급등과의 상관관계를 고려하면 한국은 80년대 말의 일본에 비해 부동산가격이 훨씬 더 폭등했다.

상기 도표에서 2007년 한국 예금은행의 총 대출액은 777조원에 달하는 반면, 총 예금액은 580조원에 그치고 있다. 그 결과 197조원의 과잉 대출이 발생하고 있다. 예금은행은 이미 197조원의 과잉대출을 위해 CD와 금융채발행, 채권 및 주식 매각, 외화차입 등을 통해 무리하게 자금을 조달하고 있다. 그 결과 금융시장 전체가 매우 불안정한 움직임을 보이고 있는 것이다. 한국은 이제 거의 버블 붕괴의 한계 상황에 이르고 있는 것이다.

이에 비해 미국의 상업은행은 총예금이 총대출을 계속 상회하고 있다. 그러나 미국의 상업은행과 한국 및 일본 은행을 그대로 비교하기는 어렵다. 왜냐하면 미국의 상업은행은 이미 상당한 정도로 투자은행화되어 있기 때문이다. 그럼에도 불구하고 2004년부터 전년대비 대출증가 폭이 크게 확대된 데서 알 수 있는 것처럼, 미국의 서브프라임론 사태도 상업은행들의 과다대출에 기인하고 있는 것이다. 즉 대출 급증과 신용위험 평가를 제대로 하지 않고 무리하게 모기지 대출을 확대한 탓에 최근 서브프라임론 사태로 어려움을 겪고 있는 것이다.

우리 연구소는 경고한다. 앞으로 1,2년 내에 한국경제가 위기에 빠질 가능성이 높아지고 있다. 이미 은행의 심각한 자금부족과 금리급등이 한국경제 위기를 예고해주고 있다. 이런 위기발생 위험을 최소화하기 위해서는 한국경제는 우선 무엇보다도 부풀어 오를 대로 부풀은 풍선의 바람을 빼야 한다. 그리고 은행은 투기적 다주택 소유자를 중심으로 대출상환 강화를 통해 과다 대출을 적극 줄여가야 한다. 부동산과 주식시장을 왔다갔다하는 버블의 악순환으로 언제까지 버틸 수는 없는 것이다. 역사적으로 세계 어느 나라도 버블의 붕괴를 비켜간 나라는 없다.

(2007년 12월 4일)

4. 투기적 헤지펀드의 일본기업 적대적 M&A

지난 2007년 7월 5일 일본 동경증권거래소가 발표한 바에 따르면, 2007년 상반기 일본 주식시장의 외국인투자자의 매매(거래대금 기준) 비중은 58.8%로 전년동기에 비해 7.3% 증가하여 반기 기준으로는 최고를 기록한 것으로 나타났다. 전세계 주가 동반상승으로 투자여력이 높아진 외국인투자자들의 자금이 일본을 비롯한 아시아 주식시장에서 한층 그 비중을 높여가고 있다고 할 수 있다. 2007년 상반기 외국인 투자자의 일본 증시 순매수액도 6조5,662억 엔으로 2005년 하반기의 7조6,821억 엔에 이어 두 번째로 높은 수준을 나타냈다. 또 <도표1>에 나타난 바와 같이 시가총액 기준으로 외국인의 일본 주식소유 비중은 2003년부터 급증하기 시작하고 있는 모습으로 2006년 말 현재 28%로 2005년의 26.7%에 비해 늘어난 것으로 나타났다.

이에 비해 한국의 경우, 2007년 5월까지 누계 기준으로 외국인의 주식매

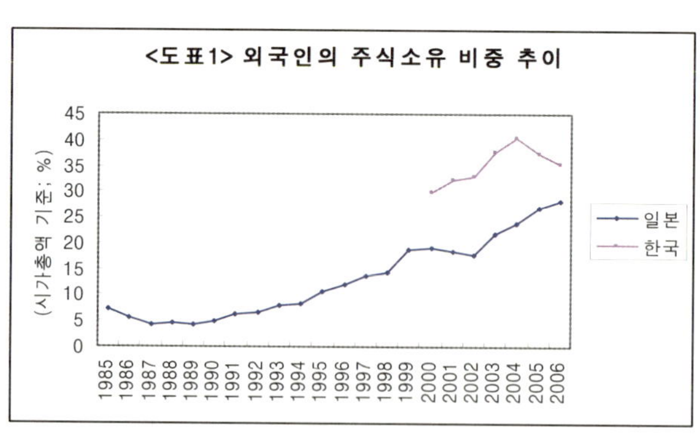

(주) 각종 자료로부터 KSERI 작성

매 비중(거래대금 기준)은 28%로 2006년의 25.8%에 비해 약간 늘어났으나 일본에 비하면 약 절반 수준에 불과한 것으로 나타나고 있다. 또 지난 5월

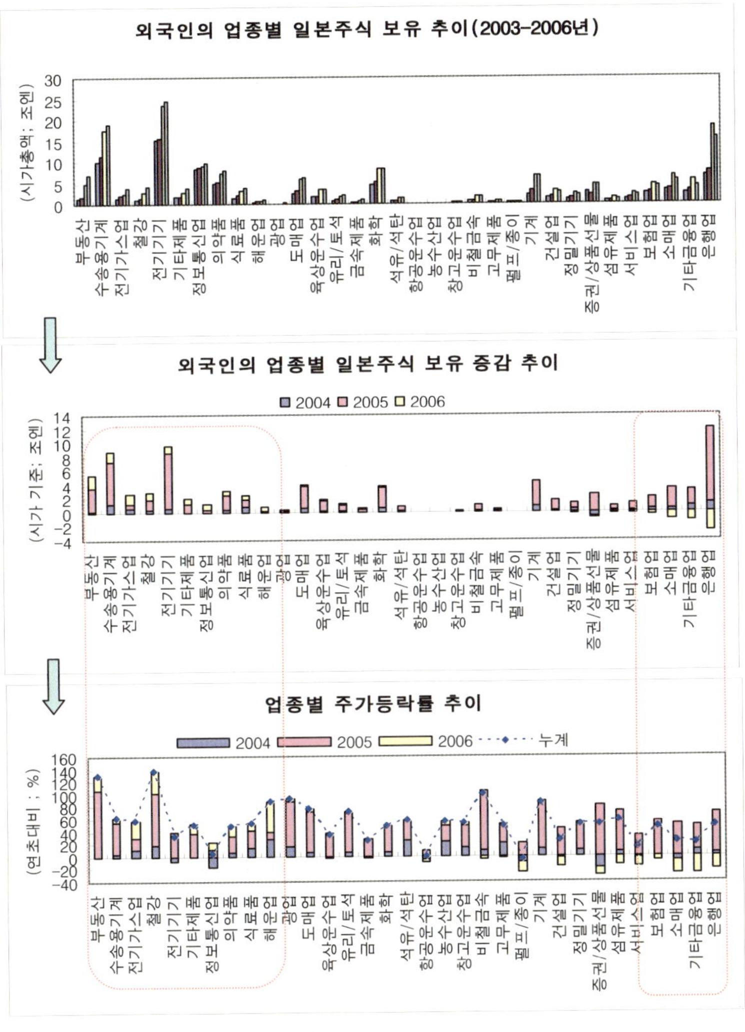

<디표2> 외국인투자자의 업종별 일본주식 보유

(주) TSE 자료로부터 KSERI 작성

123

까지 외국인투자자의 순매수도 3조1,985억 원으로 2006년의 10조7,597억 원에 비해 1/3 수준으로 크게 줄어든 것으로 나타났다. 외국인의 주식소유 비중은 2006년 말 현재 35.2%로 일본에 비해 높게 나타나고 있으나 일본과는 반대로 2004년(40.1%)과 2005년(37.2%)에 이어 계속 감소하고 있는 추세를 나타내고 있다.

상기 <도표2>에서 외국인투자자의 업종별 일본주식 보유 추이를 살펴보면, 장기불황으로 대규모 구조조정을 겪은 전기기기, 은행업, 수송용기계 등을 중심으로 외국인 주식보유가 집중되어 있음을 알 수 있다. 특히 2005년에는 이들 3대 업종을 중심으로 외국인투자자의 일본주식 보유가 크게 증가한 모습을 나타내고 있다. 주식보유 증감 면에서는, 부동산업, 화학업, 도매업, 기계업 등에도 외국인 주식보유가 증가하고 있는 것으로 나타나고 있다. 이처럼 2005년부터 외국인투자자의 일본 주식보유가 크게 늘어난 이유로는 <도표3>에서 볼 수 있는 것처럼 2005년에 일본의 주가가 크게 상승한 것을 들 수 있다. 2005년에는 거의 전 업종에 걸쳐 주가가 전면 상승하였다.

앞서의 <도표2>에서 2004년부터 2006년까지 기간 동안에 외국인투자자의

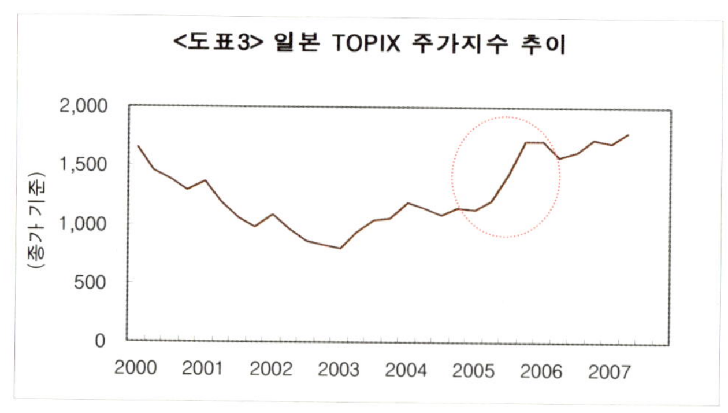

(주) TSE 자료로부터 KSERI 작성

일본주식 보유 증감과 주가등락률 누적치와의 상관관계를 살펴보면, 2005년에는 거의 전 업종에 걸쳐 주가가 크게 상승하여 외국인투자자의 일본주식 보유도 전 업종에 걸쳐 무차별적으로 증가한 모습을 나타내고 있다. 반면에 2006년에는 주가가 상승한 부동산업, 수송용기계, 전기가스업, 철강업, 정보통신업, 의약품업, 식료품업, 해운업을 중심으로 외국인투자자의 주식 보유가 증가하였으나, 주가가 하락세를 보인 은행업, 대부업 등 기타 금융업, 소매업, 보험업, 서비스업 등은 외국인투자자의 주식보유가 감소하고 있는 것으로 나타나고 있다. 이로부터 외국인투자자의 일본주식 투자 증감은 업종별 주가변동과 거의 일치하고 있는 모습을 보여주고 있다고 할 수 있다.

그런데 앞에서 설명한 바와 같이 외국인투자자들의 한국과 일본 증시에서의 매매 비중 및 주식보유 비중의 차이는 2006년 2월에 발표한 경제보고서 "금융규제 완화와 자본시장 경쟁력 강화 방안"에서도 이미 설명한 바 있듯이 외국인투자자들이 한국과 일본 증시에서 서로 다른 투자전략을 구사하고 있다는 것을 시사하고 있는 것으로 볼 수 있다. 구체적으로 외국인투자자들은 한국 증시에서는 고배당 및 M&A를 목적으로 하는 장기보유 위주의 투자를 하는 반면, 일본 증시에서는 단기 시세차익을 노리는 투기적 단타거래 위주로 투자를 하고 있는 것으로 추론된다.

이처럼 한국과 일본 증시에서 외국인투자자들이 차별화된 투자전략을 구사하는 이유로는 먼저 규모가 작은 한국 기업들과는 달리 일본 기업들은 상대적으로 규모가 커 경영권 지배를 목적으로 하는 M&A를 하기 위해서는 막대한 자금이 필요하다는 점을 들 수 있다. 아무리 외국인투자자라고 하더라도 쉽사리 막대한 자금을 동원하는 것은 위험부담이 매우 크다고 할 수 있다. 뿐만 아니라 일본 기업들간의 상호주 보유 관행과 일본 국민들의 M&A에 대한 부정적 인식이 뿌리깊다는 점도 외국인투자자들이 일본기업에 대한 M&A를 쉽사리 하기 어려운 이유라고 할 수 있다. 또한 외국인투자자들에 대해 고배당 우대를 해주는 한국 기업들과는 달리 일본 기업들은 오랜 동안 저배당 관행이 고착화되어 온 탓에 쉽사리 배당률을 높이지 않고 있다. 그 결과 외국인투자자들 입장에서는 일본 기업에 대해 배당수익을 목적으로 1년 이상 장기 투자하는 것이 곤란하다고 할 수 있다.

그러나 최근들어 외국인투자자들의 일본 기업에 대한 M&A가 증가하고 있는 것으로 나타나고 있다. 2007년 5월 16일 발표한 특집 "시티그룹에 인수된 닛꼬코디얼그룹"에서도 미국 은행지주회사인 시티그룹이 TOB(공개주식매입)를 통해 분식회계로 경영난에 빠진 닛꼬코디얼그룹의 지분 61.08%를 인수하고 이를 계기로 일본 전역에 100개의 영업점포를 확대하기로 발표하였다. 게다가 투기적 헤지펀드들도 점차 일본기업에 대한 적대적 M&A를 강화하고 있는 양상을 나타내고 있다. 이러한 변화를 살펴보기 위해 최근 일본내 여론의 관심을 모으고 있는 미국계 헤지펀드인 '스틸파트너즈(Steel Partners II LP)'의 일본기업에 대한 적대적 M&A 사례를 소개해보기로 하자.

미국의 유명한 헤지펀드로 적대적 M&A를 주로 하고 있는 스틸파트너즈는 2001년 11월 일본에 '스틸파트너즈 저팬주식회사'를 설립하고 일본 기업들을 상대로 적대적 M&A를 해왔다. 스틸파트너즈의 M&A대상이 되었던 2007년 2월에 일본 제3위의 맥주회사인 삿뽀로홀딩즈에[11] 의하면, 스틸파트너즈는 출자명의를 '스틸파트너즈 스트래티직 펀드 LP'로 하여 조세피난처인 케이만군도에 주소를 두고 있는 것으로 나타났다. 이에 2007년 5월 삿뽀로

---

[11] 일본 맥주시장은 아사히맥주가 37.4%로 2년 연속 시장점유율 1위를 차지하고 있으며, 이어서 기린맥주가 37.3%로 아사히맥주와 거의 호각세를 나타내고 있으며, 삿뽀로맥주 13.2%, 산토리가 11.2%의 순으로 나타나고 있다.

홀딩즈는 스틸파트너즈에 대해 M&A의도와 사업계획에 대해 질문서를 보냈으나 스틸파트너즈는 "시간 연장책에 불과하다"고 반발하였다.

스틸파트너즈의 이런 수법은 리플우드(Ripplewood Holdings LLC)와 동일한 것이라고 할 수 있다. 리플우드는 부실기업 구조조정전문 헤지펀드로 1998년에 경영부실로 8조 엔의 공적 자금이 투입된 일본 장기신용은행(2000년 6월 신생은행으로 개명)을 2000년에 불과 10억 엔에 인수하여 2004년 2월 증시 상장으로 2,200억 엔 이상의 시세차익을 얻었다. 그러나 리플우드는 주소지를 조세피난처로 등록한 탓에 세금을 한 푼도 내지 않아 일본 국민들의 외국 투기자본에 대한 반감을 크게 불러 일으킨 결정적 계기가 되었다.

스틸파트너즈는 2007년 5월 16일 돈까스와 오고노미야끼(일본판 빈대떡의 일종) 소스, 드레싱 소스 등을 만드는 조미료 대기업인 '불독소스(동경 소재)'에 대해 전 발행주식 취득을 위해 TOB(공개주식매수)를 하겠다고 발표하였다. 이에 대해 불독소스 경영진은 구체적인 제안이 없다는 이유로 협상을 거부하자 1개월 전의 주가를 기준으로 약 20%의 프리미엄을 가산한 금액으로 불독소스 주식 전부를 매입하기 시작했다. 불독소스 경영진은 스틸파트너즈의 TOB에 신주예약권할당 등의 방식으로 대항하였다. 이에 대해 6월 12일 스틸파트너즈의 오너인 워렌 리히텐슈타인(Warren Lichtenstein)씨는 기자회견을 열고 불독소스에 대한 TOB는 적대적 M&A가 아니라고 주장했다.

그러나 신주예약권할당의 대항책은 불독소스의 주총에서 가결되자 스틸파트너즈는 동경지법에 신주예약권 발행금지를 요구하는 소송을 제기하였다. 7월 9일 동경지법은 "스틸파트너즈는 시세차익을 목적으로 적대적 M&A를 하고 있다"고 판결하여 스틸파트너즈의 주장을 기각했다. 이에 대해 스틸파트너즈는 동경고법에 즉각 항고하였으나, 동경고법 역시 적대적 M&A를 이유로 항고를 기각하였다. 이와 관련하여 야마모토유지 일본금융청 장관은 기자회견을 열고 스틸파트너즈에 대한 동경고법의 판단에 대해 직접적인 언급을 피하면서도 이를 계기로 외국인들의 일본투자가 줄어드는 일은 절대 없을 것이라고 했다. 7월 11일 스틸파트너즈는 일본 대법원에 다시 상고하였다.

일본의 첨단 대기업에 대해서도 외국 투기펀드들의 적대적 M&A 시도가 이루어지기 시작하고 있다. 일본 언론보도에 의하면, 지난 7월 10일에 미국 투자회사인 페리캐피탈(Perry Capital)은 동경증권거래소에 상장하는 NEC일렉트로닉스(반도체 제조회사)의 모회사인 NEC에[12] 대해 NEC일렉트로닉스 발행주식의 25% 가량을 1,540억 엔에 인수할 의향을 전달했다고 밝혔다. 페리캐피탈은 모회사가 주식의 과반수를 보유한 채 자회사를 상장하는 이른바 '母子상장' 이 NEC일렉트로닉스의 주가를 떨어트리고 있다고 주장하면서 NEC의 지분비율을 현재의 70%에서 50% 미만으로 낮추도록 요구하고 있다. 페리캐피탈은 NEC일렉트로닉스의 주식 4.5%를 보유하는 제3위의 대주주로서 NEC가 보유하는 NEC일렉트로닉스의 3,087만주를 과거 3개월간의 평균주가를 65%를 상회하는 1주당 5,000엔에 매수할 의향이 있음을 밝혔다.

결론을 말하자. 한일 양국에서의 외국인투자자들의 주식투자는 양국 증시의 구조적 차이점을 반영하여 한국에서는 고배당 위주의 장기보유 투자전략을, 일본에서는 시세차익 중심의 단기투자 전략을 구사해왔다고 할 수 있다. 그러나 2000년 이후 세계 금융시장의 글로벌화와 규제완화가 동시적으로 이루어지면서 투기적 헤지펀드가 급증하고 있다. 그 결과 일본에서는 이

---

[12] NEC는 스미토모전기공업, 스미토모상사와 더불어 스미토모그룹의 3대 주력기업이지만 스미토모그룹과는 관계가 그렇게 강하지 않다. 휴대전화기, 컴퓨터, 반도체, 우주/방위산업 관련 제품을 생산하는 회사이다. NEC일렉트로닉스는 CPU 및 시스템LSI를 생산하는 반도체 자회사이며, 엘피다는 히타치제작소와 합작으로 디램 메모리를 생산하는 자회사이다. 또 NEC도시바스페이스시스템은 도시바와 합작으로 인공위성 및 통신위성, 레이더, 전파망 환경 등을 생산하는 자회사이다.

들 투기적 헤지펀드에 의한 적대적 M&A가 본격화되기 시작하고 있는 것으로 보인다. 일본정부와 정치권 그리고 사법당국을 비롯한 여론은 이러한 투기적 헤지펀드들의 적대적 M&A에 강력히 반발하고 있다.

한국에서도 자본시장통합법 시행 등 각종 규제완화를 배경으로 한국 기업들이 매우 빠른 속도로 투기적 헤지펀드들의 적대적 M&A 사정권에 들어가고 있다. 물론 기업들이 합당한 수준의 배당을 해야 하겠지만 투기적 헤지펀들의 적대적 M&A 위협이 높아질수록 한국 기업들은 고배당 압력에 노출될 수밖에 없을 것이다. 특히 순환출자 형태로 지배구조가 취약한 재벌그룹들의 경우에는 적대적 M&A 위협을 미끼로 투기적 헤지펀드들의 한층의 고배당 요구에 응하지 않을 수 없는 상황에 놓일 가능성이 높다. 자본시장통합법은 국내 증권업의 대형화를 통한 경쟁력 강화를 위한 것이지만 결과적으로는 국내 증권업의 경쟁력 강화보다는 오히려 외국의 투기적 헤지펀드들이 마음대로 활동할 수 있는 장을 만들어주는 결과를 초래할 가능성이 높다.

어떤 정책이든 사전에 치밀한 검토와 대비 없이 무리하게 추진하게 되면 예상치 못한 부작용과 문제들이 오히려 자신을 헤치는 화살로 되돌아 오게 될 수도 있다는 사실은 이미 역사적 경험을 통해 넘쳐날 정도로 체득한 바라는 점을 지적해두고 싶다.

(2007년 7월 24일)

5. 헤지펀드 규제 논의와 달러의 시장지배력 약화

독일 메르켈 총리는 2007년 9월 20일 한 강연에서 미국의 서브프라임론 사태로 발생한 금융시장의 혼란을 억제하기 위해 헤지펀드와 신용평가회사의 투명성 향상을 제창했다. 사르코지 프랑스 대통령과도 의견을 조율하고 있다고 말하면서 독일과 프랑스가 연계해서 각국에 감시강화를 요청할 생각임을 밝혔다. 메르켈 총리의 발언은 자산내용이 불투명한 헤지펀드가 금융시장 혼란을 조장하고 있다는 유럽내의 비판이 높아진 것을 반영한 것이라고 할 수 있다. 메르켈 총리는 재차 헤지펀드 규제 필요성을 강조함과 동시에 미국 서브프라임론 사태를 과소평가한 신용평가회사들도 감시대상에 포함해야 한다고 주장하였다. 독일은 지난 6월에 열린 G8정상회의에서 이미 펀드규제를 주요 의제로 논할 것을 주장했지만 미국 등의 맹렬한 반발로 무산된 적이 있다. 메르켈 총리는 이를 염두에 두고 G8에서도 논의해왔음을 강조하면서 미국의 반발을 견제했다.

미국 정부는 9월 25일 헤지펀드 운용담당자들과 투자자가 별도로 참가하는 2개의 민간위원회를 설치할 것이라고 발표했다. 헤지펀드의 정보공개와 리스크관리 개선책을 협의하게 되며 연말까지 정책제언을 정리 발표하게 된다. 미국은 과도한 헤지펀드 규제에 반대하는 입장으로 자율적인 행동규범을 책정하는 형태로 시장의 안정화를 꾀할 생각인 셈이다. 부시대통령의 직속기관으로 폴슨 재무장관이 주재하는 "금융시장워킹그룹" 밑에 이들 위원회를 설치하게 된다. 투명성 향상과 투자자보호에 관한 폭넓은 대책을 논의하고, 헤지펀드 관계자가 준수해야 할 행동규범을 제안하기로 했다. 미국 서브프라임론 사태로 발생한 금융시장 동요를 계기로 독일과 프랑스는 헤지펀드 감시강화 등을 각국에 요청하고 있는 가운데 미국 정부는 시장 자율규제에 맡기자는 입장을 고수하고 있으며, 민간위원회의 제언을 받아 완만한 해결책을 모색하려는 생각이다.

이에 앞서 9월 20일 미국은 헤지펀드 규제를 우선시하려는 유럽을 견제하기 위해 G7 각료회의에서 중국과 산유국 등이 설립하고 있는 '정부계 펀드'

<도표1> 주요국의 정부계 펀드 현황 (2007년 8월)

국명	펀드명	자산규모	펀드원천	소유 및 투자관리	투자전략 및 전략적 자산배분
UAE	아부다비투자청(ADIA)/아부다비투자회의(ADIC)	2500~8750억 달러	원유	국가소유, ADIA와 ADIC 경합관리 체제	주요 글로벌 투자자. 투자전략 및 자산운용 전략은 알려져 있지 않음
노르웨이	정부연금, 글로벌	3080억 달러	원유	국가소유, 노르웨이은행투자관리국이 운영	40% 해외주식투자, 60% 해외채권투자
사우디	미상	2500억 달러	원유	사우디통화당국이 관리. 2250억 달러는 자체관리, 510억 달러는 정부부처 자금의 위탁관리	주요 글로벌 투자자. 총 자산규모는 알려져 있지만 투자전략 및 자산운용은 알려져 있지 않음
쿠웨이트	쿠웨이트투자청 일반유보기금(GRF) 및 미래세대기금(FGF)	1600~2500억 달러	원유	쿠웨이트투자청은 GRF와 FGF를 관리하는 정부기구	GRF는 국내, 아랍권, 국제금융시장에 투자. FGF의 글로벌 자산배분은 이사회지침에 따라 결정됨
싱가폴	정부투자공사	1000억 달러 이상	기타	1981년에 설립된 정부소유 공사	글로벌 자산배분. 모든 종류의 투자자산에 투자
싱가폴	테마섹홀딩즈	1000억달러 이상	기타	테마섹홀딩즈는 싱가폴 재무성이 대주주로 있는 민간기업. 1974년 설립	38%는 싱가폴 자산, 40%는 아시아, 20%는 OECD, 2%는 기타국 투자
중국	국가외환투자공사	2000억 달러	기타	정부소유 공사	해외 주식 및 채권에 투자
러시아	석유안정화기금	1270억 달러	원유	정부소유, 러시아중앙은행이 관리	대부분 채권에 투자. 미국에 44%, 유로화 자산에 46%, 영국 파운드화 자산에 10%
호주	호주미래펀드	420억 달러	기타	2006년 설립, 정부소유, 미래펀드관리청이 운영	호주
미국(알래스카)	알래스카 영구유보기금	350억 달러	원유 및 광물	알래스카주정부 소유, 1976년 설립, 주정부 소유의 알래스카영구기금공사가 관리	주식에 53%, 채권 29%, 부동산 10%, 8% 기타자산
브루네이	브루네이투자청 일반유보기금	300억 달러	원유	정부소유, 브루네이투자청이 운영	주로 글로벌 금융 및 부동산자산에 투자
한국	한국투자공사	200억 달러	기타	2005년 설립, 한국은행 170억 달러 정부 30억 달러 출연	글로벌 해외자산에 투자
캐나다	알베르타헤리티지 저축신탁기금	150억 달러	원유	알베르타주정부 소유, 알베르타재무국이 운영	글로벌 채권에 30%, 주식 45%, 부동산 10%, 기타 15%
칠레	경제사회안정화기금	98.3억 달러	동	2006년 설립, 칠레정부 소유, 칠레중앙은행이 운영	정부국채에 72%, 28%는 미국, 유로, 일본 단기금융자산에 투자
칠레	연금유보기금	13.7억 달러	동	2006년 설립, 칠레정부 소유, 칠레중앙은행이 운영	정부국채에 71%, 29%는 미국, 유로, 일본 단기금융자산에 투자
보츠와나	풀라펀드	50억 달러 이상	다이아몬드	보츠와나정부 및 중앙은행 공동소유	선진국 주식 및 채권에 투자. 이머징 시장에는 투자하지 않음

(주) IMF

감시 강화에 대한 논의를 할 것을 제안하였다. 대규모 외환보유고를 바탕으로 규모를 확대하고 있는 정부계 펀드가 민간의 헤지펀드 못지 않게 세계 금융시장에 커다란 영향을 미치고 있다고 보고 있기 때문이다. 다국간 틀 속에서 투자방침 등의 투명성을 높이기 위해 IMF와 세계은행이 지침안을 만들게 하는 안도 제시하고 있다. 미국의 주창에 따라 G7은 정부계 펀드에 대한 대응을 처음으로 의제로 다룰 전망으로 폐막시에 발표할 성명에서도 대책에 관한 언급이 있을 가능성도 있다. 미국 정부는 일본정부에도 협력을 요청하고 있다.

그런 가운데 중국정부는 2007년 9월 29일 외화보유고를 운용하는 '중국투자유한책임공사' 를 정식으로 설립했다. 자본금은 2,000억 달러이며, 이 중 수백억 달러를 해외 주식과 펀드, 채권 등에 투자하여 외화보유고의 운용효율을 높일 생각이다. 거대한 정부계 펀드의 출현은 세계 금융시장에서 중국의 존재감을 한층 높일 것으로 보인다. 신임 CEO인 중국 재정부 출신의 로우지웨이(楼継偉) 국무원부비서장은 당분간은 해외 금융상품에 투자할 계획이며, 허용되는 위험 범위내에서 장기투자를 통해 수익극대화를 실현할 것이라고 말했다.

한편 일본 금융청은 9월 30일부터 시행되는 금융상품거래법(예전의 증권거래법)에 따라 등록과 신고를 하지 않은 사모펀드 및 헤지펀드 사업자에 대해 시정명령을 내리기로 했다. 지금까지는 규제대상에서 벗어났던 사모펀드들의 실태파악을 조속히 추진하기 위한 조치로서, 고의로 등록이나 신고를 거부한 사업자에 대해서는 형사고발 조치를 취하기로 했다. 펀드 형식으로 사업자금을 모았던 통신벤처기업인 '平成電電' 이 파산하고 새우양식사업을 위해 자금을 모으던 펀드업자가 사기로 경찰의 가택수사를 받는 등 소비자 피해가 빈발하고 있기 때문이다. 금융청은 모든 펀드사업자의 등록 및 신고가 완료되면, 문제 펀드들에 대해 개선명령을 조기에 명령함으로써 소비자 피해가 확산되는 것을 막기로 했다.

　이제 이야기를 바꾸어 달러화의 시장지배력 약화에 대해 살펴보기로 하자. 최근 그린스펀 전 FRB의장은 서브프라임론 사태 및 FRB의 최근 금리인하 조치를 계기로 달러화가 급락하는 모습을 보인 것과 관련하여 미 달러의 패권시대가 끝나가고 있다고 말했다.

　아래의 <도표2>에서 볼 수 있는 바와 같이, 글로벌 자본 유출입 면에서 2005년부터 유로 지역이 미국을 능가하기 시작하고 있다. 미국으로의 자본유입을 보면 2006년에 총 1조 8,600억 달러의 자본유입이 있었는데 2004년부터 급증하고 있는 증권(포트폴리오)투자가 1조 200억 달러로 가장 많았고, 기타투자(은행 대출 및 예금 등)가 6,600억 달러였다. 또 자본유출은 2006년 1조 600억 달러로 8,000억 달러의 자본 순유입이 발생하여, 미국은 최대의 자본 순유입국으로 나타났다. 이는 미국의 대규모 경상수지 적자로 인해 급증한 해외 달러유동자금이 대규모로 미국으로 다시 환류하고 있음을 반영하고 있는 것이라고 할 수 있다.

　이에 비해 유로지역은 2005년부터 기타투자와 증권투자의 유입이 급증하고 있는 가운데, 2006년에 기타투자 9,600억 달러, 증권투자 9,400억 달러로 총 2조1,000억 달러의 유입을 기록한 것으로 나타났다. 이는 미국의 자본유입 규모보다 큰 수치로서 이로부터 글로벌 자본투자 거래가 미국 중심에서 유로권 중심으로 점차 무게중심을 옮겨가고 있음을 시사하고 있다고 할 수 있다.

　또 영국의 경우 2004년부터 자본 유입이 급증한 가운데 2006년 기타투자유입액이 8,200억 달러로 총 자본 유입액은 1조2,500억 달러에 달하고 있다. 이에 비해 일본의 글로벌 자본 유출입은 각각 2,900억 달러와 2,400억 달러로 나타나 미국과 유로지역, 영국에 비해 상대적으로 매우 적은 수준으로

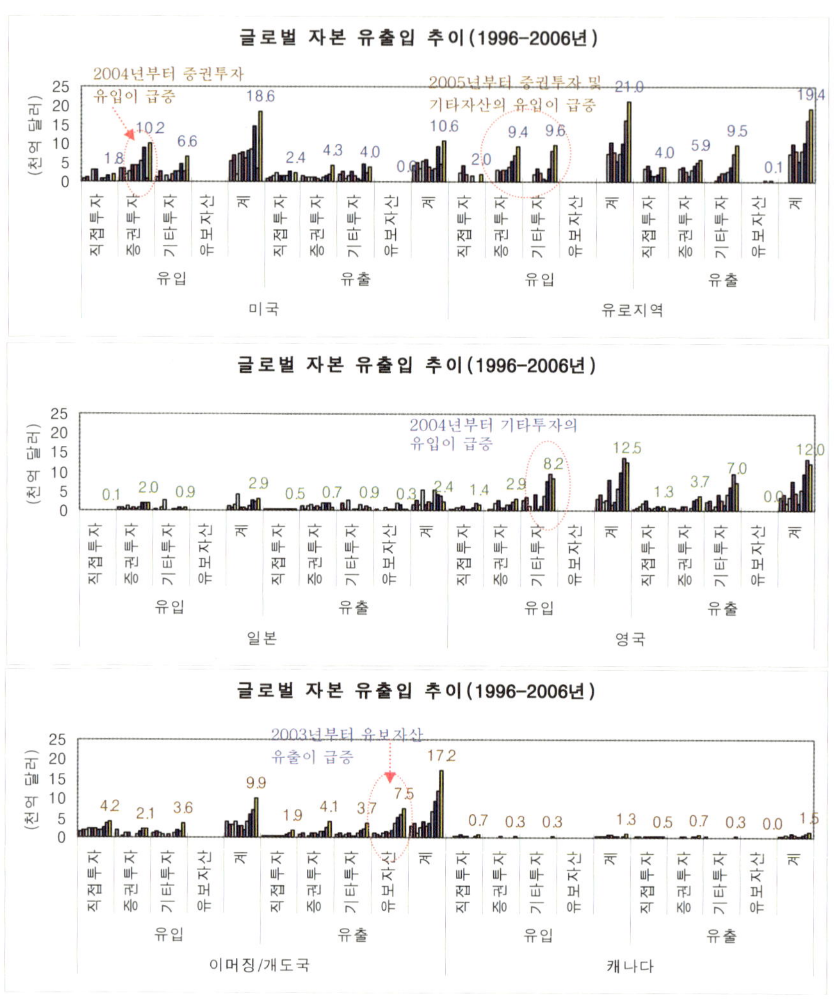

(주) IMF 자료로부터 KSERI 작성. 기타투자는 은행 대출 및 예금을 포함한 것임

나타나고 있다. 그런가 하면 이머징/개도국의 경우에는 2003년부터 정부 유보자산 유출이 급증하는 모습을 보이고 있는 가운데, 2006년에는 정부 유보

자산 유출액이 7,500억 달러에 달하고 있다. 이는 산유국과 중국 등 신흥개도국들이 앞서 언급한 정부계 펀드 등을 통해 과잉 외화보유고의 해외투자 운용을 빠르게 늘리고 있음을 시사하고 있다. 이머징/개도국의 2006년 총 자본 유출입액은 각각 9,900억 달러와 1조7,200억 달러로, 자본 순유출 상태를 보이고 있다.

이처럼 글로벌 자본투자 거래가 미국 중심에서 유로권 중심으로 무게중심점이 점차 바뀌어감에 따라 거래통화도 미 달러표시 거래비중이 줄고 상대

<도표3> 주요 통화별 해외채권발행 추이

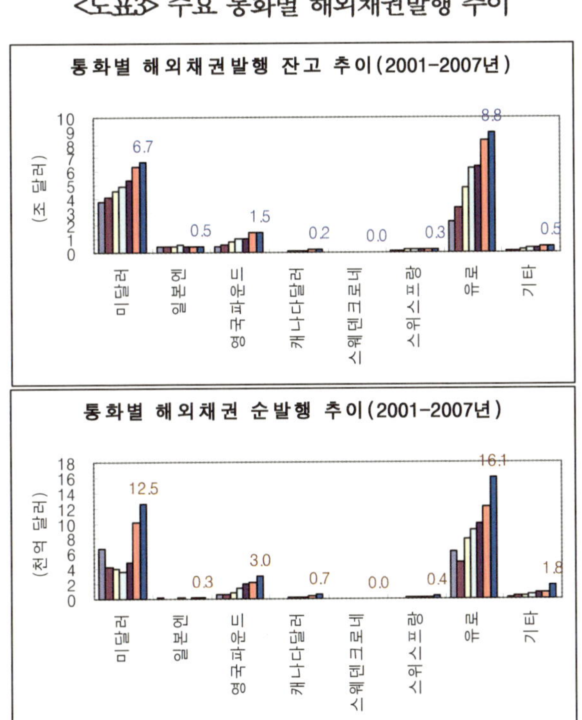

(주) IMF 자료로부터 KSERI 작성. 2007년 수치는 해외채권발행 잔고의 경우 2007.1분기 수치이며, 순발행은 2007년 1분기 수치의 연환산치임

적으로 유로표시 거래비중이 점차 늘어가고 있다. 위 <도표3>에서 주요 통화별 해외채권발행 추이를 살펴보면, 2003년부터 유로표시 해외채권 발행액이 미 달러표시 해외채권 발행액을 추월하기 시작하고 있다. 2007년 1분기 기준으로 달러표시 해외채권발행 잔고는 6.7조 달러인데 비해 유로표시 해외채권발행 잔고는 8.8조 달러로 달러표시 해외채권발행액을 크게 앞지르고 있다. 순발행액 면에서도 2007년 1분기 기준(연환산치)으로 미 달러표시 순발행액은 1조2,500억 달러인데 유로표시 순발행액은 1조6,100억 달러로, 유로표시 순발행액이 달러표시 순발행액을 크게 앞지르고 있는 것으로 나타나고 있다.

<도표4> 주요 통화별 파생상품 장외거래 추이

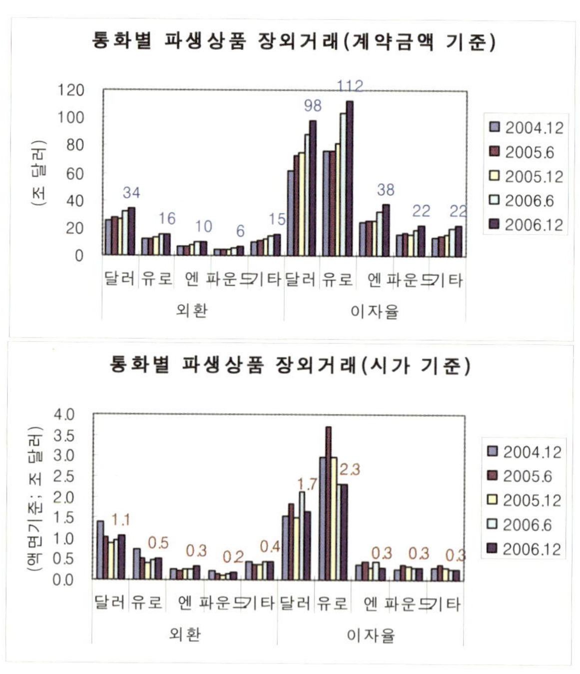

（주）IMF 자료로부터 KSERI 작성

선물, 옵션, 스왑 등 파생상품의 장외거래(Over-The- Counter)의 경우에도 달러표시 거래보다는 유로표시 거래비중이 높게 나타나고 있다. 위의 <도표4>에서 외환관련 파생상품보다 거래비중이 훨씬 높은 이자율 관련 파생상품 거래의 경우, 2006년 말 계약금액 기준으로는 달러표시 거래가 98조 달러에 달하는 반면, 유로표시 거래는 112조 달러로 나타나고 있다. 또 이자율 관련 파생상품의 시장가격 기준으로는 달러표시가 1.7조 달러인 반면 유료표시 거래는 2.3조 달러로 나타나고 있다. 이처럼 파생상품 장외거래 면에서도 유로표시 거래 규모가 달러표시 거래규모를 추월하기 시작하고 있다. 참고로 외환관련 파생상품 거래는 주로 기업이 환율변동 위험을 헤지하기 위해 거래를 하며, 이자율관련 파생상품 거래는 금융기관들이 해외금융거래 관련 환율변동 위험을 헤지 하기 위해 주로 거래를 한다.

이로부터 2003년을 기점으로 글로벌 금융시장에서는 달러화 거래의 일방적인 패권시대가 끝나고 유로화 중심의 시대가 열리고 있음을 알 수 있다. 보다 정확하게는 달러화와 유로화의 양극 체제가 형성되고 있다고 할 수 있다. 이처럼 달러화 거래비중이 상대적으로 줄어들고 있다는 것은 달러화가 구조적인 약세 기조를 보일 것이며, 반대로 유로화는 구조적인 강세 기조를 보일 것이라는 것을 의미하기도 한다. 다만 앞서 살펴본 바와 같이 유로화 외에 아직 세계 기축통화로서 미 달러화와 패권을 다툴 수 있는 통화는 아직 없다고 할 수 있다. 일본 엔화나 중국 위안화가 글로벌 금융시장에서 달러화와 패권을 다투기까지는 앞으로도 상당한 시간과 노력이 필요하다고 하겠다. 또한 원화와 같은 주니어 커런시는 추세적으로 달러화에 대해서는 강세를, 유로화에 대해서는 약세를 보일 가능성이 높아지고 있다고 하겠다.

마지막으로, 이러한 변화를 반영하여 중동을 대표하는 정부계펀드인 카타르투자청(QIA)은 총자산에서 달러표시 자산운용 비중을 최근 2년 동안에

99%에서 40%로 대폭 축소했다고 카타르 하마드 수상이 한 언론과의 인터뷰에서 밝혔다. 중동 산유국들의 '달러 이탈' 움직임이 뚜렷해지고 있어 중동 산유국들의 달러 연계 환율제도에도 변화가 있을 것으로 전망된다. 카타르투자청의 총자산은 500억 달러 정도이며, 이 중 40%는 유로화표시로, 20%는 영국 파운드를 비롯한 복수통화표시로 운용하고 있다고 밝혔다. 하마드 수상은 달러표시 자산의 축소 이유로 카타르 수입의 대부분은 석유와 천연가스 수출에 의한 달러표시 수입이므로 환율변동 위험을 줄일 필요가 있기 때문이라고 말해 유로화 등에 대해 달러가 약세를 보이고 있는데 대한 대응 조치임을 밝혔다.

(2007년 10월 8일)

6. 고유가와 미국채 시장의 수급 붕괴

1

2007년 11월 17일과 18일 이틀에 걸쳐 사우디아라비아 수도 리야드에서 지난 1975년과 2000년에 이어 세 번째로 제3차 OPEC각료회의가 개최되었다. 이 회의에서 원유결제 통화인 달러의 약세 문제가 집중 거론되었다. 핵개발 의혹으로 미국과 대립중인 이란과 베네주엘라는 달러 약세에 대한 우려를 공동선언문에 포함하자고 주장한 반면, 친미성향이 강한 사우디아라비아는 오히려 달러 급락을 초래할 위험이 있다고 강경하게 반대했다. 각료회의 후 바드리(HE Abdalla Salem El-Badri) OPEC 사무총장은 달러약세를 우려하고 있지만 최종선언문에는 포함하지 않았다고 말했다. 이번에 발표된 공동선 언문에서는 세계 에너지시장의 안정, 지속가능한 발전을 위한 에너지 활용, 환경에 대한 배려의 세 가지 사항을 담았다. 그러나 이번 각료회의에서 OPEC은 증산에 대한 명확한 언급을 하지 않았다.

최근 우리 연구소가 발표한 "세계 에너지수급 동향 및 전망 분석" 경제 보고서에서도 설명한 바 있듯이, 아래 <도표1>에서 보면 세계 석유 생산 및 소비는 지난 2003년부터 급증하고 있다. 2003년 세계 석유 소비량은 7,961 만 배럴/일이었으나 2004년에는 8,233만 배럴/일로 272만 배럴/일 가량 급 증했다. 이처럼 세계 석유소비가 2003년부터 급증하기 시작한 것은 중국의 석유소비 급증에 기인한다.

2007년 3분기의 세계 원유 생산은 하루 평균 8,470만 배럴인데 비해 소비 량은 8,557만 배럴로 87만 배럴/일이 부족한 상황으로 나타나고 있다. OPEC 과 IEA에 의하면, 2008년 세계 원유 소비량은 1일 평균 8,700만 배럴에 달

140

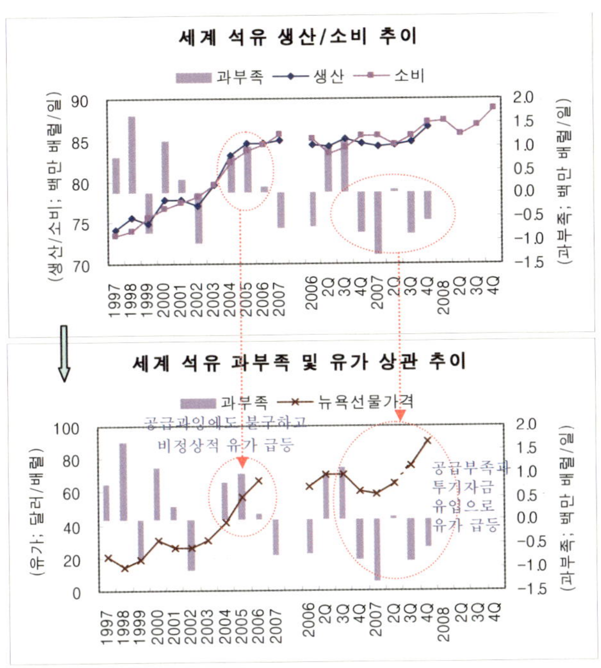

(주) 각종 자료로부터 KSERI 작성

할 것으로 전망하고 있다. 이는 2007년 3분기보다 약 150만 배럴/일이 더 늘어난 수치로서, OPEC이 하루 150만 배럴 가량을 증산하지 않을 경우 유가가 배럴당 100달러를 돌파하는 것은 시간문제라고 할 수 있다.

우리 연구소가 최근 발표한 세계 에너지 수급 동향에 관한 경제보고서[13]의 내용을 좀 더 자세히 설명해보기로 하자. 아래 <도표2>에서 세계 1차 에너지 소비 추이를 살펴보면,[14] 세계 전체의 1차 에너지 총 소비량은 1980년

---

[13] <경제보고서>는 연간 300만 원의 유료회원 가입자에게 연 20회 이상 제공되고 있다.

[14] 1차 에너지란 자연으로부터 직접 얻는 에너지를 말하는 것으로 석유, 천연가스, 석탄, 수력, 원자력, 지열/태양열/풍력/식물성에너지 등 재생가능 에너지를 말한다. 이에 비해 화력발전은 석탄이나 중유 등 1차 에너지원을 연료로 하여 생산되는 에너지로써 1차 에너지

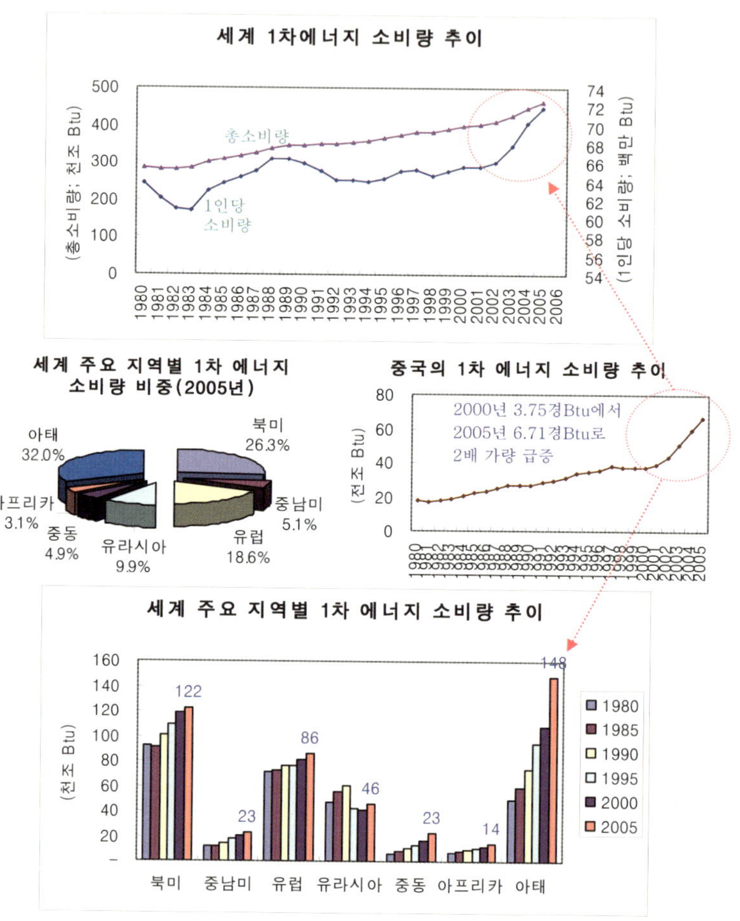

(주) KSERI 경제보고서 참조

28경3,000조 Btu에서 2005년 46경3,000조 Btu로 1.64배 가량 증가한 것으로 나타나고 있다. 또 세계 인구 1인당 1차 에너지 소비량은 80년대 급증한 후 90년대에 들어서면서 6,500만 Btu 전후 수준에서 정체를 보이다가 2003

에는 포함되지 않는다.

년부터 급증세를 나타나고 있다.

세계 주요 지역별 1차 에너지 소비량 추이를 살펴보면, 아태지역의 급증세 가 두드러지고 있는데, 특히 2000년 이후 폭증하는 모습을 보이고 있다. 이처럼 아태지역의 1차 에너지 소비 급증의 주요 원인은 중국의 에너지 소비 급증에 기인한다. 중국의 1차 에너지 소비는 2000년 3.75경 Btu에서 2005년에는 6.71경 Btu로 2배 가량 급증하는 모습을 보이고 있다. 세계 인구 1인당 에너지 소비량이 2003년부터 급증하고 있는 것도 전적으로 중국의 1인당 1차 에너지 소비량 급증에 기인한다고 할 수 있다.

또 지역별 1차 에너지 소비량 비중을 보면 2005년 기준으로 아태지역이 32%로 가장 높으며, 이어서 북미 26.3%, 유럽 18.6%의 순으로 나타나고 있다. 또 주요 지역별 1인당 1차 에너지 소비량을 보면 북미 지역이 2.8억 Btu로 가장 많고, 이어서 유라시아가 1.6억 Btu, 유럽 1.46억 Btu의 순으로 나타나고 있다. 그러나 1차 에너지 소비량이 가장 많은 아태지역의 1인당 1차 에너지 소비량은 4,100만 Btu로 북미지역의 15%에도 못 미치는 것으로 나타났다.

이처럼 중국의 에너지 소비 급증과 투기자금 유입으로 인한 고유가가 지속되고 있는 가운데 지난 2007년 11월 17일과 18일 이틀에 걸쳐 세계 주요 20개국(G20) 재무장관 및 중앙은행총재 회의가 남아공 케이프타운에서 개최되었다. 회의 첫날 달러약세 문제와 중국 위안화의 평가절상 속도를 확대해야 한다는 논의를 시작으로 회의가 진행되었다. 그리고 회의가 끝난 후 각국은 공동성명을 발표하고 교역불균형 시정을 위해 무역흑자국이 보다 유연한 환율제도를 수용할 필요가 있다는 내용의 공동성명을 발표했다. 또 최근의 세계경제는 금융시장 혼란으로 경기하강 위험이 높아지고 있으며, 고유가 등 원자재가격 급등으로 인플레 압력이 높아지고 있어 금융정책 면에서 이들 위험을 동시에 감안하여 결정하기로 각국이 의견의 일치를 보았다고 말했다.

　이어서 11월 19일에 남아공 케이프타운에서 국제결제은행(BIS) 중앙은행 총재회의도 개최되었다. 각국 중앙은행 총재들은 미국 서브프라임론 사태의 영향으로 금융시장의 불안정이 지속되고 있으며, 고유가와 식료품 가격 상승으로 인플레 압력도 높아지고 있다는 점에 의견을 같이 하였다. 그리고 2007년 연말까지 현재와 같은 불안정한 상황이 지속될 것으로 내다봤다. 의장인 유럽중앙은행(ECB)의 트리쉐 총재는 현재로서는 세계경제가 전체적으로는 양호한 모습이지만 낙관할 수만은 없는 상황이라고 말했다.

　이처럼 남아공 케이프타운에서 G20개국 재무장관 및 BIS 중앙은행총재 회의가 연이어 열린 것은 달러 약세에 대한 국제적 우려 때문이라고 할 수 있다. 세계 기축통화로서의 달러가 불안정해질 경우 세계경제에 미치는 파장이 크기 때문이다. 달러 약세의 지속과 쌍둥이 적자의 확대로 미국의 재정적자가 늘어나고 그에 따라 국가채무도 급증하고 있다.

　2007년 9월 현재 미국의 국가채무액은 <도표3>의 하단에서 볼 수 있는 바와 같이 9조814억 달러를 기록하고 있으며, 국채 발행잔고도 2007년 2분기 말 현재 4.9조 달러에 이르고 있다. 그런가 하면 미국정부가 지불을 보장하는 공채 발행 잔고도 6.8조 달러에 달하고 있으며, 주정부 및 지방정부가 발행한 지방채 발행잔고도 2.5조 달러에 달하고 있다. 이들 국채, 공채, 지방채 발행잔고를 모두 합하면 총 14.2조 달러에 이른다. 이는 미국 명목GDP를 훌쩍 뛰어넘는 규모라고 할 수 있다. 국가 재정면에서 보면 한 마디로 미국은 빚투성이 국가라고 하지 않을 수 없다. 이런 엄청난 빚을 안고 있으면서도 국가가 파산하지 않은 것을 보면 이상할 정도라고 할 수 있다.

　문제는 이처럼 미국의 엄청난 국가채무가 단지 미국만의 문제가 아니라는 데 있다. 미국은 GDP면에서 세계 전체의 20%를 차지할 정도로 큰 나라이다. 따라서 미국의 빚이 엄청나다는 것은 세계 경제 전체로 빚이 엄청나다는 것과 같은 이야기라고 할 수 있다. 미국의 엄청난 국가채무로 인해 발생하는 문제는 절대로 미국만으로 끝나는 문제가 아니다. 미국의 막대한 국가채무를 미국이나 또는 세계경제가 감당하지 못할 경우 1차적으로 금리 폭등과 달러 폭락은 피할 수 없게 된다. 왜냐하면 달러가 세계 기축통화로써 세계 거의 모든 나라들이 달러표시 거래를 하고 있으며 많건 적건 달러표시 자산을 보유하고 있기 때문이다. 그린스펀 전 FRB의장이나 버냉키 FRB의장이 계속해서 미국의 과소비와 재정 건전성을 주장한 이유가 바로 여기에 있다고 할 수 있다.

그런데 유감스럽게도 미국의 막대한 국가채무 증가의 부작용이 이미 시작된 것으로 보인다. 미국 정부의 재정적자가 계속 확대됨에 따라 미국채 신규발행도 계속 늘어나고 있다. 즉 미국채의 공급이 계속 늘어나고 있는 것이다. 그에 비해 미국채에 대한 세계 주요국의 수요는 지난 2006년부터 정체를 보이고 있다. 즉 세계 주요국이 달러 약세에 따른 환차손 위험을 감안하여 미국채 보유를 더 이상 늘리지 않고 있는 것이다. 특히 최근 서브프라임론 사태를 계기로 달러 보유고가 많은 아시아 국가들은 달러 약세에 따른 환차손을 줄이기 위해 오히려 미국채 순매도를 늘리고 있다.

그렇다면 공급과잉에 직면한 막대한 미국채 신규발행 물량을 누가 소화해주 아래의 <도표3>에서 2006년 9월부터 최근까지 주요국별 미국채 보유 추이를 살펴보면, 달러 보유고가 많은 아태지역의 일본과 중국, 한국, 대만, 홍콩 등의 미국채 보유잔고가 줄어들고 있다. 일본은 2006년 9월부터 최근까지 359억 달러의 순감소를 보였으며, 중국은 2007년 3월부터 최근까지 244억 달러의 순감소를 보였다. 그런가 하면 한국도 200억 달러의 순감소를 보이고 있다. 이처럼 세계 주요국들의 미국채 보유가 정체를 보이거나 감소를 나타내고 있는 가운데 미국의 미국채 순발행은 계속 늘어나고 있다.

그렇다면 공급과잉에 직면한 막대한 미국채 신규발행 물량을 누가 소화해

<도표3> 주요국별 미국채 보유 현황 및 미국 국공채 발행 잔고 추이

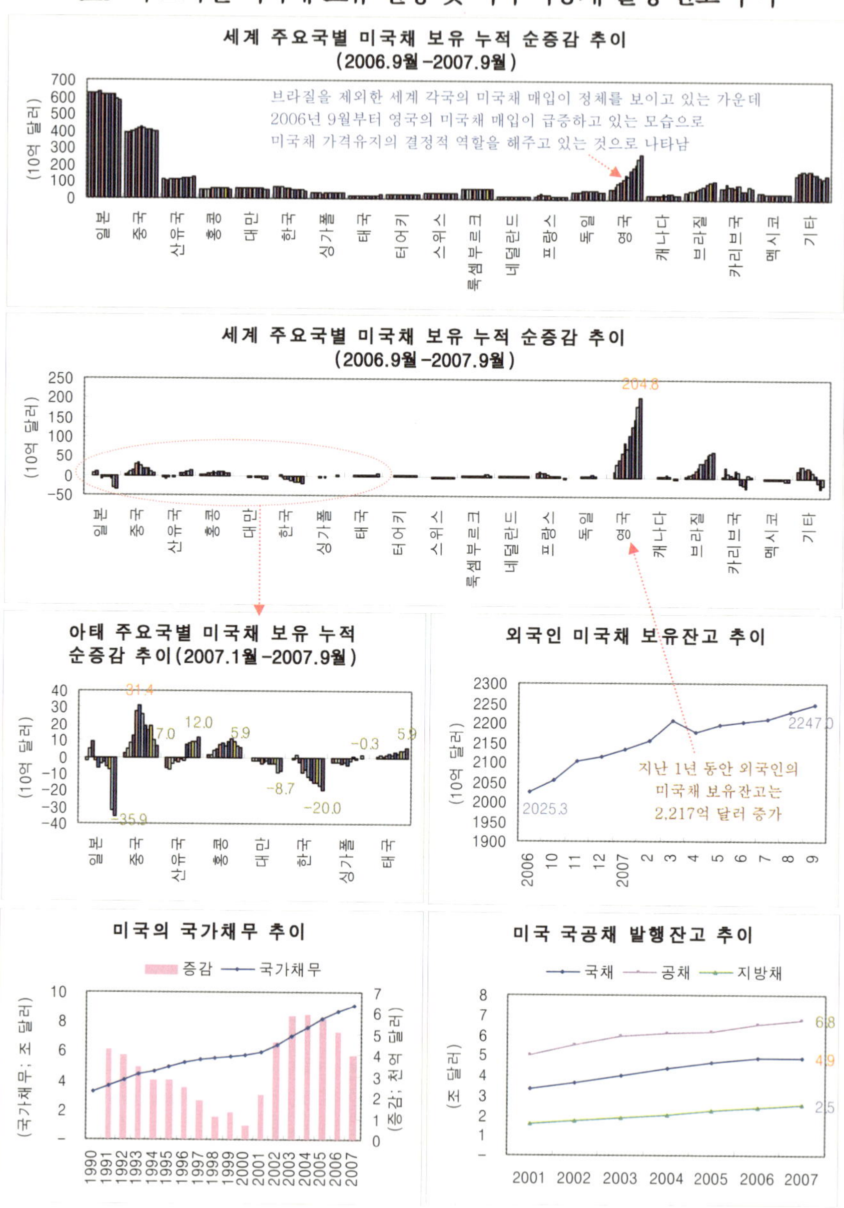

(주) 미 재무성 자료로부터 KSERI 작성

주고 있을까? 다름아닌 영국이다. 영국은 미국보다도 기준금리가 높고, 파운드화도 달러에 대해 강세를 보이고 있다. 그런데도 불구하고 2006년 9월부터 미국 정부가 발행하는 신규 미국채 물량을 거의 전액 소화해주고 있다. 지난 2006년 9월부터 최근까지 1년 동안 외국인의 미국채 순매입액 2,217억 달러 가운데 영국이 2,040억 달러를 순매입하여 거의 대부분을 소화해주고 있는 것이다. 말하자면 영국이 미국채 시장의 미소화 물량을 땡처리 해주고 있는 셈인 것이다. 이처럼 영국이 미국채의 미소화 물량을 소화해줌으로써 미국채 금리를 낮은 수준에서 안정시켜주고 있는 것이다.

결국 이것은 이미 2006년 말부터 미국채 시장의 수급 균형이 사실상 무너졌음을 강력히 시사하는 것이라고 볼 수 있다. 그래서 미국 입장에서 가장 믿을 수 있는 영국으로 하여금 미국채 신규물량을 소화해주도록 요청한 것이 아닌가 하는 의심이 든다. 우리 연구소가 모르는 특별한 이유가 없는 한, 미국과 영국 정부간에 미국채 시장 안정을 위한 모종의 물밑 거래가 있었다는 이야기다. 그렇지 않고서는 영국의 미국채 보유잔고는 2006년 9월 616억 달러에서 2007년 9월에는 2,664억 달러로 불과 1년 사이에 갑자기 2,040억 달러나 되는 대규모 순매입을 한 이유를 도저히 납득할 수 없다.

이렇게 볼 때 FRB가 경기하락을 이유로 무작정 금리를 내릴 수만은 없는 상황이라고 할 수 있다. 미국채 시장은 이미 시장 수요로는 감당할 수 없을 정도의 공급 과잉 상태로써 사실상 붕괴되고 있는 과정이라고 해도 과언이 아니기 때문이다. 그런 상황에서 FRB가 금리를 내리면 내릴수록 미국채 시장의 수급불균형은 더욱 심화될 가능성이 높다. 이로써 버냉키 의장이 FRB 의장에 취임한 직후부터 미국의 재정건전성 문제 해결을 줄곧 강조해온 이유를 이해할 수 있다. 특히 버냉키 FRB의장은 서브프라임론 사태 이후에도 계속해서 미국 가계의 과소비 문제와 재정건전성 문제 해결의 시급성을 강조해오고 있다. 미국채 시장의 붕괴는 언제 도화선에 불이 붙느냐에 달려 있는 시한폭탄과 같은 상황이라고 할 수 있기 때문이다. 미의회에서도 여야 초당적 차원에서 재정건전화를 위한 논의가 시작되고 있다. 그런가 하면 재정적자의 주원인 중의 하나인 사회보장제도 개혁에 관한 논의도 본격화되고 있다.

결국 달러 약세는 피할 수 없는 구조적인 흐름이 되어버렸다고 할 수 있다. 최근 미국정부가 달러약세를 용인하지 않을 수 없는 이유를 짐작할 수 있는 대목이라고 하겠다. 나아가 미국채 시장에 혼란이 온다면 그야말로 미국경제는 말할 것도 없이 세계경제 전체가 위기에 빠질 수도 있다. 작년부터 계속해서 미의회를 중심으로 대량의 달러를 보유한 중국, 일본, 한국 등 동아시아 국가들의 미국채 투매 위험을 계속 거론해온 것도 바로 이런 문제가 있었기 때문이 아닌가 싶다.

2

앞의 <도표3>에서 2006년 후반부터 달러 약세에도 불구하고 영국과 브라질의 미국채 보유가 급증했다. 그 배경에 대해 좀더 자세히 살펴보자.

아래의 <도표4>에서 2001년부터 최근까지 영국의 대미 상품서비스수지 및 경상수지 분기별 추이를 보면, 2006년까지 상품서비스수지는 거의 균형을 이루고 있는데 비해 경상수지는 분기 평균 52억 달러(연평균 211억 달러) 가량의 흑자를 지속해오고 있다. 경상수지 흑자의 대부분은 대미 직접투자 및 금융투자에 대한 이자 및 배당소득 등의 소득수지 흑자에 기인한다. 특히 대미 금융투자에 대한 이자 및 배당소득이 절대적인 비중을 차지하고 있다. 이로부터 영국 파운드화는 미국과의 경상거래 면에서 미 달러에 대해 지속적인 강세 압력에 노출되어 있다고 할 수 있다. 다만 2006년 후반부터 파운드화 환율이 2달러에 근접함에 따라 대미 상품서비스수지가 적자로 반전되고 그로 인해 경상수지도 둔화된 것으로 나타나고 있다.

<도표4> 영국 파운드화 환율 및 국제수지 추이

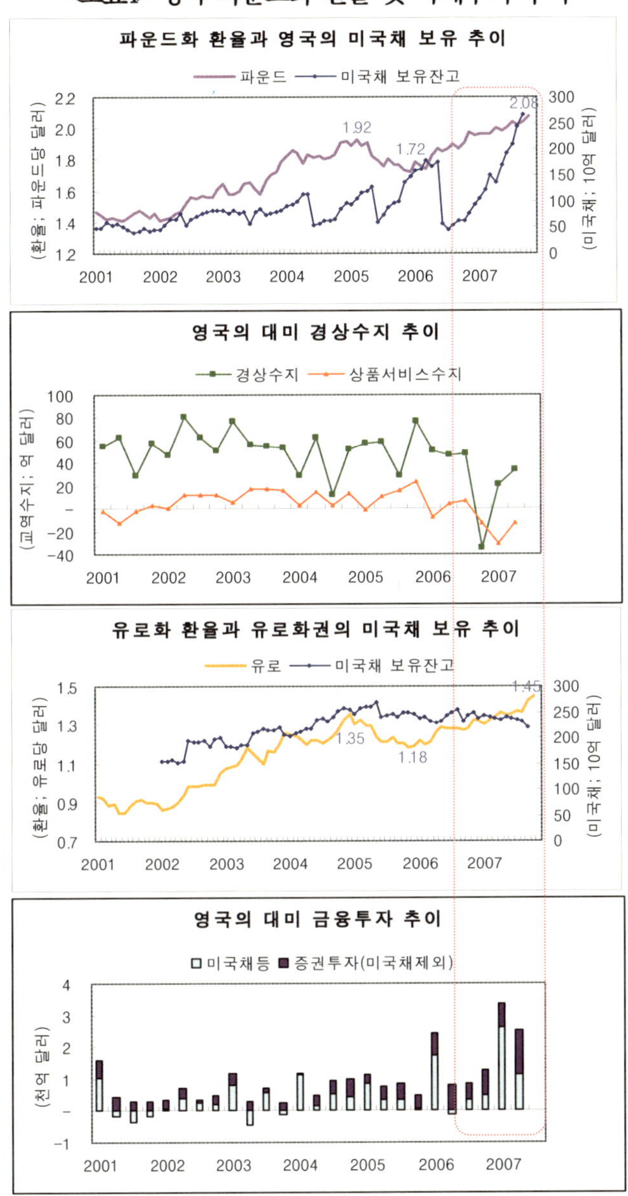

(주) 각종 자료로부터 KSERI 작성

영국 파운드화 강세 추세로부터 2006년 말부터 달러 약세에도 불구하고 미국채 보유가 대폭 늘어난 이유로써 우선 환율방어를 생각할 수 있다. 즉 영국 파운드화가 단기간에 지나치게 고평가 되는 것을 막기 위해 영국 통화당국이 외환시장에 개입하여 미국채를 대량 매입했을 가능성을 들 수 있다. 위의 <도표4>는 지난 2001년부터 최근까지 영국 파운드화의 미 달러화 월별 평균환율 추이를 나타나고 있는데, 이 도표를 보면 영국 파운드화는 2006년 초 파운드당 1.72달러에서 계속 상승하여 지난 2007년 10월에는 2.08달러까지 치솟고 있다. 이로부터 영국 정부 입장에서는 충분히 자국통화의 단기 급등을 우려하여 시장개입을 고려했을 수 있다. 작년에 영국의 블레어 총리가 파운드화에 대한 투기를 우려하는 발언을 하기도 했다. 그러나 실제로는 후술하는 바와 같이 영국정부의 시장개입은 없었다고 할 수 있다.

그런데 2001년부터 2005년 사이에 거의 비슷한 상황에서 영국 파운드화가 1.4달러에서 1.9달러로 상승하는 동안에도 미국채 보유잔고는 크게 증가하지 않았다. 이에 비해, 2006년 말부터는 거의 비정상적일 정도로 미국채 순매입이 급증하는 모습을 보이고 있다. 이것은 2006년 말부터 급증하고 있는 미국채 보유잔고가 단지 파운드화의 과도한 단기 급등을 방어하려고 했기 때문이라는 증거로 보기 어렵다는 것을 시사하고 있다. 특히 상기 <도표5>에서 영국정부의 외환보유고 추이를 보면, 2006년 중반 800억 달러에서 2007년 9월 현재 970억 달러 가량으로 170억 달러가 채 증가하지 않고 있다. 이로부터 이 기간 동안에 영국 정부의 파운드화 방어를 위한 인위적인 달러 매입 등의 시장개입은 사실상 없었다고 할 수 있다.

뿐만 아니라 2001년부터 미 달러에 대해 파운드화와 거의 같은 궤적을 그리고 있는 유로화권 국가의 미국채 보유를 보면 더욱 확실해진다. 유로화 역시 미 달러화에 대해 지속적인 강세를 보이고 있다. 특히 2006년 하반기부터 유로당 1.3달러를 넘어선 후 2007년 10월에는 1.45달러를 돌파하고 있다. 그럼에도 불구하고 유로화권 13개 국가들의 미국채 보유량은 거의 변하지 않고 있다. 오히려 환차손을 줄이기 위해 줄어드는 모습을 보이고 있다. 뿐만 아니라 그 액수 면에서도 1개국 평균 200억 달러 미만으로 영국에 비해 1/10 수준에도 미치지 못하는 매우 적은 것으로 나타나고 있다.

영국의 미국채 보유 증가의 또 다른 요인으로 민간부문의 포트폴리오 투자 변화를 추측해볼 수 있다. 즉 2006년 후반부터 서브프라임론 사태의 위험이 인식되기 시작하면서 영국 투자자들이 미국기업의 주식이나 회사채 등에 투자한 자금을 안전한 미국채로 이동하였을 가능성을 들 수 있다. 그러나 상기 <도표4>에서 영국의 대미 금융투자 분기별 추이를 보면, 2006년 하반기부터 미국채를 제외한 증권투자가 특별히 크게 줄고 있다고 보기는 어렵다. 오히려 2007년 2분기에는 미국채를 제외한 주식 및 회사채 등 증권투자가 크게 증가한 모습을 보이고 있다. 이로부터 2006년 말부터 영국의 미국채 투자 급증은 영국 투자자들의 포트폴리오 조정과도 무관하다고 할 수 있다.

이상으로부터 2006년 하반기부터 영국의 미국채 보유고의 단기 급증 현상은 영국정부의 파운드화 방어를 위한 인위적인 시장개입에 의한 것도 아니며, 서브프라임론 사태로 인한 위험회피 목적의 포트폴리오 조정 차원도 아니라고 할 수 있다. 더군다나 영국의 기준금리가 5.74%로 미국의 4.5%에 비해 훨씬 높다는 점을 감안하면 결코 금리차를 목적으로 하는 투기적 캐리트레이드 가능성도 희박하다고 할 수 있다. 2006년 후반부터 그냥 특별한 이유 없이 민간부문의 미국채 투자가 급증해버린 것이다. 즉 2006년 후반 이후 영국의 미국채 보유 급증은 도저히 정상적인 움직임이라고 보기 어렵다.

한편 다음 <도표5>에서 브라질의 레알화 환율 추이를 보면, 2002년 중반에 달러당 3.8레알까지 치솟았다가 그 후 계속 하락하여 최근에는 1.75레알까

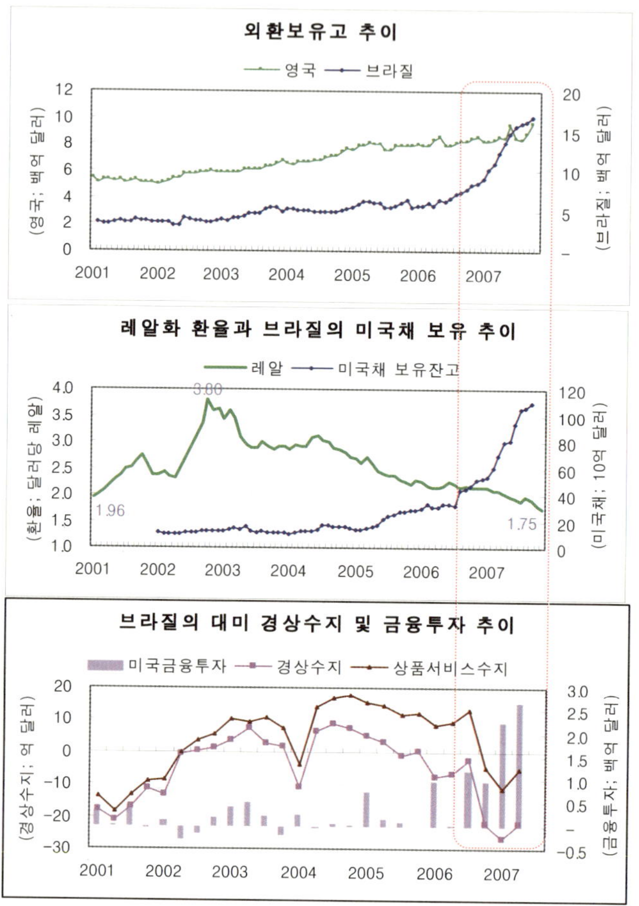

(주) 각종 자료로부터 KSERI 작성

지 떨어지고 있다. 말하자면 브라질 레알화의 강세가 지속되고 있는 것이다. 특히 2006년부터는 브라질의 대미 상품서비스수지 및 경상수지 적자가 지속되고 있음에도 불구하고 레알화가 강세를 지속하고 있다. 이처럼 레알화가 강세를 보이는 이유는 고유가 및 원자재가격 급등에 따라 2006년 하반기부터 자원부국인 브라질로 국제 투기자금이 단기에 대거 유입한 데 기인하는 것으로 보인다. 그리고 투기자금 유입으로 인한 레알화 방어와 급격한 자금 유출에 따른 단기 유동성 위험을 막기 위해 브라질 정부가 적극적으로 외환 시장에 개입을 하고 있는 것으로 보인다. 그 증거로 <도표5>에서 볼 수 있는 것처럼 2006년부터 브라질 정부의 외환보유고와 미국채 보유잔고가 궤를 같이 하고 있다는 점을 들 수 있다. 즉 브라질 정부가 레알화 방어를 위해 대규모 달러 매입을 하고 그 자금으로 미국채를 매입하고 있는 것이다. 그래서 브라질의 미국채 보유가 급증하고 있는 것이다.

이상으로부터 2006년 후반 이후 영국과 브라질의 미국채 보유가 크게 증가하고 있는 원인을 분석해본 결과, 서로 전혀 다른 요인에 기인하고 있음을 알 수 있다. 영국의 미국채 보유 단기 급증은 영국 정부가 아닌 민간부문의 보유 급증에 기인하는 것으로 보이는 반면, 브라질의 미국채 보유 단기급증은 레알화 방어를 위한 브라질 정부의 달러 매입에 따른 외환보유 급증에 기인한다고 할 수 있다. 특히 영국 민간부문의 미국채 보유 급증은 그 규모 면에서나 증가 속도 면에서 국제금융의 상식으로는 도저히 설명하기 힘든 비정상적인 현상이라고 하지 않을 수 없다. 바로 이점이 미국과 영국 간에 미국채 시장의 수급 안정과 관련하여 무언가 보이지 않는 물밑 거래가 있는 것이 아닌가 하는 의구심을 갖게 하는 대목이라고 하겠다.

그러나 물밑 거래 여부에 관계없이 결과적으로 지난 2006년 후반부터 미국채 시장은 심각한 수급 불균형 압력에 직면해 있는 것으로 보인다. 1980년대부터 본격화된 미국정부의 재정적자 지속으로 이미 미국의 국가채무 수준은 미국경제가 감당하기 힘든 수준에까지 이르고 있다. 최근의 달러 약세는 바로 이런 미국경제의 구조적 불균형이 한계에 이르고 있음을 반영하고 있다고 할 수 있다. 미국 정부는 문제가 없다고 그저 말만 하고 있을 뿐,

구체적으로 9조 달러가 넘는 막대한 국가채무를 도대체 어떻게 상환할 것인지에 대해서는 납득할만한 방안을 제시하지 못하고 있다.

그런가 하면 현실적으로 미국채를 상환하기도 어려운 점이 있다. 왜냐하면 미 달러화가 기축통화 역할을 하는 상황에서 각국이 미국채를 외화보유 수단으로 삼고 있기 때문이다. 만일 미국이 미국채 발행잔고를 줄이게 되면 필연적으로 국제 유동성 부족으로 인해 달러 강세를 촉발하게 된다. 달러 강세를 유도하기 위해서는 미국경제가 그에 부합하는 국제경쟁력을 확보해야 한다. 즉 국제경쟁력 확보를 통해 경상수지 불균형을 대폭 해소하지 않으면 안 된다. 그러나 지금의 미국경제 상황에서는 미국채 발행잔고를 줄이거나 달러 강세를 기대할 수 있는 형편이 못 된다.

그러나 미국채 시장의 수급 불균형의 여파는 점차 세계 각국으로 확산되기 시작하고 있다. 지난 1980년대부터 세계 각국 특히 달러자산을 대량 보유하고 있는 동아시아 국가들은 미국의 방만한 재정운영과 미국 소비자들이 오랜 동안 빚으로 흥청망청 과소비를 해온 대가를 대신 떠안아 주고 있는 것이다. 달러가 약세를 보일수록 막대한 환차손이 발생하고 있다. 즉 보유 달러자산의 실질구매력이 허공으로 날라가고 있는 것이다. 뿐만 아니라 미국채 시장이 수급 불균형으로 혼란에 빠질 경우 세계경제도 혼란에 빠지게 된다. 1조4천억 달러가 넘는 외환을 보유하고 있는 중국이 달러화 비중을 줄이고 유로화 비중을 높이고 있다는 소문이 나돌고 있다. 그런가 하면 중동 산유국들도 자국통화의 미 달러화와의 연계를 재검토하고 있다.

각국이 미국채를 과다 보유하고 있는 것도 문제이지만, 미국 역시 미국채 남발에 대한 감각이 둔해졌다고 할 수 있다. 이 모든 것이 미달러 기축통화제에 기인한다. 바로 이런 점에서 세계 각국은 미달러 기축통화제에서 세계통화제로의 이행을 진지하게 검토할 때가 되었다고 할 수 있다.

미국채 남발에 의한 경제성장은 실질적 경쟁력 강화에 의한 자력성장이라기보다는 '빚'에 의한 위험한 성장이라고 할 수 있다. <도표6>에서 볼 수 있는 바와 같이 미국의 재정적자는 1980년대부터 급증하기 시작했다. 특히 공화당이 집권할 때마다 재정적자가 급증하는 모습을 보여왔다. 재정적자가 계속 늘어남에 따라 미국의 국가채무도 급증하고 있다. 미국의 재정적자

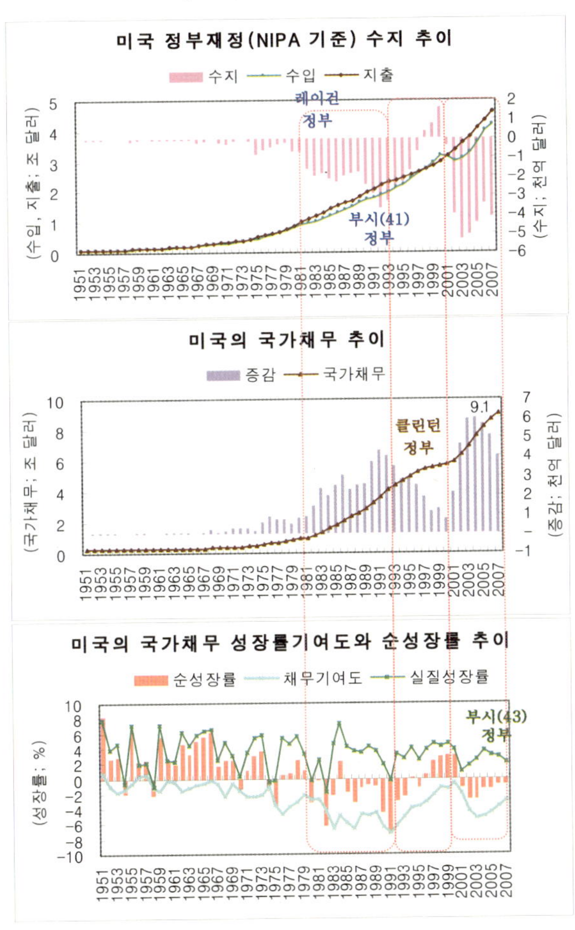

<도표6> 미국의 국가채무와 경제성장률

(주) 각종 자료로부터 KSERI 작성

증가와 국가채무 증가는 거의 비례하는 모습을 보이고 있다.

이미 본 특집에서도 설명한 바와 같이 국가채무의 증가는 곧 미래소비와 투자를 줄이고 현재의 소비와 투자를 늘리는 것을 의미한다. 그런 점에서 국가채무 증가분만큼 현재의 경제성장률에 직접적으로 기여한다. 국가채무 증가는 케인지안의 재정확대 경기부양책에 해당한다. 경제학 교과서의 설명에 의하면, 유효수요 부족으로 완전고용 성장률이 달성되지 않을 경우, 재정확대를 통해 IS곡선을 우상향으로 밀어 올림으로써 완전고용 성장률을 달성할 수 있다는 것이 케인지안의 핵심이다. 즉 재정확대를 통해 성장률을 높일 수 있다는 것이다.[15] 이론적으로 국가채무 증대가 현재의 성장률을 높인다는 것은 이론의 여지가 없다.

이로부터 미국경제의 자력에 의한 순성장률은 실제의 경제성장률에서 국가채무 증가가 기여한 부분을 차감한 것으로 도출된다. 이 방식에 의해 미국경제의 자력에 의한 순성장률 추이를 계산해보면, 1970년대 말까지 (+) 순성장률을 기록하고 있으나 1980년대 레이건 정부와 부시(41) 정부가 집권하던 시기에는 (-) 순성장률로 전락하고 있다. 즉 이 시기에 미국경제는 자력에 의한 성장보다는 국가채무 급증에 의해 성장을 해온 셈이라고 할 수 있다. 이와는 달리 1990년대 클린턴 정부가 들어서면서 미국경제는 90년대 후반부터 재정흑자로 반전됨과 동시에 '신경제(New Economy)'로 대변되는 높은 실질성장률을 지속함으로써 다시 (+) 순성장률을 기록하게 된다. 그러나 2000년대 부시(43) 정부가 집권하면서 다시 미국의 재정적자는 사상 최대 규모로 확대되고 그에 따라 순성장률도 다시 (-)로 반전되고 있다. 즉 2000년 이후 부시(43) 정부의 경제성장도 미국경제의 자력에 의한 성장이라

---

[15] 케인지안의 또 다른 성장률 증대 방식은 금리를 내림으로써 LM곡선을 우하향으로 이동시킴으로써 낮은 수익률의 투자안에 대해서도 투자를 가능케 함으로써 완전고용 성장률 수준까지 성장률을 높이는 것이라고 할 수 있다.

기보다는 막대한 국가채무 증가에 의한 성장이라고 할 수 있다.

　결론을 맺자. 최근의 고유가와 서브프라임론 사태로 미국경제의 감속이 거의 확실시되고 있다. 미국경제의 감속은 미국의 재정적자를 더욱 확대시킬 것이다. 그러나 미국채 시장은 공급과잉으로 수급 불균형이 심화되고 있는 것으로 보인다. 최근 남아공에서 개최된 G20개국 회의와 BIS 회의에서도 미국채 시장 문제와 관련된 근본적인 문제들이 거론되었을 가능성을 배제할 수 없다. 미국이 특히 아시아 주요국에 미국채 매도를 자제해줄 것을 요청했을 가능성이 매우 높다. 미국채 시장의 수급 불균형은 FRB의 금리인하를 어렵게 하고 있으며, 이미 달러 약세를 구조적 추세로 만들고 있다.

　문제는 미국채 시장에 혼란을 주지 않고 중장기적으로 미국의 쌍둥이 적자를 대폭 줄이기 위해서 달러가 어느 선까지 하락해야 하는가 또는 어느 정도까지 하락할 것인가 할 수 있다. 현재의 심각한 불균형을 상당부분 해소하기 위해서는 중국 위안화는 최소한 달러당 5위안까지 떨어져야 한다. 일본 엔화도 달러당 100엔대 이하로 떨어져야 한다. 유로화는 1.55유로까지 떨어져야 한다. 그렇게 될 경우 원화도 달러당 850원 수준까지 떨어지게 될 것이다. 그러나 이는 정책적 희망사항이며, 현실은 다르다. 실제 현실을 예상해본다면 2008년 상반기까지 위안화는 현재의 하락속도대로라면 달러당 7위안까지 떨어질 가능성이 높으며, 일본 엔화는 달러당 105엔 전후 수준까지 떨어질 가능성이 있다. 그리고 원화는 최근 외국인의 증시 이탈로 약세를 보이고 있으나 이는 단기 자금이동에 따르는 일시적 현상이라고 할 수 있다. 2008년 상반기까지 달러당 870원 수준까지 떨어질 가능성이 있다.

(2007년 11월 20일, 11월 27일)

7. 미국 금융시장의 경쟁구조와 서브프라임론 사태

1

2007년 11월 20일 FRB는 지난 10월 말 0.25%의 금리인하를 결정한 연방공개시장위원회(FOMC)의 회의록을 공개했다. 이 회의록에 의하면 캔자스시티 연방은행 호닉(Hoenig)총재가 동결을 주장한 반면 버냉키 의장을 비롯한 9명의 위원이 금리인하를 주장한 것으로 나타났다. 각 위원들은 경기하락과 인플레 위험이 동시에 상존하는 스태그플레이션 가능성을 우려했다. 그리고 금리동결과 금리인하의 두 가지 선택안에 대해 심도 있는 논의를 한 것으로 나타났다. 결국 금융불안과 경기감속에 대한 위험이 인플레 위험보다 더 크다는 의견이 우세하여 최종적으로 9:1의 다수결로 선제적 예방 차원의 금리인하를 결정한 것으로 나타났다.

미국 경기둔화와 관련하여 미국기업경제연합회(NABE)는 11월 19일, 2007년 4분기 미국의 실질경제성장률이 3분기의 3.9%에서 1.5%로 급락할 것으로 전망했다. 그리고 2008년 1분기에는 2.1%, 4분기에는 3%까지 회복세를 보일 것으로 전망했다. 연간으로는 2007년에는 2.8%, 2008년에는 2.5%의 성장률을 기록할 것으로 내다봤다. 또 FRB는 2008년 말까지 기준금리를 현재의 4.5%로 동결할 가능성이 높으며 추가 금리인하 없이도 미국경제가 불황에 빠지지는 않을 것이라고 말했다. 유가에 대해서는 2007년 말에 배럴당 90달러 선에서 2008년 말에는 배럴당 75달러까지 하락할 것으로 전망했다.

일본 경제산업성 기타바타 다카오(北畑隆生) 사무차관도 11월 21일 기자회견에서 최근 뉴욕 원유선물가가 배럴당 100달러에 근접한 것은 매우 비정상적이라고 말했다. 석유의 적정가격은 배럴당 60달러 이하이며 언젠가는 배럴당 40~60 달러 수준으로 복귀할 것으로 본다고 말했다. 그리고 IEA이사회와 OPEC총회에서 국제적 투기에 의한 원유가 급등에 대해 어떤 형태로든 메시지가 나올 것으로 기대한다고 말했다. 이처럼 과도한 고유가 문제와 관련하여 미일 양국에서 거의 동시에 적정 유가에 대한 구체적 수치목표를 제시하면서 유가하락 가능성을 언급한 것으로 볼 때, 조만간 유가인하를 위한 선진국간의 국제적 공조가 있을 가능성을 배제할 수 없다.

한편 유로권 재무장관들은 11월 20일 개최된 EU회의에서 유로화가 미 달러화에 대해 일방적인 강세를 보이는 것에 우려를 표명했다. 그런가 하면 중동의 6개 산유국들은 12월 초순에 카타르에서 걸프협력회의(GCC)를 개최하여 자국통화의 달러 연동제(pegging) 지속 여부에 대해 논의하기로 했다. 달러약세가 지속됨에 따라 중동 산유국들도 수입물가 상승을 중심으로 자국 내 인플레가 높아지고 있어 미국에 맞추어 금리인하를 지속하기 어려운 상황에 직면하고 있기 때문이다. 사우디 언론보도에 의하면 사우디 정부는 달러에 연동된 자국의 환율제도를 21년만에 변경하기 위해 검토에 착수한 것으로 알려지고 있다. 약 1조4천억 달러에 이르는 막대한 외환의 대부분을 달러로 보유하고 있는 중국정부도 위안화의 지속적인 평가절상으로 인한 막대한 환차손을 줄이기에 부심하고 있는 것으로 알려지고 있다.

이처럼 고유가와 인플레 그리고 미국의 경기침체에 대한 우려가 높아지고 있는 가운데 서브프라임론 사태로 인한 미국 금융기관들의 신용경색 현상은 좀처럼 해소되지 않고 있는 것으로 나타나고 있다. 미국과 EU의 주요 금융기관들이 대출심사를 엄격히 강화하고 있기 때문이다. 이에 FRB는 지난 11월 15일 뉴욕연방은행을 통해 3차례에 걸쳐 472.5억 달러를 금융시장에 공급했다. 이는 지난 8월 9일 이후 최대 규모로 여전히 미국내 금융시장에 신용경색 현상이 해소되지 않고 있음을 시사하고 있다. 또 11월 21일에는 3회에 걸쳐 추수감사제에 대비하여 평소보다 훨씬 많은 370억 달러의 자금을 추가로 단기자금시장에 공급했다.

　그런 가운데 서브프라임론 사태로 인한 금융기관들의 손실은 더욱 확대되고 있다. 최근 도이치방크는 1조2천억 달러를 넘는 서브프라임론 대출액 중 약 40% 가량인 4,000억 달러가 부실화될 것으로 전망했다. 그리고 회수불능 손실규모는 1,500억~2,500억 달러에 이를 것으로 추정했다. 또 골드만삭스도 미국의 서브프라임론 사태로 인한 총 부실자산 규모가 4,000억 달러에 달할 것으로 전망했다. 특히 골드만삭스는 2007년 4분기 시티그룹의 서브프라임론 관련 추가 손실처리 규모가 80억~110억 달러에 달할 가능성이 높으며 최대 150억 달러까지에 이를지도 모른다고 발표했다. 그와 동시에 시티그룹에 대한 투자의견을 '중립'에서 '매도'로 낮추었다. 이를 계기로 주가도 폭락했다. 웰즈파고은행의 슈텀프(John Stumpf) CEO는 뉴욕의 투자설명회에서 서브프라임론 사태로 미국 주택시장은 지난 1930년대 대공황 이후 두 번째로 큰 침체를 맞고 있다고 말했다.

　OECD 역시 2007년 11월 21일 발표한 금융시장동향 보고서에서 미국의 서브프라임론 관련 손실규모가 3,000억 달러로 늘어날 것으로 전망했다.[16] 미국 주택시장 침체가 더욱 악화될 가능성이 높아 투자자가 보유하고 있는 CDO 등 증권화상품의 가격이 더욱 하락할 것이라는 점을 근거로 들었다. 동시에 아직 상황이 악화되고 있는 도중에 있다는 점도 강조했다. 이미 <경제시평>에서 설명한 바 있듯이, 미국의 서브프라임론 사태로 인한 금융기관들의 손실 처리는 아직 중간지점을 통과하지 못하고 있는 것이다.

---

[16] 일본 금융청은 지난 11월 22일 일본 예금은행이 보유한 서브프라임론 관련 증권화상품 잔고를 조사한 결과, 9월 말 현재 1조3,300억 엔에 달하고 있으며 손실규모는 2,300억 엔에 이른다고 발표했다. 금융청은 일본 예금은행의 자기자본과 이익에 비해 손실규모는 매우 제한적이라고 말했으나, 업계에서는 손실 규모가 확대될 가능성이 높은 것으로 예상하고 있다. 그런데 최근 주요 은행그룹이 발표한 손실 규모를 보면, 미즈호파이낸셜그룹이 1,700억 엔, 미쯔이스미토모FG가 870억 엔, 미쯔비시UFJ는 270억 엔으로 나타나 일본 금융청이 발표한 수치를 훨씬 상회한 것으로 나타났다.

구체적으로 미국 서브프라임론 사태가 발생하게 된 구조적 원인, 나아가 미국에서 부동산 투기버블이 발생하게 된 구조적 원인을 올바로 이해하기 위해 미국 상업은행의 금융자산 변화 추이와 미국 금융시장 경쟁구조의 특징을 좀 더 자세히 살펴보기로 하자.

아래 <도표1>에서 2007년 2분기 말 현재 미국 상업은행의 금융자산 총액은 10조5천억 달러이며, 대출 총액은 6조3천억 달러로 나타나고 있다. 또 대출액 중 모기지(부동산담보) 대출은 3조5천억 달러로 나타나고 있다. 이에 모기지 대출 비중은 전체 금융자산 대비로는 33.1%, 대출총액 대비로는 55.3%에 달하고 있다. 특히 모기지 대출은 1980년대 말의 부동산 버블기와 1999년부터 최근까지의 2차례에 걸쳐 크게 급증한 것으로 나타나고 있다. 대출총액에서 모기지 대출이 차지하는 비중을 보면, 1980년대 후반의 버블기에는 30%에서 40%로 +10% 이상 증가하고 있으며, 1999년 이후에는 40%에서 55%를 상회하여 +15%나 급증하는 모습을 보이고 있다. 이처럼 미국 상업은행의 모기지 대출이 80년대 후반과 90년대 후반에 급증하기 시작한 된 배경에는 미국 금융시장의 규제정책과 미국의 금융시장이 은행 중심의 간접금융보다는 직접금융 중심의 금융시장이라는 구조적 특징과 깊은 관련이 있다.

주지하는 바와 같이 탈규제의 금융자유화 움직임은 1960년대부터 시작되어 1970년대부터 본격화되기 시작했다. <도표1>을 보면 1960년대까지 미국 상업은행은 전체 금융자산 중에서 기업대출 및 가계대출 등 대출자산 비중이 계속 증가하는 모습을 보였다. 즉 60년대까지 미국 상업은행들은 대출위주의 영업을 해왔다고 할 수 있다. 그 배경에는 1930년대 대공황 때에 제정된 은행과 증권의 겸업금지, 예금금리 상한선 규제 등을 골자로 하는 글래스-스티걸법이라는 규제금융의 제도적 제약이 놓여 있었다.

그러나 1970년대에 들어오면서 글래스-스티걸법의 규제금융 틀이 붕괴되기 시작하면서 은행의 대출영업 증가가 정체를 보이기 시작했다. 은행은

<도표1> 미국 상업은행의 부동산담보대출비율 추이

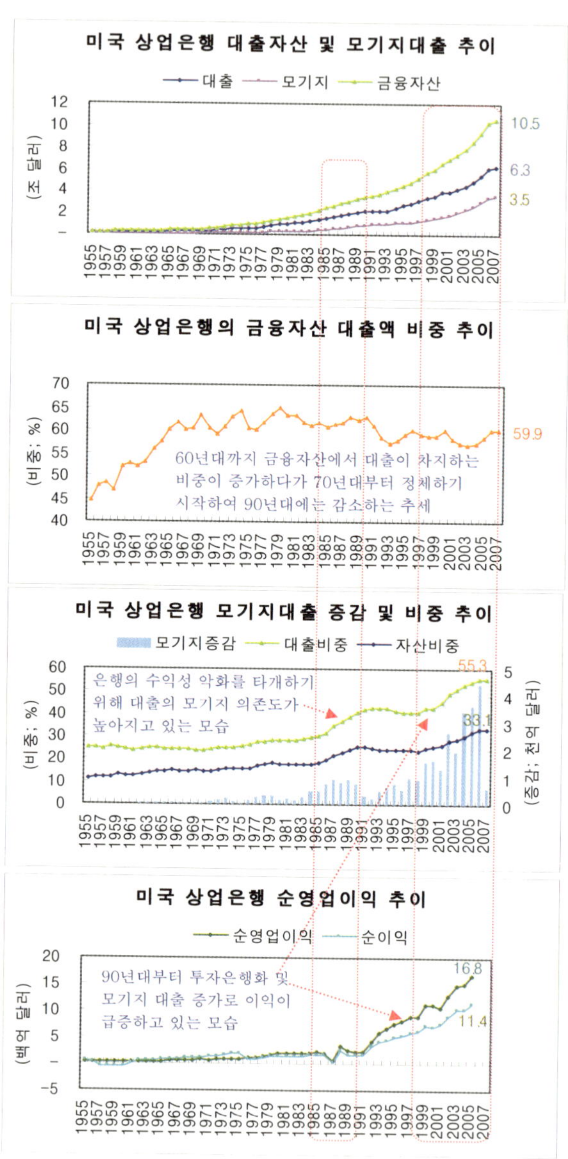

(주) 각종 자료로부터 KSERI 작성. 2007년은 2분기까지 수치임

FRB의 예금금리 상한선(Regulation Q) 규제를 받은 반면, 증권은 시장금리로 자유로이 거래를 할 수 있었다. 그로 인해 증권업계는 MMF 등 신종금융상품을 개발하여 은행을 공격하기 시작했다. 특히 1차 오일쇼크를 계기로 인플레가 높아지자 정기예금과 거의 동일한 국채는 인플레를 반영한 시장금리를 보장해주는 반면, 은행의 정기예금은 금리상한선에 묶여 마음대로 금리를 올릴 수 없었다. 그 결과 인플레를 차감한 실질금리가 줄어들어 은행 고객이 증권으로 대량 이탈하는 탈은행화(Disintermediation) 현상이 발생하게 된다.

이러한 금융자유화의 흐름은 1980년대에 들어오면서 더욱 가속화된다. 1980년대에는 이른바 카드사, 할부금융, 파이낸스사 등 비은행 금융기관(non-bank bank)의 은행에 대한 공격이 전개된다. 카드사 등이 카드 소액대출 영업을 개시한 것이다. 그로 인해 은행은 수익성 악화에 직면하게 되어 1980년대 중반 컨티넨털 일리노이 은행의 파산 등 연이은 파산으로 어려움을 겪게 된다. 은행의 순영업이익과 당기순이익은 최악의 상태에 빠졌다. 그 돌파구로 등장한 것이 대규모 자금을 소화해줄 수 있는 부동산담보대출 즉 모기지 영업의 확대였다. 특히 이때에는 상업용 부동산에 대한 투기가 극성을 부려 상업용 모기지 대출의 급격한 확대가 두드러졌다. 그 결과, 1990년부터 부동산버블이 붕괴되면서 상업용 모기지대출의 부실이 크게 발생했다.

그러나 1990년대에 들어서면서부터는 첨단금융기법에 의한 증권화, 정보화, 글로벌화의 흐름에 직면하여 미국의 상업은행들은 종래의 대출중심 영업에서 투자은행(IB) 및 자산운용 영업을 강화하지 않으면 증권업계와 경쟁을 할 수 없는 상황에 이르렀다. 결국 미국 상업은행들은 증권과 보험 및 자산운용업 분야에 진출을 시도하게 된다. 그러나 글래스-스티걸법 하에서는 은행이 증권이나 보험과 겸업을 할 수 없었기 때문에 이를 해결하지 않으면 안되었다. 계속되는 규제완화를 위한 미국 상업은행의 로비와 노력으로 1999년에 드디어 은행중심 금융지주회사 설립을 인정하는 GLB법(Gramm-Leach-Bliley Act)이 탄생하여 겸업금지의 규제금융 틀이 깨지게 된다.

GLB법은 현 시티그룹의 전신인 시티코프(Citicorp)가 1998년 4월에 보험사와 스미스바니(Smith Barney) 및 살로먼브라더스(Salomon Brothers) 등 증권사를 거느린 금융복합그룹인 트래블러스그룹(Travelers Group)을 인수한다는 발표 후에 제정되었는데, 일부에서는 이를 승인하기 위해 제정되었다는 비판을 하기도 한다. 상기 <도표1>에서 1990년대부터 미국 상업은행의 금융자산이 급증하고 있음에도 불구하고 대출자산 비중은 오히려 60%를 밑돌고 있는 이유가 바로 자산운용 및 투자은행 영업비중이 급속히 확대되고 있음을 의미한다.

이후 미국 상업은행은 1990년대부터 본격화된 증권화와 정보화, 글로벌화의 금융혁신 흐름 속에서 한편으로는 투자은행 영업을 강화하면서 다른 한편으로는 대출 영업 면에서 모기지 중심의 부동산담보대출과 개인 카드대출 위주로 재편해가는 과정을 겪게 된다. 투자은행 영업의 확대와 모기지대출의 확대는 미국 상업은행의 순영업이익을 획기적으로 증대시켜주게 된다. 그러나 그 부작용도 만만치 않았다. 무차별적인 카드대출 확대에 따른 대규모 카드부실이 발생했을 뿐만 아니라, 1999년부터 급증하기 시작한 주택모기지 대출은 서브프라임론 사태라는 투기 버블을 낳게 된다. 특히 1999년부터 주택모기지대출이 급증하게 된 것은 GLB법 제정에 의해 미국 상업은행의 주택관련 모기지 대출자산의 증권화가 가능해졌기 때문이라고도 할 수 있다.

2

80년대 후반과 90년대 후반의 두 차례에 걸친 미국 상업은행의 모기기 대출 급증은 결과적으로 미국 내 부동산투기 버블을 유발하였다고 할 수 있다.

그리고 투기버블 붕괴 결과 부실이 급증했다. 아래 <도표2>에서 1990년 이후 미국 상업은행의 모기지 대출의 부실 추이를 살펴보면, 80년대 후반과 90년대 후반의 2차례에 걸친 미국 상업은행의 모기지 대출 급증은 그 내용 면에서 큰 차이가 있었음을 추론할 수 있다. 80년대 후반에는 주로 상업용 모기지 대출을 중심으로 투기버블이 극성을 부린 반면, 90년대 후반부터는 주거용 모기지 대출을 중심으로 투기버블이 극성을 부렸음을 알 수 있다.

<**도표2**> **미국 상업은행의 모기지대출 연체율 및 대손률 추이**

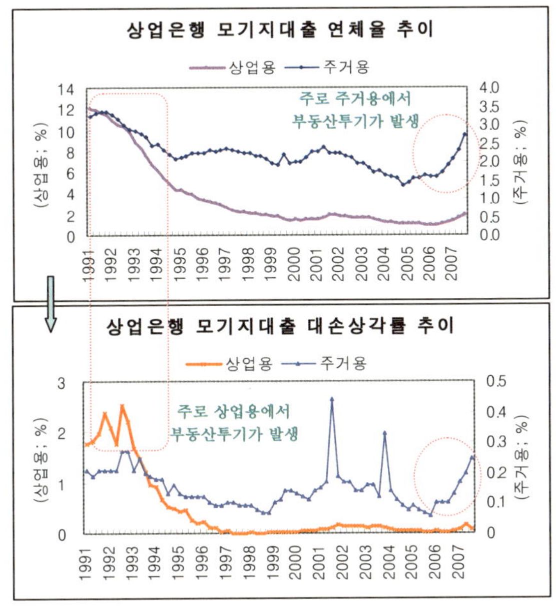

(주) 각종 자료로부터 KSERI 작성.

상업용 모기지 대출의 연체율(30일 이상)은 1991년 12%를 상회하였으며 대손률도 2.5%에 달했다. 그에 비해 주거용 모기지 대출의 연체율은 3.5%에 대손률은 0.3%를 훨씬 밑도는 수준을 보였다. 이것은 80년대 말 미국의 부동산 투기가 주로 건당 대출규모가 큰 상업용 부동산에 집중되었음을 강력히 시사하는 것이라고 할 수 있다. 반면 90년대 후반부터는 부동산투기가 건당 대출규모가 작지만 광범위하게 분산된 주거용에 집중되기 시작하였다. 특히 서브프라임론과 같이 대출자산담보부 증권화 금융기법이 등장함에 따라 앞서의 <도표1>에서 볼 수 있는 것처럼 미국 상업은행의 주거용 모기지대출은 폭발적으로 급증하는 모습을 보였다.

사실 서브프라임론이 탄생하게 된 직접적 배경으로는 미국 정부가 추진한 중하위 저소득 계층 및 소수인종 주택보급 확대사업을 들 수 있다. 1994년 미국 정부는 1천만 세대의 주택구입자금 지원을 위해 페니매이(Fannie Mae)나 프레디맥(Freddie Mac)과 같은 연방주택금융기관의 모기지담보부 유동화증권(MBS) 발행 확대를 통해 '1조 달러 주택금융자금 지원사업 (Trillion Dollar Commitment)'을 추진하였다. 또 2000년부터는 다시 1,800만 세대를 대상으로 2010년까지 '2조 달러 주택금융자금 지원사업 (2 Trillion American Dream Commitment)'을 시행하였다. 그리고 3단계로 2004년 1월부터 또 다시 추가사업을 추진하였다.[17]

이처럼 미국 정부가 중하위 소득계층 및 소수인종의 주택보급을 위해 대규모 주택자금 지원사업을 추진한 결과, 1994년부터 미국 상업은행을 비롯한 금융기관의 모기지론이 큰 폭의 증가세를 보이기 시작하였다. 특히 2000년대 중반부터는 증권사와 상업은행 그리고 헤지펀드나 부동산투자신탁 (REITs) 또는 주택금융파이낸스사와 같은 민간금융기관들도 경쟁적으로 신용도가 매우 낮은 중하위 저소득계층 및 히스패닉계 등 소수인종에게 변동형 고금리의 서브프라임론을 판매하기 시작한 것이다. 말하자면 페니매이나 프레디맥과 같은 연방주택금융기관이 저금리로 중하위 저소득계층에게

공급해오던 것을 민간금융기관이 변동형 고금리 서브프라임론으로 변형시켜 경쟁에 뛰어든 셈이었다고 할 수 있다. 이는 결과적으로 2004년부터 2006년까지 3년 동안에 미국 주택가격이 50%나 폭등하는 버블을 낳았다.

그러나 결국 2006년 중반부터 서브프라임론 사태가 표면화되기 시작함에 따라 주거용 모기지 시장의 투기버블이 붕괴되기 시작하고 있다. 상기 <도표2>에서 2006년 중반부터 주거용 대출의 연체율과 대손률이 가파르게 증가하는 모습을 보이고 있다. 그런가 하면 <도표3>에서 볼 수 있는 바와 같이 최근 미국의 1가구 신규주택 판매가격이 2007년 9월의 238,400달러에서 10월에 217,800달러로 전월 대비 -9% 가까이 큰 폭의 하락세를 기록했다.

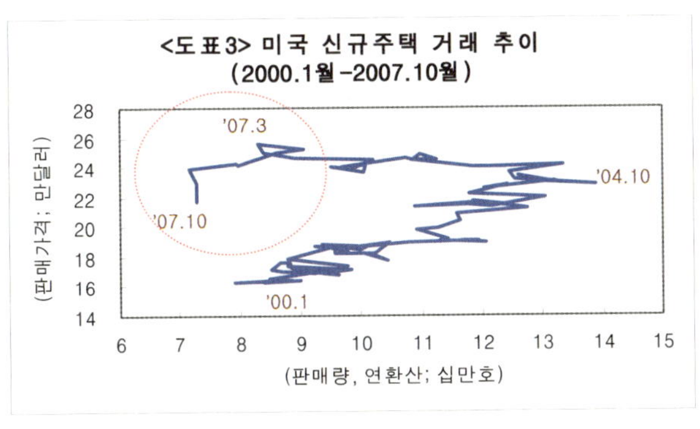

(주) 미 상무성 자료로부터 KSERI 작성

전년동월의 250,800달러에 비하면 -13% 이상 하락했다. 미국 신규주택 판매가격이 수요 급감에 이어 드디어 본격적인 가격하락 단계로 접어들기 시작하고 있는 것이다. 이처럼 주택거래 급감에 이어 주택가격도 하락하기 시작하고 있으며 서브프라임론 사태가 아직 중간지점을 지나지 않고 있는 상황이라는 점을 감안하면, 미국 상업은행의 주거용 모기지 대출의 연체율 및 대손률은 앞으로 크게 증가할 것으로 보인다.

　한편 90년대부터 미국 상업은행이 주거용 모기지 대출을 강화함에 따라 주거용 모기지 대출을 주 영업으로 해온 저축대부조합(S&L)이 크게 위축되었다. 저축대부조합은 전통적으로 주거용 모기지 대출을 중심으로 영업을 해왔는데, <도표4>에서 볼 수 있는 바와 같이 1970년대 중반까지 모기지 대출 비중이 전체 금융자산의 85%에 달할 정도였다. 이후 80년대 역마진으로 업계 전체가 경영난에 처한 상황에서도 모기지 대출은 80년대 말까지 계속 증가하였다. 특히 80년대 후반 부동산투기 버블 때에는 투기적인 상업용 모기지 대출에 집중함으로써 90년대 초에 수많은 저축대부조합이 파산하는 위기에 직면했다. 저축대부조합 수는 1987년에 3,700개에 달했으나 1996년에는 2,030개로 무려 1,700여 개가 통폐합되었으며 2006년에는 1,300개로 다시 700개 가량이 줄어들었다. 그 과정에서 모기지 대출은 1990년대에 큰 폭으로 감소하여 정체를 지속하였으나 지주회사 형태의 통폐합 등에 의한 부실채권 정리로 순영업이익은 크게 개선되는 모습을 보였다. 그런 가운데 90년대 말부터 주거용 모기지 대출을 중심으로 다시 증가세를 보이고 있다.

　금융규제 완화 및 금융혁신과 더불어 미국 상업은행의 투자은행화 및 모기지 대출 확대의 또 다른 배경으로 미국 금융산업의 구조적 특징을 들 수 있다. 아래 <도표5>에서 볼 수 있는 바와 같이, 미국의 금융산업은 증권을 중심으로 하는 직접금융 위주로 되어 있다고 할 수 있다. 2006년 스톡자산 기준으로 주식, 회사채, 국공채 등 증권자산 규모는 40.2조 달러로 전체 금융자산의 55.9%를 차지하고 있다. 이에 비해, 은행/비은행은 19.4조 달러로 27%, 보험은 12.3조 달러로 17%로 나타나고 있다.

　특히 자영업 소상공인을 제외한 대기업과 벤처기업 등 기업의 자금조달은 거의 대부분 증권시장을 통해 이루어진다. 뿐만 아니라 일반 투자자들의 자산운용도 증권 중심으로 이루어져 있다. 이런 직접금융 위주의 산업구조 속

<도표4> 미국 저축대부조합의 모기지 대출 추이

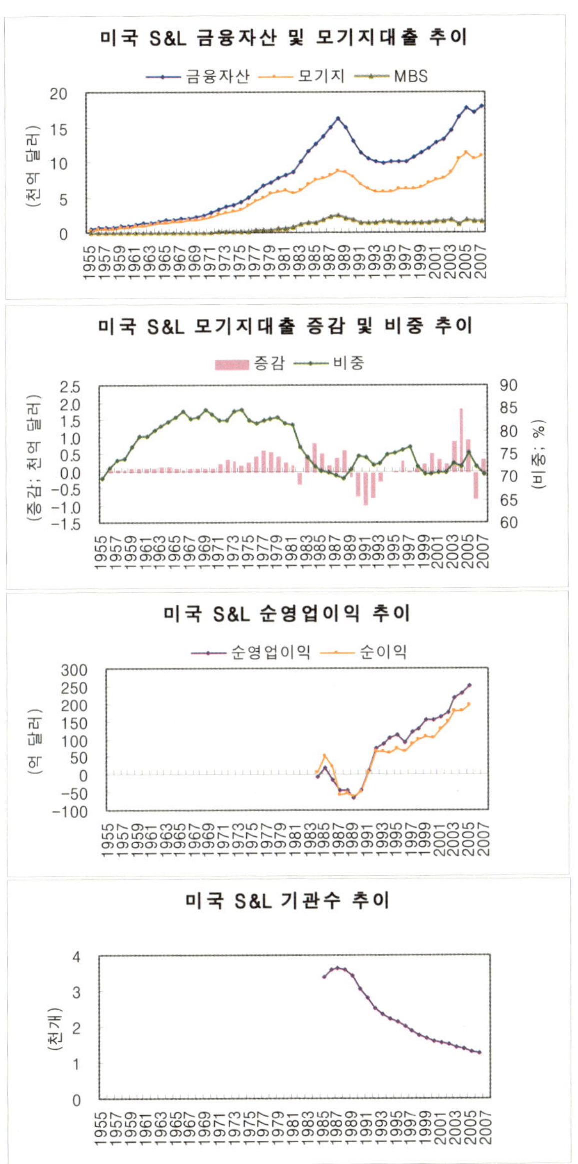

(주) 각종 자료로부터 KSERI 작성.

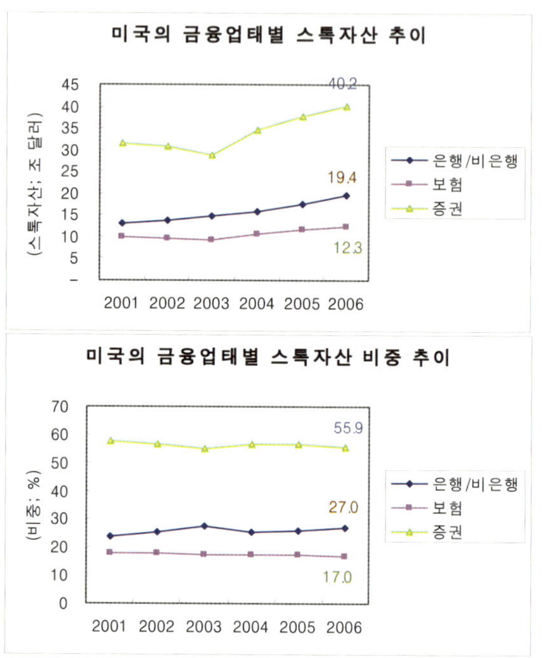

(주) 각종 자료로부터 KSERI 작성

에서 은행의 증권에 대한 경쟁력은 원천적으로 열세에 놓여 있다.

이러한 열세를 만회하기 위해 은행이 선택한 전략이 바로 증권업무를 취급할 수 있는 투자은행화와 개인카드대출 중심의 소매영업 강화(비은행 영업 강화), 그리고 대규모 자금을 소화할 수 있는 주택담보대출 즉 모기지 영업의 강화였다고 할 수 있다. 특히 주택용 모기지 대출은 상업용 모기지 대출에 비해 건당 대출규모가 매우 적고 대출건수도 많을 뿐만 아니라 광범위 하게 분산되어 있어 상대적으로 매우 안정성이 높은 것으로 인식되었다. 앞서 살펴본 바와 같이 상업용 모기지 대출은 이미 1980년대 부동산투기 버블 때에 시련을 겪은 바 있었기 때문에 1990년대 이후 부동산대출의 대부분이 주택용 모기지에 집중되었던 것이다.

일반적으로 은행 등 간접금융과 증권 등 직접금융의 차이는 자기위험 부담하에 고객자산을 관리하느냐의 여부 외에도 맞춤형 금융서비스(customized financial service)와 표준형 금융서비스(standardized financial service)의 차이로 설명할 수 있다. 은행은 고객으로부터 위탁받은 자산을 자기위험 부담하에 관리하며 고객에 대해 원리금을 보장한다. 따라서 은행은 자산건전성과 자본건전성이 중요하게 되며, 이를 바탕으로 개별 고객의 신용도와 형편에 따라 자유자재로 맞춤형 금융서비스 제공이 가능하다. 이에 비해 증권은 자기위험 부담으로 고객의 자산을 위탁 관리하지 않으며 따라서 원리금도 보장하지 않는다. 투자에 따른 모든 위험부담은 고객이 지게 된다. 대신에 증권은 금융서비스를 표준화하고 규격화함으로써 누구든지 자유자재로 금융거래가 가능하도록 시장성과 유동성을 높인 것이 큰 특징이라고 할 수 있다.

은행의 금융서비스 상품은 고객마다 천차만별의 맞춤형 형태로 차별화되어 있기 때문에 한번 거래가 일어나면 고정적이다. 즉 시장성이나 유동성이 극히 낮은 것이다. 물론 양도성예금증서(CD)와 같은 시장성이 있는 금융상품이 있기는 하지만 전체적으로 매우 시장성과 유동성이 낮다고 할 수 있다. 반면 고객마다 맞춤형 서비스를 제공하다 보니 고객의 재산이나 채무, 신용상황 등 상세한 정보를 확보할 수 있어 한번 거래가 이루어지면 장기 거래가 가능하며 종합적인 금융서비스도 가능하다는 장점이 있다.

이에 비해 증권은 위험-수익을 기준으로 증권상품간 다양한 결합에 의해 무수히 많은 펀드형 상품을 만들어낼 수 있다는 점에서 은행에 비해 상품개발 유연성이 압도적으로 높다. 뿐만 아니라 거래가 편리하도록 증권상품이 표준화되어 있어 고객간의 금융거래 회전성도 매우 높아 그에 따른 수수료수익과 자문수익이 주류를 이룬다. 특히 금융자유화와 금융혁신의 흐름이 증권에 유리하게 전개되어 왔다는 것도 증권이 은행에 비해 상대적으로 우위에 설 수 있게 된 배경이라고도 할 수 있다. 전통적으로 은행은 '돈을 맡긴다' 또는 '돈을 빌린다' 라는 이미지가 강한 반면 증권은 돈을 '투자한다' 또는 '투자를 받는다' 는 이미지가 강한 것도 일반인들의 자산운용에 관심이 높아진 90년대부터 증권이 은행에 우위에 설 수 있는 요인이기도 하다.

이상에서 살펴본 것처럼 은행에 비해 증권의 시장성과 유동성이 매우 높다는 점이 금융자유화와 금융혁신의 흐름과 맞물려 1990년대부터 미국 상업은행이 이미 투자은행화한 증권에 대해 상대적으로 고전하게 된 배경이 되었다고 할 수 있다. 이러한 가운데 돌파구로 등장한 것이 주택모기지 대출과 카드대출 확대 그리고 투자은행화였다. 특히 대출자산을 담보로 한 자산담보부증권(ABS)의 신종 금융기법은 상업은행의 주택모기지 대출을 획기적으로 증대시키는 역할을 했다.

이러한 흐름은 이미 앞의 <도표1>에서도 확인한 바 있지만, 좀더 구체적으로 아래 <도표6>에서 미국의 5대 은행중심 금융지주회사의 전체 대출에서 모기지 대출이 차지하는 비중 추이를 살펴보면 쉽게 확인할 수 있다. 그에 앞서 먼저 이 도표에서 총 금융자산 규모 순위를 보면, 시티그룹이 1조 9,500억 달러로 최대로 나타나고 있다. 이어서 JP모건체이스가 1조8,520억 달러로 2위, BOA가 1조6,800억 달러로 3위, 와코비어가 7,590억 달러로 4위, 그리고 웰즈파고가 4,970억 달러로 5위로 나타나고 있다. 또 2007년 9월말 현재, 5대 은행 중 부동산대출이 가장 많은 것은 BOA로 4,600억 달러에 이르고 있으며, 이어서 와코비어가 3,100억 달러, 시티그룹이 2,900억 달러, 웰즈파고 2,000억 달러, JP모건체이스 1,900억 달러의 순으로 나타나고 있다. 시티그룹은 대출자산 대비 부동산대출 비중이 2000년 20.1%에서 2007년

<도표6> 미국 5대 은행중심 금융지주회사의 금융자산 분포

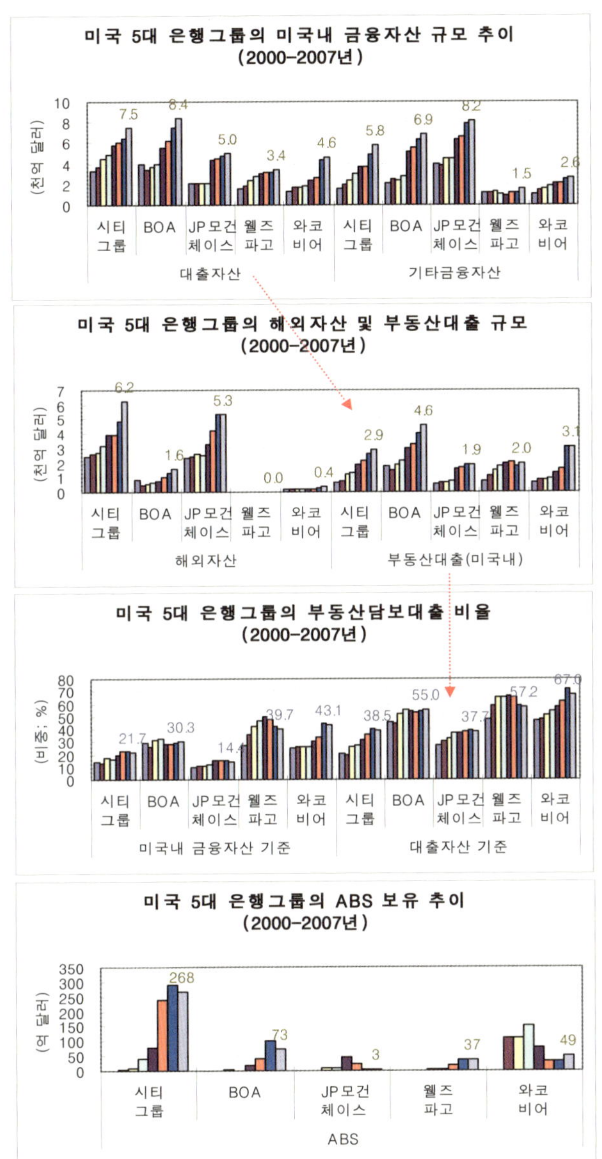

(주) 각종 자료로부터 KSERI 작성. 2007년은 9월 현재 수치임

38.5%로 빠르게 증가했다. 그런가 하면 대출액 기준으로 BOA는 2007년 부동산대출 비중이 55%에 달하고 있으며, 웰즈파고은행도 57.2%에 이르고 있고, 와코비어는 67%에 달하고 있다.[18]

또 자산담보부증권(ABS) 보유액을 보면, 시티그룹이 2005년부터 보유가 급증하는 가운데 2007년 9월 현재 268억 달러로 나타나고 있으며, BOA는 73억 달러, 와코비어 49억 달러, 웰즈파고 37억 달러, JP모건체이스 3억 달러로 나타나고 있다.

앞에서 살펴본 것처럼 미국의 서브프라임론 사태는 규제완화와 금융혁신의 흐름 속에서 은행의 대출영업이 상대적으로 위축된 데서 기인한다고 할 수 있다. 은행은 이에 대한 돌파구를 찾기 위해 80년대 말에는 상업용 부동산 대출에 집중하였으며, 90년대 후반부터는 주거용 모기지 대출에 집중하였다. 그 결과 2차례에 걸친 부동산투기 버블이 발생하였다. 특히 90년대 미국정부의 중하위 저소득층 주택보급 확대사업과 맞물리면서 주거용 모기지 대출의 급증은 증권화라는 금융혁신과 맞물리면서 서브프라임론 사태를 낳았다.

문제는 서브프라임론 사태로 인한 부실이 얼마나 될 것인가 보다는 주택모기지 과다대출로 인해 주택가격에 상당한 버블이 끼었다는 것이다. 버블붕괴가 본격화되어 주택가격이 하락할 경우, 가계의 손실은 말할 것도 없고 주택모기지 대출로 급신장을 해온 은행도 성장의 정체에 직면하게 될 것이다. 은행의 (주택모기지 대출 확대)→(주택가격 상승)→(주택모기지 유동화증권 발행을 통한 추가 공급)의 버블 연결고리가 깨지기 때문이다.

(2007년 11월 26일, 12월 3일)

---

[18] 2007년 9월 기준으로 미국 상업은행의 대출자산 중 모기지대출 비중이 55%인데 비해, 한국 예금은행의 대출액 대비 주택담보대출 비중은 70%에 달하고 있다.

8. 부시 정부의 서브프라임론 구제대책과 효과

2007년 12월 6일 미국 부시 대통령과 폴슨 재무장관은 서브프라임론 사태로 혼란을 겪고 있는 미국 주택시장 안정을 위한 종합구제대책을 발표했다. 부시 대통령은 2008년부터 금리가 7~8%에서 9.5~11%로 급등하는 변동금리부 서브프라임론(ARM) 대상자는 현재 180만 명에 이르고 있는데, 이번 대책으로 최대 120만 명 가량이 혜택을 받을 것으로 기대하고 있다고 말했다. 이번에 발표된 종합구제대책의 내용을 살펴보면. 크게 연방정부 차원의 대책과 민간차원의 대책 그리고 후속대책의 3가지로 구성되어 있다.

먼저 연방정부 차원의 대책으로서 연방주택청(FHA; Federal Housing Administration)에 의한 "연방주택청 보호대책(FHA Secure)" 을 내놓았다. 연방주택청은 지난 2007년 8월부터 서브프라임론 사태가 본격화되면서 이미 35,000명에 달하는 사람들에게 서브프라임론을 연방주택청의 저리 융자로 대체해주었다. 그리고 이번에 발표한 보호대책을 통해 연방주택청은 2008년부터 추가로 30만 세대를 구제해줄 계획임을 밝혔다. 그리고 이번 종합구제대책과 관련한 민원상담 창구도 개설하기로 했다.

또 민간 차원의 대책으로는 "이제 희망을(Hope Now)" 이란 대책을 내놓았다. "이제 희망을" 대책은 미국 민간 모기지대출 금융업계의 84%가 참여하여 내놓은 것으로, 크게 3가지 구제방안을 담고 있다.[19] 첫째는 금리가

---

[19] 민간차원의 대책과 관련하여, 폴슨 재무장관이 민간 모기지 금융업계에 압력을 가해 만들었다는 논란이 있다. 이에 대해 폴슨 재무장관은 자신은 민간 금융업계가 자발적으로 회의에 참가할 수 있도록 요청만 하였을 뿐 회의에는 직접 참가하지 않았으므로 대책을 강요한 바 없으며, 정부 구제금융도 없다고 주장하고 있다. 어차피 차압을 하게 되면 개인이든

인상될 경우 상환이 어려울 것으로 예상되는 사람들의 서브프라임론을 현행 금리의 민간 신규 모기지대출로 전환해주는 것이다. 둘째는 금리인상으로 상환이 어려운 사람들의 서브프라임론을 연방주택청의 보호대책 프로그램으로 전환해주는 것이다. 그리고 셋째는 서브프라임론의 금리를 현행 수준에서 5년간 동결해주는 것으로써, 이번 대책의 핵심이라고 할 수 있다.

마지막으로, 후속대책으로 부시대통령은 모기지 대출에 관한 규제강화책 마련, 서브프라임론 관련 사기적 불법행위에 대한 처벌 강화, 미의회에의 협력 요청의 세 가지를 제시했다.

우선 12월 말에 모기지대출에 관한 규제강화 대책을 발표하기로 했다. FRB는 모기지대출 기준을 강화하는 방안을 발표하기로 했으며, 금융감독 당국 차원에서도 모기지대출업계와 관련한 정보공개 및 투명성 강화, 공정성, 신뢰성 등에 관한 규제강화책을 발표하기로 했다.

또 미 법무성은 은행과 주택금융업계 등 서브프라임론과 관련된 사기적 불법행위에 대해 계속 수사를 해서 모든 불법행위에 대해서는 단호하게 처벌을 하기로 했다. 소비자 정의의 실현과 이번 서브프라임론 사태의 교훈을 살리기 위해서는 불법행위에 대한 엄격한 처벌이 필수적이라는 것이다.

그리고 미 의회에 대해서는 연방주택청 개혁법안으로 조속히 통과시켜줄 것과, 서브프라임론 구제와 관련하여 금융기관이 대출삭감을 해줄 경우 이를 비과세로 처리해주는 임시법안을 마련해줄 것, 그리고 이번 대책과 관련한 민원상담 창구 개설을 위한 1억7천만 달러의 예산을 승인해줄 것, 페니매이와 프레디맥과 같은 정부보증주택금융공사의 개혁법안을 조속히 통과시켜줄 것 등을 요청했다. 특히 연방주택청 개혁법안이 통과될 경우 25만

금융기관이든 모두가 40~50% 가량의 손실을 볼 수 밖에 없는 네거티브 섬 게임이기 때문에, 민간 금융업계로서도 자신들의 손실을 최소화할 수 있는 방법을 강구하는 것이 필요하다는 판단에서 자발적으로 대책을 마련한 것이라고 말했다.

세대를 추가로 구제할 수 있다고 주장했다.

　이상에서 이번 부시 대통령과 폴슨 재무장관이 발표한 서브프라임론 관련 구제대책의 주요 내용을 살펴보았다. 미국 금융업계에서는 이번 대책 발표로 2008년에 금리가 인상되는 180만 명의 서브프라임론 대출자 중 대략 10% 전후 수준인 15만 명에서 24만 명 가량이 혜택을 받을 수 있을 것으로 보고 있다. 그리고 이 대책을 발표한 폴슨 재무장관도 이 대책 발표에도 불구하고 서브프라임론 사태가 해결되기 위해서는 앞으로도 상당한 시간이 소요될 것이라고 말함으로써 이 대책이 어느 정도 효과가 있을 것인지에 대해서 확신을 하지 못하고 있는 듯하다. 과연 이번 대책이 얼마나 효과가 있을지에 대해 좀더 자세히 살펴보기로 하자.

　앞서 설명한 바와 같이 이번에 구제대상이 되는 서브프라임론 대출 대상자는 180만 명으로, 주로 2005년부터 대출 받아 2008년부터 2009년에 걸쳐 금리가 인상되는 사람들이 그 대상이 되고 있다. 이를 기본 자료로 삼아 이번 구제대책의 효과를 추정해볼 수 있다. 구제대책의 효과를 추정하기 위해서는 무엇보다도 서브프라임론이 누구에게 대출되었는지를 정확히 확인할 필요가 있다. 즉 어느 정도의 소득계층에게 서브프라임론이 공급되었는지를 확인할 수 있다면 이번 구제대책이 어느 정도의 효과가 있을 지를 짐작할 수 있다.

　이를 위해 먼저 <도표1>에서 서브프라임론 금리인상 전후의 원리금 부담 변화에 대해 살펴보기로 하자. 이 도표에 나타난 바와 같이 2005년의 1가구 신규주택 연평균 가격(중앙값 기준)은 241,000달러였다. 그리고 서브프라임론의 초기 금리는 7~9% 수준으로 나타나고 있는데, 여기서는 설명의 편의를 위해 평균 8%로 가정하겠다. 이로부터 서브프라임론을 대출 받은 사람의 연간 금리부담은 19,280달러(월 환산 1,607달러) 정도가 된다. 그런데 2008

년부터 금리가 11~12%로 상승하게 되면, 연간 금리부담은 24,100달러(월 환산 2,008달러)로 연간 4,820달러(월 402달러)의 추가 이자부담이 생긴다. 여기에 30년 상환을 전제로 하여 연간 원금 상환분 8,033달러를 추가하면, 금리인상 전에 원리금 상환 합계액은 총 27,313달러(월 평균 2,276달러)가 되며, 금리 인상 후에는 32,133달러(월 평균 2,678달러)가 된다.

<**도표1**> 서브프라임론 금리인상 전후의 이자부담 변화

(금리인상 전)

- 2005년 신규주택 연평균 가격 : 241,000달러

- 금리 : 8%

- 연간 이자부담 : 241,000달러 × 8% = 19,280달러

(금리인상 후)

- 금리 : 12%

- 연간 이자부담 : 241,000달러 × 12% = 24,100달러

- **금리인상에 따른 추가 이자부담 : 24,100 - 19,280 = 4,820달러**

(원금 상환분)

- 241,000달러 ÷ 30년 = 8,033달러

- 금리인상 전의 원리금 상환액 : 19,280달러+8,033달러=27,313달러

- 금리인상 후의 원리금 상환액 : 24,100달러+8,033달러=32,133달러

이로부터 금리인상 전의 금리부담을 전제로 할 경우 241,000달러의 1가구 신규주택을 서브프라임론으로 구입하기 위해서는 최소한 연 평균소득이 45,000달러 전후 수준이 되어야 한다고 할 수 있다. 왜냐하면 2005년 미국의 3인 또는 4인 가족 기준 극빈층의 최저생계비 보조금이 15,580달러와

20,000달러 가량이라는 점을 감안하면, 연평균 소득이 42,000~45,000달러 정도가 되어야만 모기지 원리금 상환과 생계를 유지할 수 있기 때문이다.

이는 아래의 <도표2>에서 미국 가구의 소득 추이에서도 확인할 수 있다. 2005년 기준으로 미국 가구 전체의 연평균소득 수준은 63,300달러인 반면,

<도표2> 미국의 가구 소득 추이

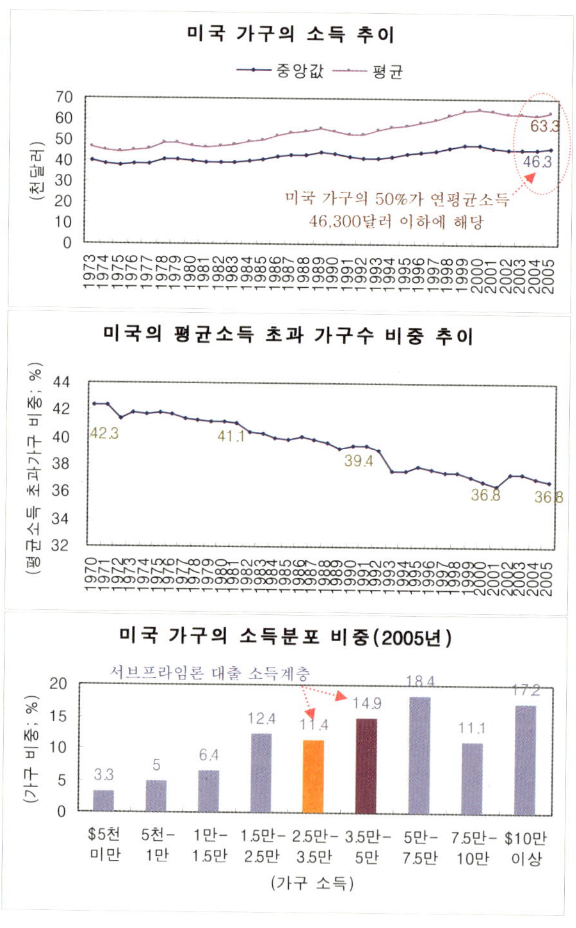

(주) 미 통계청 자료로부터 KSERI 작성.

중앙값 소득수준은 46,300달러로 나타나고 있다. 또 연평균소득 63,300달러를 넘는 가구수는 전체 가구의 36.8%에 불과한 것으로 나타나고 있다. 중앙값 소득 46,300달러란 미국 가구의 50% 이하(이상)가 소득이 46,300달러 이하(이상)라는 것을 의미한다. 이로부터 중앙값 소득 46,300달러는 평균소득 63,300달러에 훨씬 못 미치는 중하위 소득계층에 속한다고 할 수 있다.[20]

그런데 문제는 서브프라임론 대출의 주 대상이 이 중앙값 소득에도 훨씬 못 미치는 계층에게까지 공급된 것으로 보인다는 점이다. 미 상무성 자료에 의하면, 2005년 미국의 주택소유율은 70%에 달하고 있다. 말하자면 미국 전체 가구의 70%가 자가 주택을 소유하고 있다는 것이다. 이를 기준으로 아래 〈도표2〉에서 상위 소득계층별로 주택소유율을 합산하여 누적치가 70%에 달하는 소득수준을 계산해보면, 3.5만~5만 달러까지의 가구수 누적 비중이 61.6%에 달하고 있다. 그리고 2.5만~3.5만 달러까지는 73%에 달하고 있다. 이로부터 서브프라임론 대출은 매우 낮은 소득계층에게까지 광범위하게 이루어졌음을 추론할 수 있다. 결국 2.5만~3.5만 달러의 매우 낮은 소득계층에 대한 서브프라임론 대출은 이번 대책에 관계없이 이미 상환 불가능한 상태에 빠져 있다고 할 수 있다. 즉 이들 계층에게는 이번 구제대책 자체가 효과가 없다고 할 수 있다.

그런데 65세 이상 은퇴한 사람들의 경우는 저축자산 및 연금으로 생활을 하고 있으므로 이미 자가주택을 소유하고 있더라도 소득이 낮을 수 있다. 이들 은퇴세대인 65세 이상 인구 비중이 12.4%이고 부부 2인을 1가구로 하면 가구비중이 6.2%가 된다. 따라서 이를 감안하면 상위 소득계층으로부터 66.8% 전후 수준의 소득계층이 서브프라임론의 주요 대상이라고 할 수 있다. 그 경우 대략 31,000 달러까지의 소득계층에게도 서브프라임론 대출이 이루

---

[20] 2007년 2월 5일 발표한 경제보고서 「한미일 3국의 빈곤구조 비교분석」 참조.

어진 것으로 추정된다. 이것은 기존 중고주택이 신규주택에 비해 2~3만 달러 가량 저렴하다는 점과 서브프라임론이 중저소득 계층에게까지 무차별적으로 이루어졌다는 점을 감안하면 충분히 설득력 있는 이야기라고 할 수 있다.

이상의 분석결과로부터 서브프라임론은 대략 31,000달러에서부터 46,000달러에 이르는 중하위 소득계층을 대상으로 집중 공급되었다고 추정할 수 있다. 그런데 앞서 <도표1>의 분석에서 서브프라임론을 감당할 수 있는 가구의 한계 소득치는 42,000~45,000달러로 추정되었다. 따라서 이의 중앙값인 43,500달러를 기준으로 하면, 43,500달러~46,000달러 구간의 소득계층에게는 서브프라임론의 금리인상에 따른 연간 4,820달러의 추가적인 금리 부담은 치명적이라고 할 수 있다. 그런 점에서 이 구간의 소득계층은 이번 구제대책으로 5년간 금리동결을 통해 집을 차압 당하지 않는 혜택을 받을 수 있다고 할 수 있다.

그러나 43,500달러 이하의 소득계층은 원래부터 고가의 주택을 소유하기에는 소득수준이 너무 낮은 계층이었다고 할 수 있다. 서브프라임론 사태가 발생하게 된 근본 원인도 바로 이처럼 도저히 대출대상이 아닌 저소득계층에게까지 금융기관들이 무차별적으로 대출을 해준데 기인한다. 따라서 이들 중하위 저소득 계층은 이번 구제대책에 관계없이 원래부터 소득이 너무 낮아 자력으로 상환할 수 없는 계층이라고 할 수 있다. 즉 이 계층은 이번 구제대책에 관계없이 집을 차압당할 수 밖에 없는 계층이라고 할 수 있다.

이처럼 43,500달러 이하의 저소득 계층에게까지 무차별적으로 서브프라임론 대출이 이루어지게 된 것은 1990년 이후 미국의 집값이 계속 올랐기 때문이다. 그 결과 서브프라임론 대출 금융기관 입장에서는 소득수준이나 신용도에 관계없이 어차피 집값은 계속 오르고, 설령 대출상환에 문제가 있더라도 집을 차압하여 처분하면 얼마든지 원리금을 변제 받을 수 있다고 생각하게 되었다. 그러나 그런 생각의 만연은 결과적으로 최소 200만호가 넘는 주택공급 과잉을 초래했다. 그리고 지나친 주택공급과잉 압력을 이기지 못하여 집값은 언제나 오른다는 미국판 '부동산 불패 신화'도 깨져버린 것이다.

이상으로부터 이번 부시 대통령과 폴슨 재무장관이 발표한 구제대책의 효과는 31,000~46,000달러 구간에 걸쳐 서브프라임론 대출이 균일하게 이루어졌다는 가정하에서 소득수준이 43,500달러 이상인 계층만 실질적인 혜택을 받을 수 있다는 결론이 된다. 즉, 2008년부터 금리인상이 되는 180만 가구의 16.7%(=2,500/15,000)에 해당하는 약 30만 가구 정도만이 혜택을 받을 것으로 추정된다. 이는 미국내 민간 전문가들의 분석결과인 15만~24만 가구보다는 다소 높은 수치이기는 하지만 대략 현실에 근접한 수치라고 보여진다. 비록 부시 대통령과 폴슨 재무장관은 최대 120만 가구까지 혜택을 볼 수 있을 것으로 발표했지만, 이번 구제대책에도 불구하고 변동금리부 서브프라임론 대출자 180만 가구 중 150만 가구는 애초부터 주택을 소유할 수 없을 정도로 지나치게 소득이 낮은 계층이었다고 할 수 있다. 따라서 이들 150만 가구는 이번 대책에도 불구하고 사실상 주택을 잃게 될 것으로 보인다.

결론을 말하자. 부시 정부는 서브프라임론 사태의 확산을 막기 위해 적극적인 시장개입 노선으로 방향을 전환했다. 이에 관해서는 미국 내에서도 논란이 뜨겁다. 이번 개입은 90년대 일본의 경우처럼 부동산불황을 장기화시킬 위험이 있다는 비판도 제기되고 있다. 그런가 하면 구제대상을 어떻게 선별할 것이며, 비록 민간 금융기관들이 구제에 나서기로 합의를 했다고 하지만 과연 얼마나 적극적으로 나설 것인지도 불확실하다는 것이다. 또 자기 책임의 원칙을 무너뜨려 도덕적 해이를 키울 우려도 있다는 것이다. 이런 비판들을 감안하면 이번 구제대책은 시장자율과 자기책임을 중시하는 부시 정부로서는 매우 이례적인 것이라고 할 수 있다. 그만큼 서브프라임론 사태가 예상을 훨씬 뛰어 넘어 미국경제에 심각한 영향을 미칠 수 있는 것으로 보았기 때문이다.

그러나 이번 발표된 구체대책의 효과에 관계없이 분명한 것은 미국의 주택시장이 200만에서 250만 호 이상의 엄청난 공급과잉 상태에 있다는 것이다. 그리고 그로 인해 주택가격이 하락하고 있다는 것이다. 이번 구제대책은 이런 근본적인 문제들의 해결에는 거의 도움이 되지 않는다고 할 수 있다. 주택공급 과잉이 해소되지 않는 한, 그리고 그로 인해 주택가격이 계속 하락하는 한, 서브프라임론 사태의 영향은 앞으로도 상당 기간 동안 지속될 수 밖에 없다고 할 수 있다. 주택공급 과잉과 주택가격 하락은 은행과 증권 등 미국 금융기관들의 영업을 위축시킬 것이며, 수익도 상당기간 동안 계속 압박할 것이다. 이런 사실은 조만간 발표되는 2007년 10-12월기 미국 기업들의 영업실적 결산을 통해 다시 확인할 수 있을 것이다.

(2007년 12월 10일)

9. 주가 급락과 FRB의 긴급 금리인하

　2008년 연초부터 서브프라임론 사태로 인한 미국경제 후퇴에 대한 우려가 높아지면서 주가가 연속 급락하는 모습을 보이고 있다. 미국 다우지수는 연초부터 무려 6차례에 걸쳐 전일대비 200포인트 이상 하락하는 모습을 보였다. 특히 1월 18일 부시 대통령이 발표한 긴급감세 조치가 그다지 실효성이 없을 것이라는 점과 씨티그룹과 메릴린치그룹이 2007년 10-12월기 서브프라임론 관련 거액의 손실을 계상함에 따라, 일본 닛케이지수를 비롯한 아시아 증시가 일제히 급락세를 보였다. 그 영향을 받아 다우지수도 1월 22일 개장하자마자 550포인트나 폭락하여 다우지수가 11,650포인트까지 떨어져 일시적인 심리적 공황 상태를 보이기도 했다. 이에 FRB는 공개시장위원회(FOMC)를 긴급 소집하여 FF금리를 0.75% 인하하는 특단의 긴급조치를 단행했다. 그 결과 다우지수는 결국 128포인트 하락에 그쳤으나 12,000 포인트 밑으로 떨어졌고, 다음 날일 1월 23일에는 300포인트 가까이 급등하는 일시적인 반등을 보였다.

　FRB는 2008년 1월 22일 보도자료를 통해 금융시장 불안정 등으로 경기후퇴 위험이 높아짐에 따라 FF금리를 0.75% 인하하여 연 3.5%로 정한다는 특단의 조치를 발표했다. 주택시장 침체가 더욱 심화되고 있으며 고용도 불안정해지고 있다고 말했다. 다만 인플레 위험은 다소 완화되겠지만 계속 주의 깊게 관찰할 필요가 있다고 말했다. 또 앞으로도 필요한 경우 적절한 조치를 계속 취해갈 것임을 강조했다. 이번 결정에 버냉키 의장을 비롯한 8명의 위원이 찬성했으며 1명의 위원이 반대했다고 밝혔다.

 FRB의 이번 금리인하는 지난 주 시평에서도 설명한 바와 같이 부시 정부의 경기부양 긴급감세 정책과 맞물려 실시한 것이라고 할 수 있지만, 매우 이례적인 일이라고 할 수 있다. 원래 예정대로라면 1월 28일 부시 대통령의 연두기자회견에서 최대 1,500억 달러 규모의 감세정책 발표에 이어 1월 29~30일의 정례 공개시장위원회(FOMC)에서 0.5% 정도의 금리인하를 발표할 것으로 보였다. 그러나 1월 22일 다우지수가 550포인트나 폭락하는 심리적 공황 상태를 보임에 따라 긴급히 0.75%라는 특단의 금리인하를 결정한 것이다. 그런데 1993년 이후 FRB가 0.75%의 금리인하를 한 것은 이번이 처음이다. 2001년 IT버블이 붕괴되는 과정에서 9.11테러가 발생한 직후에도 0.5%의 연속적인 금리인하가 최고였다. 그만큼 FRB와 버냉키 의장도 당황했던 것으로 보인다.

 월가는 1월 29/30일의 FRB 공개시장위원회에서 또다시 0.5%의 금리인하를 기대하고 있다. 1월 22일의 0.75% 긴급 금리인하는 다우지수 550포인트 급락을 막는데 역할을 다했기 때문에 더 이상 주가하락의 제동장치 역할을 하지 못한다는 것이다. 말하자면 벌써 FRB의 0.75% 금리인하 효과는 시장에 다 반영된 상태라고 본다는 것이다.

 주가급락과 FRB의 긴급 금리인하 조치에 이어 부시 정부도 소득세 환급 감세책을 서두르고 있다. 부시 대통령은 민주당 펠로시(Nancy Pelosi) 하원의장 일행을 백악관에 초청하여 감세정책에 대한 협력을 요청했다. 그리고 1월 24일 폴슨 미재무장관은 민주당 펠로시 하원의장과 공화당 뵈너(John Boehner) 하원의원은 개인에 대해 1,000억 달러, 기업에 대해 500억 달러의 총 1,500억 달러 세금환급을 골자로 하는 감세정책에 초당적 합의를 했다고 발표했다. 아직 상원과의 협의가 남아 있기는 하지만 2월 중순까지는 타결 보는 것을 목표로 추진하고 있다. 2월 중순에 의회를 통과하게 되면 4월 중에는 세금환급이 이루어지게 된다.

2008년 올 한해 이루어지는 부시 정부의 세금환급 정책의 구체적인 내용은 다음과 같다. 먼저 개인 소득세 환급은 2007년에 연소득 3,000달러 이상인 사람 모두를 대상으로 하되, 다음의 두 가지 중 자신에게 유리한 쪽을 선택하도록 했다. 첫 번째 안은 2007년 소득세를 납부한 사람에 대해 1인당 최대 600달러까지, 부부는 1,200달러까지 환급을 해주는 방안이며, 두 번째 안은 2007년 최소 3,000달러 이상의 소득을 얻은 사람에 대해 무조건 1인당 300달러, 부부 600달러를 환급해주는 방안이다. 또 자녀 수에 상관없이 1인당 300달러씩의 환급을 추가로 해주기로 했다. 단 2007년 소득이 개인의 경우 75,000달러 이상, 부부의 경우 15만 달러 이상인 경우에는 환급대상에서 제외하기로 했다. 이 환급방식에 따라 총 1억1,600만 명이 세금환급 대상이 될 것으로 예상했다.

다음에 기업에 대해서도 세 가지 지원을 해주기로 합의했다. 첫째, 올해 안에 이루어지는 신규설비투자에 대해 가동 첫째 년도에 50%의 추가 감가상각을 인정해주기로 했다. 둘째, 소상공인에 대해 75만 달러를 상한으로 신규설비투자의 25만 달러를 비용처리 해주기로 했다. 셋째, 정부보증기관과 연방주택청의 융자한도를 각각 362,000 달러에서 725,000달러로, 417,000달러에서 625,000달러로 확대해주기로 했다.

한편, 부시 정부와 FRB의 경기부양을 위한 긴급대책들이 계속되고 있는 가운데 작년 10-12월기 미국과 유럽의 주요금융기관 손실이 1,250억 달러에 달한 것으로 나타났다. 뱅크오브아메리가(BOA)와 와코비어은행그룹은 1월 22일 결산발표에서 각각 78억 달러와 29억 달러의 서브프라임론 관련 손실을 계상했다. 이처럼 여전히 미국과 유럽의 각 금융기관들이 서브프라임론 관련 거액의 손실이 계속되고 있는 가운데, 증권가치를 보증해주는 보증회사들의 경영불안이 새로운 위험요인으로 부각되고 있다.

그런가 하면, BNP파리바은행에 이어 프랑스 제2위 규모의 소시에테제네랄은행은 1월 24일 최근 주가폭락으로 동행의 딜러가 주가지수선물 불법거래를 한 사실이 드러나 49억 유로(약 70억 달러)의 거액손실이 발생했다고 발표했다. 개인에 의한 부정거래로는 과거 최대 규모를 기록하는 불상사라고 할 수 있다. 이 외에도 작년 10-12월기에 서브프라임론 관련 투자손실도 20.5억 유로가 발생했다고 밝혔다. 이로써 총 69.5억 유로의 손실이 발생한 셈이 됐다. 이를 계기로 다시 한번 금융시장의 동요를 우려하는 목소리가 높아지고 있다.

그런데 FRB는 이런 사실을 모른 채 1월 22일 0.75%의 금리인하를 단행한 것으로 외신은 전했다. 소시에테제네랄은행의 주가지수선물 투자손실 사건은 1월 18일 이미 시장에 알려졌는데 FRB는 이를 모른 채 금리인하를 단행했다는 것이다. 이는 FRB의 신용력에 크게 타격을 주는 것이라고 금융시장 관계자들은 우려를 표명했다. 금융시장 관계자들은 이번 FRB의 0.75% 금리인하로 주식시장이 안정될 것으로 보지는 않으며 단지 일시적인 주가하락 방지에 그칠 것이라고 말했다. 일부 시장관계자들은 FRB가 주가하락 방지를 위해 금리인하 정책을 남발하는 것에 우려를 표명하기도 했다. 금리인하를 계속 남발하다가 더 이상 금리를 인하할 수 없는 상황에 이르게 되면 대책이 없다는 것 때문이다. 그런가 하면 일부 전문가들은 FRB가 뒷북을 치고 있다고 비판하기도 했다.

미국의 주가급락이 지속되고 경기후퇴에 대한 우려가 높아지는 가운데 소시에테제네랄은행의 선물거래 투자손실 사건이 드러남에 따라 유로권도 긴장을 늦추지 않고 있다. 1월 21일, 독일, 프랑스, 이태리를 비롯한 유로화권 15개국 재무장관들은 회의에서 미국경제의 감속과 주가급락에 대해 우려하는 목소리가 이어졌다. 서브프라임론 사태로 인한 미국경제와 세계경제의 침체를 막기 위해 2월에 동경에서 개최되는 G7 재무장관/중앙은행총재 회의에서 금융시장 안정을 위한 긴급대책을 협의하기로 했다. 회의를 주재한 융커(Jean-Claude Juncker) 룩셈부르크 수상은 기자회견에서 미국의 경기후퇴 가능성을 배제할 수 없게 되었다고 말하면서, 그로 인해 유로경제도 영향에서 벗어날 수 없을 것이라고 우려했다.

영국 잉글랜드은행의 킹(Mervyn King) 총재는 1월 22일의 한 강연에서 올해 소비위축으로 정책금리가 내려갈 것이라고 말하면서도 소비자물가 상승률이 목표치를 크게 상회하고 있어 인플레에 대한 우려를 강조함으로써 대폭적인 금리인하에 대한 시장의 과도한 기대감을 견제했다. 잉글랜드은행은 2월에도 추가 금리인하 가능성이 있지만 FRB처럼 대폭적인 금리인하는 하지 않을 것으로 보인다.

일본도 닛케이지수가 급락한 것을 계기로 1월 22일 아마리 아키라(甘利明) 경제산업성장관은 미국발 세계주가 동반하락에 대해 세계 각국이 공조해 불안을 해소시킬 필요가 있다고 말했다. 오오타 히로코(大田弘子) 경제재정담당장관과 고오무라 마사히코(高村正彦) 외무장관도 국제적인 공조가 필요하다고 강조했다. 각료회의 후 후쿠다 야스오(福田康夫) 일본 총리는 와타나베 요시미(渡辺喜美) 금융담당대신과 만나 주식시장 동향에 대해 협의를 했다. 와타나베 금융담당대신은 기자단에 대해 주가하락에 대해 즉시 대응조치를 강구하겠다고 말했다. 일본은행도 1월 22일 금융정책결정회의(금통위)에서 기준금리인 콜금리를 현재의 0.5%로 동결하기로 결정했다. 일본경제도 감속을 보이고 있는 가운데 주가가 연초부터 급락세를 지속하고 있다는 점을 동결의 이유로 들었다. 개정된 건축기준법 시행에 따라 일본도 주택투자가 감소하고 있으며 고유가로 기업수익이 압박을 받고 있다고 말했다.

IMF 칸(Strauss-Kahn) 총재도 1월 21일 세계경제 상황이 심각한 상태라고 말하면서 미국발 경기후퇴가 세계경제 전체에 파급될 것이라고 경고했다. 그는 부시 정부의 경기부양 감세정책에 대해 효과가 미미할 것이라고 회의적인 반응을 보였다. 특히 부시 정부의 긴급감세 정책에 대한 실망감은 오히려 시장에 부정적인 역효과를 초래할 가능성도 있다고 지적했다.

마지막으로 부시 정부와 FRB의 금리인하 정책의 효과에 대해 간단히 설명해보기로 하자. 이미 지난 주 시평에서도 부시 정부의 세금환급 경기부양책의 효과에 대해 거의 효과가 미미할 것이라고 분석 제시한 바 있다. 앞서 언급한 것처럼 세금환급이 4월에 이루어지기 시작하면 4-6월기 가계소비에 영향을 줄 수 있을 것으로 보인다. 부시 정부나 FRB가 가장 경기후퇴 위험이 높을 것으로 예상하는 시기가 2008년 2~3분기로 보고 있다는 점을 감안하면 그 시기에 맞추어 가계소비를 촉진하겠다는 생각이다. 이를 위해 금리도 대폭 낮추어 세금환급액을 저축하지 않고 소비하도록 유도하겠다는 것이다. 말하자면 부시 정부의 세금환급 정책은 가계에게 돈을 쓰라고 직접 나누어 주는 경기부양의 필요조건이라면 FRB의 금리인하 정책은 나누어 준 돈을 저축하지 말고 소비하라고 하는 경기부양의 충분조건인 셈인 것이다. 이런 경기부양의 필요충분 조건이 효과를 극대화하기 위해서는 정책시행의 타이밍과 재정정책과 금융정책의 공조가 중요하다고 할 수 있는데, 부시 정부와 FRB가 이를 강조해온 이유도 바로 이 때문이라고 할 수 있겠다.

그러나 이미 여러 차례 지적한 바와 같이 미국경제는 작년 여름 서브프라임론 사태 이후 우리 연구소가 분석 예측해온 경로를 거의 그대로 밟아가고 있다. 부시 정부의 경기부양책과 FRB 금리정책의 한계를 설명하기 위해 다시 한번 서브프라임론 관련 대출 규모에 대해 추정해보기로 하자.

아래 <도표1>에서 서브프라임론 관련 증권화(ABS) 상품의 발행잔고는 2007년 2분기 말 현재 1조9,627억 달러로 나타나고 있다. 또 전년대비 증감

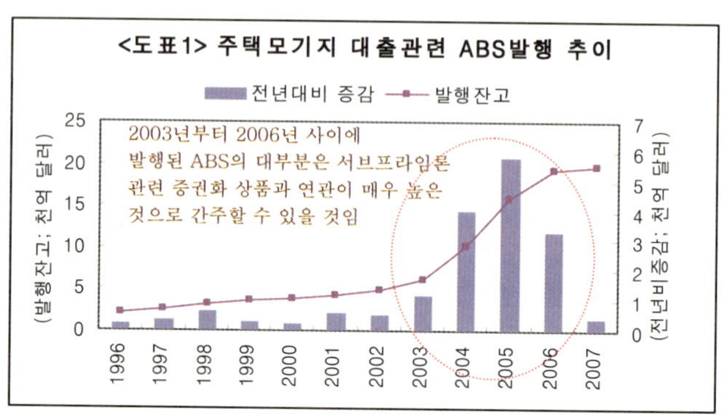

(주) FRB 자료로부터 KSERI 작성

추이 면에서 보면, 2003년부터 증가하기 시작하여 2004년부터 2006년까지 3년 동안 폭발적인 증가세를 보이고 있다. 그런데 2003년부터 서브프라 임론 대출이 본격화되기 시작했다는 점을 감안하면 2004년부터 2006년까지 3년 동안의 주택모기지관련 증권화상품 급증의 대부분은 서브프라임론 급증에 기인하는 것이라고 추정할 수 있다. 이로부터 2003년부터 2006년까지의 전년대비 증감액을 합산해보면 총 1조 4,345억 달러가 된다. 따라서 서브프라임론 관련 대출 규모는 대략 이 정도 수준이라고 추정된다.[21]

서브프라임론 관련 증권화상품 공급 추정액 : 1조4,345억 달러

1가구주택 평균가격 : 20만 달러

서브프라임론 대출 건수 : 1조4,345억 달러 ÷ 20만 달러 = 717만 건

2007년 하반기 차압 구제 건수 : 37만 건

구제 비율 : 37만건 ÷ 717만건 = 5.2%

---

[21] 2004년 출간한 『현실과 이론의 한국경제』 Ⅱ권 제1장에서 2001년 이후 한국에서의 부동산 투기 버블 규모를 추정한 하면서 이와 비슷한 분석 방법을 사용한 바 있다.

이때 미국 1가구 주택의 평균가격을 대략 20만 달러라고 가정하면, 서브프라임론 관련 대출 건수는 대략 717만 건으로 추정할 수 있다. 이는 실제 미국 주택금융업계가 추정한 710만 건과 거의 비슷한 수치라고 할 수 있다. 이중 2007년 연말 부시 정부가 추진한 종합구제대책으로 구제 받은 건수는 37만 건으로 잠정 집계되고 있다. 이는 전체 서브프라임론 대출자 717만 건에 비하면 5%를 약간 상회하는 수준에 지나지 않는 미미한 수준에 불과하다고 할 수 있다. 물론 작년 하반기 6개월 동안에 차압 당한 95만 건을 기준으로 하면 약 40% 가량이 구제를 받은 것이라고 할 수 있다. 말하자면 아직 차압 당하지는 않았지만 서브프라임론 대출자들의 95% 가량이 여전히 파산 위험의 한계선상에 놓여 있다고 할 수 있다. 이로부터 서브프라임론 사태가 해결되기 위해서는 아직도 갈 길이 한참 멀었다고 할 수 있다.

이런 상황 속에서 미국경제는 2007년 4분기를 통과하면서 경기하강의 입구를 지난 상태로 보인다. 조만간 미국의 2007년 4분기 GDP성장률 통계가 발표되면 이를 확인할 수 있을 것이다. 부시 정부와 FRB는 경기후퇴를 막기 위해 가능한 모든 정책 수단을 총동원하고 있는 것도 이미 2007년 4분기 통계에 대한 내부자료를 보았기 때문이라고도 할 수 있다. 작년의 서브프라임론 종합구제대책 발표에 이어 FRB의 국제공조와 대규모 단기유동성 공급(TAF), 그리고 이번의 세금환급과 이례적인 대폭적 금리인하 등의 대책을 계속 내놓고 있다.

그러나 이처럼 부시 정부와 FRB의 앞뒤를 가리지 않는 대책에도 불구하고 이미 다우지수는 아래 <도표2>에서 볼 수 있는 것처럼 작년 8월 이후 하락세를 지속하여 12,000 포인트 전후 수준까지 떨어지고 있다. 이미 미국경제가 경기하강의 입구를 지나 경기후퇴를 향해 가고 있음을 주식시장이 이미 감지하고 있기 때문이라고 할 수 있다.

<도표2>에서 작년 8월 서브프라임론 사태 발생 이후 다우지수는 지속적

<도표2> 미국 다우지수 추이

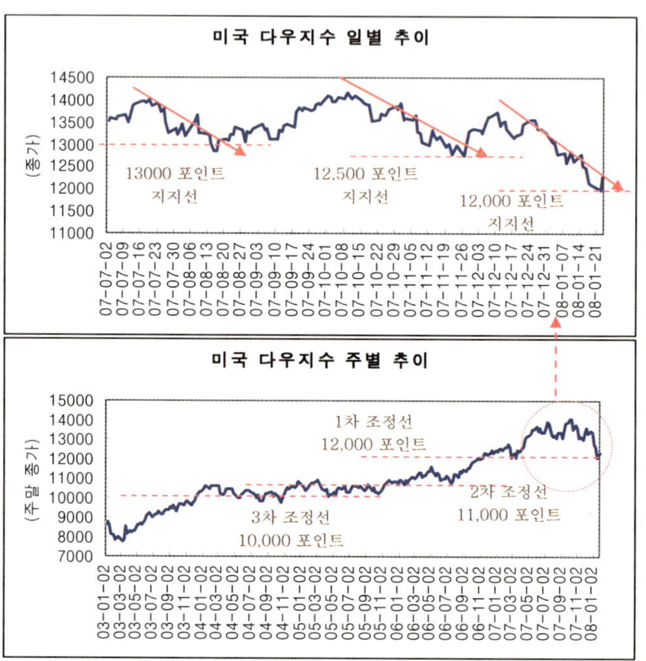

(주) 각종 자료로부터 KSERI 작성

인 하락압력을 받아 시간이 지남에 따라 단계적으로 하향조정을 해오는 모습을 보이고 있다. 서브프라임론 사태 발생 직후인 2007년 8월 15일 전후로 한 시점에서 1차 지지선인 13,000포인트를 돌파하여 12,800포인트까지 급락하였다. 이에 FRB는 2007년 8월 10일의 대규모 단기유동성 공급에 이어 8월 16일 재할인율을 0.5% 인하하는 조치를 단행했고 9월 18일에는 0.5%의 FF금리를 인하했다. 그 결과 다우지수는 일시적으로 14,000포인트까지 반등하는 모습을 보였다. 그러나 씨티그룹과 메릴린치를 비롯한 미국 주요금융기관들의 7-9월기 결산에서 대규모 손실이 드러남에 따라 다우지수는 11월 말에 2차 지지선인 12,500포인트까지 한 단계 내려가는 조정을 보였다.

이에 FRB는 10월 31일 0.25%의 금리인하에 이어 12월 10일 0.25%의 FF금리 추가인하와 단기유동성 공급책을 발표했으나 다우지수의 급락을 막지는 못했다. 결국 다우지수는 올 연초부터 계속 급락세를 보인 끝에 3차 지지선인 12,000포인트까지 조정되고 있는 모습을 보이고 있다.

이상에서 다우지수는 FRB의 금리인하와 단기유동성 공급 확대, 그리고 부시 정부의 종합구제대책에도 불구하고 계속 하락세를 보이고 있다. 이번 부시 정부와 FRB의 경기부양 종합대책 역시 다우지수 하락의 일시적인 제동장치 역할을 할 수 있을 것이나 다시 하락 조정될 가능성이 매우 높다고 할 수 있다. 우선 4차 지지선은 2007년 4분기 미국 GDP통계가 발표되는 시점을 전후로 다우지수는 서브프라임론 사태가 발생하기 전인 2005년의 11,000달러 선으로 조정될 가능성이 높다. 그리고 올 2,3분기에 미국경제가 마이너스 성장을 하는 경기후퇴를 보일 경우 5차 지지선인 10,000 포인트까지 조정될 가능성을 배제할 수 없다.

이미 미국경제는 작년 하반기부터 언덕길을 내려가는 내리막길에 접어들었다. 내려가는 차를 막는다고 언덕길 중간에 버팀목을 받친다 한들 일시적으로 튀어 오를 뿐 다시 내려갈 수밖에 없다. 그렇게 튀어 오르고 다시 주저앉기를 반복하게 되면 오히려 차가 망가질 수도 있다. 내리막길에 경기부양책이라는 브레이크를 밟아 내려가는 속도를 줄이는 것이라고 강변할 수도 있다. 그러나 속도를 줄이게 되면 내려가는 시간이 길게 걸린다. 장기불황의 우려가 생겨난다는 말이다. 어차피 내리막길에서는 바닥까지 내려가지 않을 수 없다. 무리한 경기부양 대책은 자칫 미국경제를 망칠 수도 있다는 이야기다.

서브프라임론 사태로 인한 내리막길의 끝은 아직 멀다고 할 수 있다. 내리막길에서는 시장으로 하여금 빨리 거품을 조정하도록 하는 것이 가장 현명한 방법이라고 생각된다.

(2008년 1월 28일)

10. 미국의 신용경색 심화와 모노라인 기관의 자본잠식

  설 연휴 직후 미국 다우지수가 370 포인트 급락한 데 이어 연일 하락세를 보였다. 급락 이유는 2007년 4분기 미국 실질GDP 성장률이 0.6%로 급락하여 경기후퇴 가능성이 높아진 것에 대해 주식시장이 뒤늦게 반응을 보였기 때문이다. 이로써 최근 FRB가 당장의 주가하락을 막기 위해 두 차례에 걸쳐 0.75%와 0.5%의 FF금리 인하를 한 주가부양 효과는 며칠을 버티지 못하고 소멸되고 말았다고 할 수 있다. FRB의 금리인하는 장기적인 경기부양 효과를 기대하는 쪽으로 넘어가게 된 셈이다.

  다음 번 FRB의 공개시장위원회는 2008년 3월 18일에 개최되므로 앞으로 한 달 이상 남아 있다. 따라서 그 사이 주가가 다시 급락할 경우 그때에도 주가부양을 위해 FRB가 긴급 금리인하에 나설 지는 미지수라고 할 수 있다. 다만 현재로서는 국제공조와 단기유동성 공급확대 그리고 긴급 금리인하 조치 등 동원할 수 있는 수단은 다 동원하고 있는 상황으로 FRB로서도 추가적인 금리인하 외에는 달리 선택의 여지가 없는 상황이라고 할 수 있다.

  지난 2월 4일, FRB는 미국 주요 금융기관들을 상대로 대출태도에 대한 설문조사 결과를 발표했다. FRB는 1990년부터 매 3개월마다 중대형 및 소형 금융기관의 자금운용 실무책임자들을 상대로 소비자 및 기업에 대한 각 금융기관들의 대출 태도 변화를 묻는 설문조사를 실시하고 있다. 이번에 발표한 설문조사는 지난 1월에 실시한 것으로, 연간 5,000만 달러 이상의 영

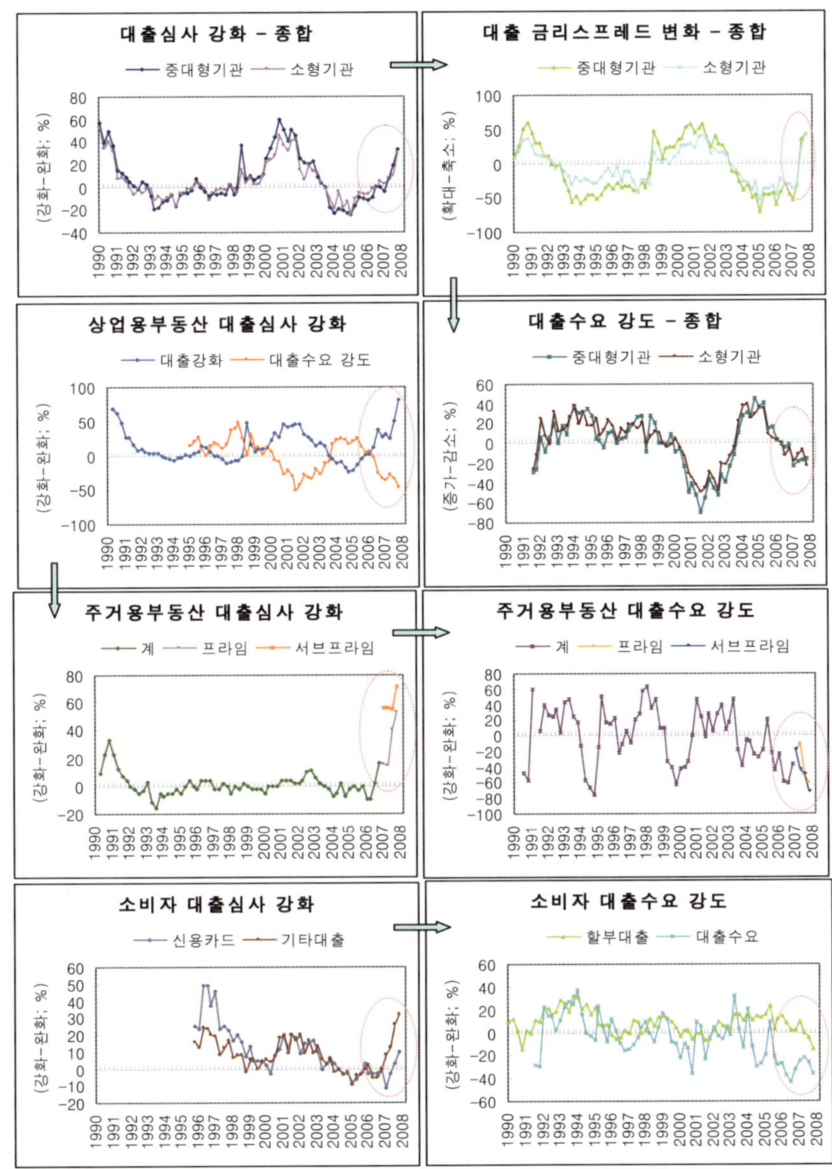

(주) FRB 자료로부터 KSERI 작성

업수익을 기준으로 구분한 중대형 금융기관과 소형 금융기관 56개씩 합계 112개 기관에 대해 2007년 10-12월 기간 동안의 대출태도 변화를 물은 것이다. 위의 <도표1>은 이 설문조사의 결과를 나타내고 있는데, 미국 금융 기관들의 대출심사 기준이 더욱 엄격해진 것으로 나타났다.

먼저, 미국 중대형 금융기관들이 작년 10-12월 기간 동안에 대출심사를 강화했는지에 대한 질문에 대해 상당히 완화했거나 다소 완화했다고 응답한 기관은 없었으며(0%), 변함없다고 응답한 기관이 38개(67.9%)이고, 다소 강화했다와 상당히 강화했다고 응답한 기관 수가 각각 17개(30.4%)와 1개 (1.8%)로 나타났다. 대출심사를 강화했다고 응답한 금융기관의 비율이 완화 했다고 응답한 금융기관의 비율보다 +32.2%나 더 많아 중대형 금융기관들 의 대출심사 기준이 더욱 엄격해진 것이다. 마찬가지로 소형 금융기관의 경 우에도 대출심사 기준을 완화한 곳은 한 군데도 없었으며, 강화했다고 응답 한 기관이 +30.4%나 더 많은 것으로 나타났다.

이로부터 서브프라임론 사태로 인해 미국 금융기관들의 소비자 및 기업 대출이 더욱 까다로워지고 있어 단기유동성 공급확대와 금리인하에도 불구 하고 신용경색 현상이 심화되고 있는 것을 알 수 있다. 또한 금융기관의 대 출자금의 조달금리와 대출금리 간의 금리차이(스프레드)도 확대되었다고 응 답한 금융기관이 +40% 이상으로 더 많은 것으로 나타났다. 반면 미국 금 융기관이 느끼는 소비자와 기업의 대출자금 수요는 오히려 감소한 것으로 나타났다.

세부 내역별로는 상업용 부동산의 경우 대출심사 기준이 크게 강화된 반 면, 상업용 부동산에 대한 대출자금 수요는 크게 줄어들고 있는 것으로 나 타났다. 또 주거용 모기지 대출심사 기준 역시 프라임, 서브프라임을 불문하 고 크게 강화된 것으로 나타났으며, 주거용 모기지 대출수요도 크게 위축되 고 있는 것으로 나타났다. 신용카드 등 소비자대출 심사기준 역시 강화된 반면, 대출수요는 줄어들고 있는 것으로 나타났다.

이처럼 미국 금융기관들의 대출기피가 심화되자 폴슨 미 재무장관은 2월 5일 미상원 재정위원회의 증언에서 미국 금융기관들에게 손실액 확정을 서둘러 필요한 자본증강을 조속해 해줄 것을 요구했다고 밝혔다. 금융기관들이 서브프라임론 관련 증권화 상품의 평가손실이 늘어나 자기자본비율이 떨어지자 자기자본비율을 충족하기 위해 자본을 보강하는 대신 대출자산을 축소하는 움직임을 보이고 있기 때문이다. 금융기관들이 자본 보강을 꺼려하는 이유는 만일 공개적으로 자본보강을 추진하게 되면 금융시장과 고객들로부터 문제가 있는 것으로 지목되어 신용도나 영업에 큰 타격을 받을 것을 두려워하기 때문이다. 미국 금융기관들의 자본증강 문제는 2월 9일 일본 동경에서 개최된 G7 각료회의에서도 논의되었다. 구미의 주요 금융기관들이 신속하게 자본증강을 통해 세계 금융시장의 정상화를 조속히 회복할 필요가 있다는 점을 강조했다.

그런 가운데 서브프라임론 사태의 여파가 계속 확산되고 있다. 모노라인(monoline)으로 불리는 금융보증회사들의 경영부실이 표면화되고 있기 때문이다. 모노라인 기관들은 주로 중앙정부나 지자체가 발행하는 국공채나 지방채 또는 금융기관이 발행하는 CDO 등 구조화금융상품 등 채권(bond) 하나에만 집중하여 보증을 해주는 기관이다. 즉 채권의 원리금 만기 적시 상환에 문제가 생길 경우 지급보증을 해주는 기관이다. 이들 기관은 채권의 원리금 지급 보증시와 지급보증이 없을 경우의 금리차를 수수료로 얻게 된다. 다만 손해보험과 생명보험 그리고 멀티라인 보증기관에 대한 금융보증은 법적으로 할 수 없도록 되어 있다.

외신보도에 의하면, 최근 미국 시티그룹과 와코비어, 영국 바클레이즈, 스코틀랜드왕립은행, 독일 드래스너, 프랑스 BNP파리바, 스위스 UBS 등 미

국과 유럽의 금융기관들이 1971년 최초로 설립된 모노라인 회사인 Ambac
의 구제를 검토하고 있는 것으로 알려졌다. 구미의 주요 금융기관들이
Ambac의 구제에 나서고 있는 이유는 Ambac에 문제가 생겨 신용등급이
낮아지게 되면 자신들이 보유하고 있는 Ambac 보증의 증권화상품의 신용
등급도 낮아져 가격이 떨어지기 때문이다. 이에 앞서 1월 18일 미국 신용평
가회사인 피치사는 Ambac의 신용등급을 AAA에서 AA로 한 단계 낮추었
다고 발표했다.

아래 <도표2>에 나타난 바와 같이, Ambac은 2007년 CDO관련 보증손
실이 -60억 달러 이상 발생해 당기순손실도 -32억 달러를 넘어 자기자본

<도표2> 미국 금융보증회사 경영실적 추이

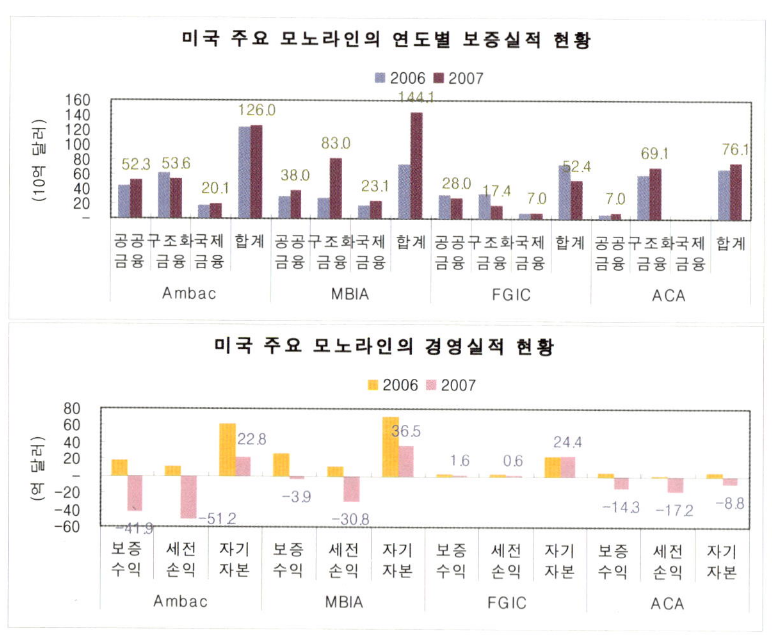

(주) 각종 자료로부터 KSERI 작성. FGIC와 ACA의 2007년은 3분기까지 누계 수치

22.8억 달러를 훌쩍 넘어버렸다. 또 Ambac의 2007년 한 해의 보증실적은 국공채관련 공공금융 보증이 431억 달러, CDO관련 구조화금융 보증이 624억 달러, 외국채권 관련 국제금융 보증이 190억 달러로 합계 1,245억 달러에 이르고 있다. 특히 Ambac의 서브프라임론 관련 CDO의 보증액이 624억 달러에 달하고 있다는 점은 이미 Ambac이 위험 상태에 직면해 있다는 것을 시사한다고 할 수 있다.

그런가 하면 미국 신용평가회사인 무디스와 S&P는 모노라인 금융보증기관인 MBIA의 신용등급을 현재의 AAA에서 낮출 것이라고 말했다. MBIA는 지난 1월 31일 보도자료 발표를 통해 CDO관련 보증손실이 -35억 달러에 달해 2007년 4분기 당기순손실은 -23억 달러를 기록했으며, 2007년 전체로는 -19억 달러의 당기순손실을 기록했다고 발표했다. 그와 동시에 36.5억 달러인 자기자본을 최대 20억 달러 증자하여 보강할 계획이라고 밝혔다. MBIA의 2007년 연간 보증실적 현황을 보면, 공공금융 보증 380억 달러, 구조화금융 830억 달러, 국제금융 231억 달러로 합계 1,441억 달러에 달하고 있다. MBIA 역시 CDO관련 보증잔고가 830억 달러에 달하고 있어 Ambac과 마찬가지로 위험에 직면해 있다고 할 수 있다.

또, 신용평가회사인 피치사는 1월 30일 대형 모노라인인 FGIC의 신용등급을 AAA에서 AA로 낮추었다고 발표했다. 다음 날 S&P도 FGIC의 신용등급을 한 단계 낮춘다고 발표했다. CDO관련 보증손실이 확대되어 자본증강이 필요하기 때문이라고 말했다. FGIC의 2007년 결산이 아직 발표되지 않았으나 CDO관련 2007년 보증액이 174억 달러에 달한다는 점을 감안하면 상당한 규모의 손실이 예상된다. FGIC의 2007년 3분기말까지의 보증실적 현황을 보면, 공공금융 보증이 280억 달러, 구조화금융 174억 달러, 국제금융 70억 달러로 합계 524억 달러의 보증을 서고 있는 것으로 나타났다.

모노라인 기관 중 신용등급이 유일하게 A로 가장 낮은 ACA는 2007년

3분기에 −10억 달러의 당기순손실을 기록했다고 발표했다. 그로 인해 자기자본이 −8.8억 달러의 자본잠식 상태에 빠졌으며, 2007년 12월 13일에는 뉴욕증시에서도 상장폐지 되었다. 이에 따라 2007년 12월 19일, S&P는 ACA의 신용등급을 CCC로 낮춘다고 발표했다. 이미 파산한 것이나 다름없는 상태라고 할 수 있다. ACA의 2007년 3분기말까지의 보증실적 현황을 보면, 공공금융 보증이 70억 달러, 구조화금융이 691억 달러로 합계 761억 달러로 나타나고 있다.

모노라인 기관에 대한 이해를 돕기 위해 모노라인 기관의 사업모델을 간단히 설명해보기로 하자. A금융기관이 서브프라임론을 담보로 CDO를 발행한다고 하자. 또 모노라인 기관의 보증 없이 A금융기관의 단독 신용만으로는 자금조달 비용이 6%이지만 모노라인의 보증이 있을 경우에는 5.5%의 비용으로 조달이 가능하다고 하자. 이 경우 모노라인 기관이 보증 수수료를 0.25%로 하여 A금융기관의 CDO에 보증을 제공한다면, A금융기관은 보증 수수료 0.25%를 부담하더라도 자금조달 비용이 5.75%로 6%보다 저렴하다. 동시에 모노라인 기관은 0.25%의 보증 수수료를 얻게 된다. 양쪽 모두 이득을 보면서 5.5%의 금리로 CDO 자금조달이 가능하다.

A금융기관 단독 신용 자금조달 비용 : 6%
모노라인 지급보증시의 자금조달 비용 : 5.5%
보증 유무에 따른 자금조달 비용 차 : 0.5%

모노라인 보증 수수료 : 0.25%
A금융기관 자금조달비용 : 5.5% + 0.25%(보증수수료)=5.75%

그런데 위 사업모델에서 문제는 모노라인 기관의 지급보증 능력이라고 할 수 있다. 앞서의 <도표2>에서 모노라인 기관의 자기자본은 2007년 한해 보증액의 1/10에도 미치지 못하는 매우 작은 수준이다. 이처럼 모노라인 기관이 적은 자기자본으로 십 수배에 달하는 보증을 제공할 수 있는 것은 피보증기관들의 지급불이행(default) 위험이 매우 낮을 뿐만 아니라 고도로 분산되어 있다는 전제조건 때문이다. 즉, 피보증기관의 위험이 독립적인 개별위험(independent non-systematic risk)이라는 전제를 하고 있기 때문이다. 수많은 피보증금융기관 중에서 어쩌다 한 금융기관이 우연히 지급불이행에 빠지더라도 다른 금융기관들이 독립적으로 정상 상태를 유지할 경우, 모노라인 기관은 작은 자기자본으로도 충분히 문제 금융기관의 지급불이행에 대처할 수 있게 된다. 모노라인 기관에 대한 신용평가기관의 신용평가도 이를 전제로 하고 있는 것이다.

그러나 이번 서브프라임론 사태에서 볼 수 있는 바와 같이 모든 피보증금융기관이 동시에 문제가 발생하는 이른바 '시스템 위험'이 발생할 경우에는 모노라인 기관은 필연적으로 파산할 수 밖에 없다. 왜냐하면 앞서 설명한 바와 같이 모노라인 사업모델 자체가 시스템 위험을 전제로 하지 않고 있기 때문이다. 미국과 유럽의 금융기관들은 자체 발행뿐만 아니라 특수목적회사(SPC) 형태의 페이퍼컴퍼니를 설립하여 대규모 CDO를 발행했다. 그런데 그 담보자산인 서브프라임론이 부실화되기 시작한 것이다. 그에 따라 CDO 상환에 따른 손실이 기하급수적으로 폭증하기 시작한 것이다. 서브프라임론 버블 붕괴에 따른 부실화로 받아야 할 돈은 들어오지 않는데 CDO 발행에 대한 원리금 상환은 해주어야 하기 때문이다.

지금까지 일부 손실에 대해서는 시티나 메릴린치 등 피보증금융기관들이 직접 자기손실로 처리하고 있으나, 모노라인 기관들이 보증을 선 부분에 대해서는 피보증금융기관의 손실로 처리되지 않은 채로 있다. 모노라인 기관의 손실로 처리되어 있는 상태인 것이다. 그러나 이미 모노라인 기관은 시스템 위험 상황에서 대규모 손실에 대한 지급보증 능력이 없다. 따라서 결국에는 모노라인의 손실마저도 피보증금융기관들이 떠안을 수 밖에 없는 상황이라고 할 수 있다. 모노라인 기관들의 대규모 손실은 올 1분기부터 미국과 유럽 주요 금융기관들의 실적에 다시 반영될 수 밖에 없을 것으로 보인다.

결국 미국 금융기관들의 신용경색 현상은 FRB의 단기 유동성 공급확대와 금리인하에도 불구하고 최소한 올 상반기까지 지속될 가능성이 높은 것으로 보인다. 왜냐하면 모노라인 금융보증기관들의 지급보증 능력 부족으로 인한 손실을 떠안아야 할 것으로 보이기 때문이다.

지난 2월 7일, 부시 정부가 요청한 경기부양 대책안에 대해 미 상원은 민주당과 공화당의 논의 끝에 1,700억 달러 규모로 늘려 81:16의 찬성 다수로 통과시켜 하원으로 보냈다. 하원은 이를 곧바로 부시 정부에 보내 법정 기한인 2월 15일 이전에는 발효될 것으로 보인다. 이 대책안이 통과됨에 따라 1억1,700만 세대의 중/하위 소득 가구와 2,000만 명의 생활보호 고령자, 25만 명의 퇴역장애군인들이 올해 1회에 한해 세금환급을 받게 되었다. 민주당은 실업수당을 13주 더 연장해주는 것과 연료비 보조, 세금환급대상 소득계층 확대 등을 주장했으나 실현시키지는 못했다. 이번 경기부양대책으로 1억 3,700만 명의 사람들이 개인 600달러, 부부 1,200달러 범위 내에서 현금으로 환급을 받게 된다. 심지어 2007년에 3,000달러의 이상의 소득이 있는 사람이면 환급 받을 세금이 없더라도 무조건 300달러의 현금을 지급받게 된다. 폴슨 미 재무장관은 국세청이 5월 초부터 수표를 보내기 시작해서 여름 안에 환급을 완료할 예정이라고 말했다.

그러나 이미 1월 21일자 <경제시평>에서도 설명한 바와 같이, 부시 정부의 경기부양대책은 미국 금융기관의 신용경색과 서브프라임론 사태로 인한 금융시장 불안을 진정시키고 경기회복의 발판을 마련하기에는 역부족으로 보인다. 미국의 2007년 경상재정수지는 -2,900억 달러의 적자에 통합재정수지는 -4,150억 달러의 적자로 다시 증가세로 반전될 것으로 예상된다. 이런 점에서 볼 때, 이번 부시 정부의 세금환급 정책은 말이 세금환급이지 경기부양이라는 미명하에 재정적자 확대를 통해 돈을 뿌려 쓰라고 하는 것과 같다고 할 수 있다. 만일 미국이 아닌 다른 나라가 이 같은 정책을 시행했다면 과연 미국 정부나 신용평가회사들은 어떤 반응을 보였을지 궁금하다.

(2008년 2월 11일)

11. 서브프라임 제2파 - 모노라인 사태

서브프라임론 사태로 인해 CDO 등에 보증을 제공한 미국의 주요 모노라인 기관들의 경영실적이 크게 악화된 것으로 나타났다. 이들 모노라인 기관들이 자본잠식 상태에 직면하고 있다. 월가에서는 미국 대형 은행 및 증권사 등의 대규모 손실에 이어 모노라인 기관들의 경영위기로 인한 서브프라임론 사태의 제2파가 닥칠 것이라는 우려의 목소리가 높아지고 있다.

2008년 2월 14일, 미국의 신용평가회사인 무디스는 모노라인 금융보증기관인 FGIC의 신용등급을 Aaa에서 A3로 6단계 하향 조정한다고 발표했다. 동시에 FGIC의 모회사인 FGIC Corp의 우선순위채 등급을 Aa2에서 정크본드 수준인 Ba1으로 낮춘다고 발표했다. 이미 S&P는 지난 1월 31일 FGIC의 신용등급을 AAA에서 AA의 부정적 관찰로 낮추었고, 피치사도 FGIC Corp의 장기채 신용등급을 AA에서 A로 낮추었다.

외신이 전하는 바에 의하면, 무디스의 신용등급 하향 조정 직후 FGIC는 회사를 신용위험이 낮은 지방채 보증 중심의 공공금융부문과 서브프라임론 사태로 손실이 크게 증가한 구조화금융부문으로 분할하여 재건할 생각이라고 밝혔다. 건전한 사업부문을 부실화된 사업부문과 분리시키면, 지방채 보증사업 부문의 혼란을 막을 수 있을 뿐만 아니라 구조화금융 부문의 부실에 대한 구조조정을 신속하게 추진할 수 있을 것이라고 했다.

그에 앞서, 2월 12일 미국의 유명한 투자가인 워렌 버핏씨는 경영위기에 직면한 모노라인 3개 보증기관에 대해 자신이 소유한 투자지주회사인 버크

셔 헤더웨이(Berkshire Hathaway)가 최대 8,000억 달러까지 지방채를 재보증해 주겠다고 제안했다. 최대 2.4조 달러 규모로 추정되는 모노라인 기관들의 보증잔고를 기준으로 하면 8,000억 달러는 1/3에 해당하는 금액이라고 할 수 있으며, 지방채 보증잔고의 60%에 해당한다.

이 제안에 대해 Ambac의 칼렌(Michael A. Callen) 회장 겸 CEO대행은 바보 같은 제안이라고 일축했다. 서브프라임론 사태로 모노라인 기관들이 경영상의 어려움을 겪고 있는 것은 사실이지만 지불능력 면에서는 전혀 문제가 없다고 주장했다. 특히 지방채는 신용위험이 매우 낮으며, 버핏씨는 평상시보다 훨씬 높은 재보증료를 요구하고 있다고 비난했다.

여기서 미국 주요 모노라인 기관의 보증잔고를 살펴보기로 하자. 아래의 <도표1>에서, 2007년 말 현재 MBIA의 보증잔고는 6,787억 달러로 최대 보증기관으로 나타나고 있으며, Ambac은 5,240억 달러, 그리고 FGIC는 3,148억 달러로 나타나고 있다. 이로부터, 이들 3대 모노라인 기관의 보증잔고 합계는 총 1조5,175억 달러에 달하고 있다. 또 미국의 전체 모노라인 기관의 보증잔고가 2.4조 달러에 달한다는 점을 감안하면, 이들 3개 기관이 차지하는 비중은 63%에 달하고 있음을 알 수 있다.

다음에, 각 기관별 보증잔고 내역을 보면, 먼저 Ambac의 경우, 지방채 보증이 대부분을 차지하는 공공금융 보증잔고는 2007년 말 현재 2,810억 달러이며, CDO 보증 중심의 구조화금융은 1,707억 달러, 해외채권 보증 중심의 국제금융은 724억 달러로 나타나고 있다. 또, MBIA의 경우, 공공금융 보증잔고는 4,044억 달러에 이르고 있으며, 구조화금융 보증잔고는 1,568억 달러, 국제금융 보증잔고는 1,175억 달러에 이르고 있다. 그리고 FGIC의 경우에는 공공금융 보증잔고가 2,243억 달러, 구조화금융 보증잔고가 720억 달러, 국제금융이 185억 달러로 나타나고 있다. 참고로, 모노라인 기관들의 국제금융 보증업무는 주로 런던소재 현지자회사를 통해 이루어지고

<도표1> 미국 주요 모노라인 금융보증기관의 보증잔고 추이

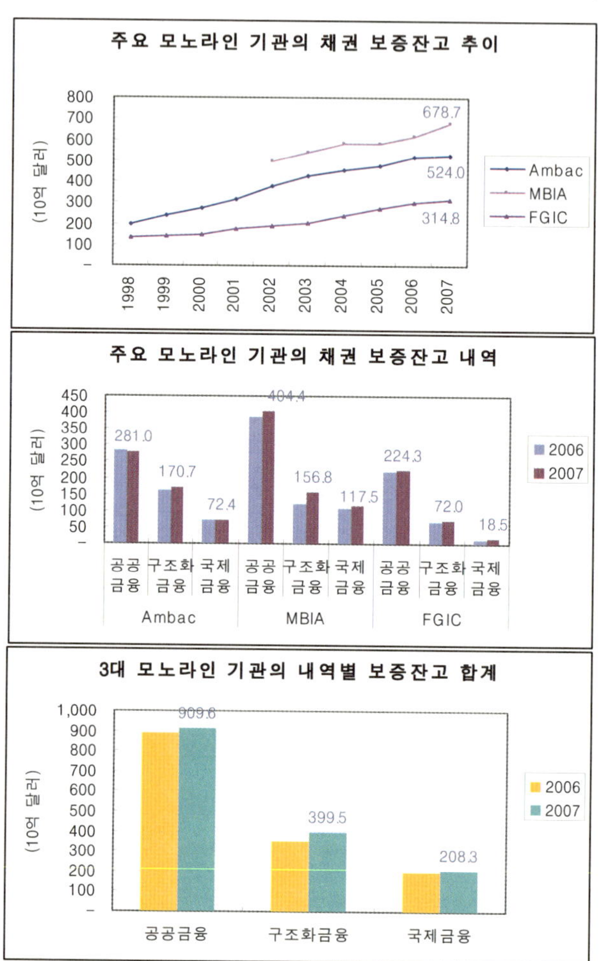

(주) 각사 자료로부터 KSERI 작성

있다.

　또 이들 3개 주요 모노라인 기관의 보증내역별 합산치를 보면, 2007년
말 현재 공공금융 보증잔고가 9,096억 달러, 구조화금융 보증잔고는 3,995

억 달러, 그리고 국제금융 보증잔고는 2,083억 달러에 달하고 있다. 특히 국제금융에 구조화금융 보증이 1,000억 달러 가량 포함되어 있는 점을 감안하면, 이들 3대 모노라인 기관의 구조화금융 보증잔고 총 합계액은 5,000억 달러에 육박하고 있다.

이에 비해 이들 3대 모노라인 기관의 자기자본은 Ambac이 22.8억 달러, MBIA가 36.5억 달러, FGIC가 24.4억 달러로 총 83.7억 달러에 불과한 실정이다. 물론 지난 2월 13일 MBIA가 10억 달러 증자한 것까지를 포함하면 93.7억 달러가 된다. 이는 이들 3대 모노라인 기관의 구조화금융 보증잔액 5,000억 달러의 1.87%에 불과한 수치로써 사실상 심각한 자본잠식 내지는 자본부족 상태에 빠져 있는 상황이라고 할 수 있다. 왜냐하면 서브프라임론 관련의 CDO 보증이 대부분인 구조화금융 보증잔고 5,000억 달러 중 1.87%만 손실이 발생해도 이들 3대 보증기관의 자기자본은 완전 잠식된다는 이야기가 되기 때문이다.

그런데 이들 3대 보증기관의 CDO관련 보증 손실률이 1.87%에 그칠 것이라고 생각하는 것은 현재로서는 거의 상상하기 힘들다고 할 수 있다. 예컨대 구조화금융 관련 보증손실률이 5%만 되어도 250억 달러의 손실이 발생하게 된다. 이는 현재 자기자본의 3배에 달하는 수치이다. 투자자들이 서브프라임론 관련 상품에 대한 투자에 대해 극도로 민감한 상황에서 이런 거액의 자금을 증자를 통해 조달한다는 것은 사실상 불가능하다고 할 수 있다.

일단 무디스나 S&P, 피치사 등 미국의 주요 신용평가회사들은 MBIA와 Ambac에 대해서는 자본증강을 조건으로 신용등급 조정을 보류하고 있다. 그러나 현재로서는 이들 모노라인 기관들이 몇 십억 달러의 자본증강을 쉽사리 하기 어려울 뿐만 아니라 설령 자본증강을 한다고 해도 서브프라임론 관련 막대한 손실을 감당하기에는 턱없이 모자랄 것으로 보인다. 유일한 해법은 피보증기관인 시티그룹 등이 Ambac을 공동 인수하여 손실처리를 하는 것처럼 문제가 된 모노라인 기관을 피보증기관들이 공동 인수하여 자체 손실처리 하는 방법뿐이라고 할 수 있다.

참고로 서브프라임 관련 CDO상품 보증으로 인한 손실은 모노라인 기관에만 국한되는 것은 아닌 것으로 나타나고 있다. 지난 2월 11일, 미국 최대 보험그룹인 AIG (American International Group, Inc.)는 작년 10-11월 사이에 서브프라임론 관련 손실이 당초 예상을 훨씬 뛰어넘어 48.8억 달러에 달했다고 발표했다. 미국 증권거래위원회(SEC)에 제출한 자료에 따르면, AIG의 손실 원인은 서브프라임론 관련 CDO의 보증손실 때문으로 나타났다. 즉 멀티라인 기관인 AIG도 모노라인 기관과 마찬가지로 CDO에 대한 원리금 만기지급보증 영업을 했는데 그에 따른 손실이 급증한 것이다. 2007년 9월말 현재 AIG의 CDO관련 상품 잔고는 780억 달러에 이르고 있으며, 이중 630억 달러가 서브프라임론과 연관이 있는 것으로 나타났다.

이상으로부터 모노라인 기관들의 대규모 손실과 자본부족은 미국과 유럽의 주요 금융기관들의 올 상반기 실적에 큰 타격을 줄 것으로 보인다. 뿐만 아니라 신용경색을 더욱 심화시킬 것으로 보인다. 당장 올 1분기 실적 악화로 이어질 가능성이 매우 높아 주식시장도 크게 동요를 보일 것으로 보인다. 이미 서브프라임론 사태와 모노라인 기관의 대규모 손실로 미국과 유럽의 주요 금융기관들이 대출심사 기준을 강화하고 있으며, 신용경색 현상도 한층 심화되고 있는 것으로 나타나고 있다. 외신 보도에 의하면, 미국에서는 뉴욕 뉴저지항만공사의 차환채 조달금리가 불과 1주일 만에 4% 대에서 20%대로 급등했다. 뉴저지항만공사는 모노라인 기관의 보증을 받아 차환채를 발행해왔으나, 모노라인 기관의 부실이 표면화됨에 따라 투자자가 뚝 끊겨 조달금리가 급등한 것이다. 또 미시간주의 학자금대출공사도 자금부족으로 신규대출 중지를 선언했으며, 영국에서는 인터넷은행이 일부 고객의 신용카드 이용 정지를 통보했다.

이에 시티그룹, 뱅크오브아메리카, 웰즈파고, JP모건체이스, 컨추리와이드 금융, 워싱턴뮤추얼의 6개 금융기관과 미국 정부는 서브프라임론 관련 새로운 구제책을 발표했다. 주택융자금 상환을 90일 이상 연체한 사람에 대해 주택차압을 최대 30일간 연기하기로 한 것이다. 일시적인 유예기간을 줌으로써 차입자가 상환가능한 저리의 모기지론으로 바꿔 탈 수 있도록 하기 위해서이다. 이번 조치는 정상적인 모기지론 전체를 대상으로 실시한다고 말했다. 이미 부시 정부는 작년 연말에 발표한 종합구제대책에서 기존의 저금리를 5년간 연장 적용하는 조치를 발표했었는데, 이번 구제책은 그 조치가 시행되기까지의 임시방편이라고 할 수 있다.

그러나 부시 정부와 FRB의 노력에도 불구하고 미국경제는 이미 경기후퇴의 입구에 들어서 있다. 골드만삭스는 올 중반에 미국경제가 (-)성장을 기록하는 경기후퇴에 빠질 것이라고 경고했다. 그런가 하면 그린스펀 전 FRB의장은 최근 미국경제가 경기후퇴에 빠질 가능성은 최소한 50% 이상으로 높아졌다고 말했다. 그러면서 미국경제가 경기후퇴에서 벗어나는 길은 주택시장이 침체에서 벗어나는 것뿐이라고 강조했다. 주택가격이 바닥을 치지 않는 한 가계소비가 회복되기는 어려우며 금융기관의 신용경색도 쉽사리 해소되지 않겠지만, 현재로서는 아직 바닥이 잘 안 보이며 갈 길이 멀다고 말했다. 반면, 크레디트스위스(Credit Suisse)의 도우건(Brady Dougan) CEO는 최대 5개월 내에 서브프라임론 사태로 인한 신용위기가 바닥을 칠 것이라고 주장했다. 단기유동성 공급확대로 유럽지역의 신용경색 현상은 점차 완화될 것이라고 말하면서, 올 중반쯤에 미국 주택시장도 바닥을 칠 것이라고 반론했다.

FRB 버냉키 의장과 폴슨 미재무장관도 2월 14일 미상원 은행주택위원회의 증언에서 2008년 미국 경제가 서브프라임론 사태의 영향으로 빠르게 위축되고 있으며, 그로 인해 올해 경제성장률 전망치를 하향 수정한다고 밝혔다. 다만 금리인하와 부시정부의 경기부양책 등의 효과로 (-)성장률을 기록하는 경기후퇴에는 빠지지 않을 것이라고 애써 강조했다. 다만, 금융기관들은 앞으로도 서브프라임론 관련 추가 손실이 불가피할 것이며, 그로 인해 신용경색도 당분간 지속될 것이라고 말했다. 그리고 신용경색의 지속으로 미국 경제도 발목이 잡힐 것이라고 말했다. 이는 앞서 설명한 모노라인 사태를 의식한 발언으로 보인다.

버냉키 의장은 서브프라임론 사태로 인해 2007년 11월에 발표한 전망치 1.8~2.5%보다 낮아질 것이라고 말했다. FRB는 2008년부터 연 4회 경제전망치를 발표하기로 했는데, 2월 20일에 첫 번째 전망치를 발표할 예정으로 있다. 이 보고서에서 FRB는 주택시장 침체와 소비위축으로 올해 미국 경제성장률 전망치를 1~1.5% 수준까지 낮출 것으로 보인다. 버냉키 의장은 금융시장 불안이 장기화되는 것을 우려하면서 경기침체의 위험이 높아지고 있다고 지적하면서, 필요할 경우 언제든지 신속히 행동할 것임을 강조했다. 이 발언을 두고 월가는 버냉키 의장이 추가 금리인하 가능성을 시사한 것이라고 보고 있다. 주가 띄우기를 고대하고 있는 월가는 3월 18일에 열리는 연방공개시장위원회(FOMC)에서 0.25~0.5%의 금리인하 가능성이 높을 것으로 보고 있다.

미국경제에 대한 전망이 어두워지고 있는 가운데, 2월 13일 부시 대통령은 상하 양원의 초당적 협력으로 통과한 긴급경기부양책 법안에 서명했다. 이로써 가계의 소비를 촉진하기 위한 총 1,680억 달러 가량의 경기부양책이 확정되었다. 이중 2008년에 GDP의 1% 가량인 1,520억 달러가 집행되는데, 1,280억 달러가 올 5월부터 8월까지 기간 동안에 가계에 대한 세금환급 형태로 지급되게 된다. 또 소상공인을 중심으로 투자와 고용촉진을 위해

500억 달러 규모의 임시세액공제도 시행된다. 폴슨 재무장관은 미하원에서 이번 부양책으로 올해 GDP성장률이 0.7% 정도 상승할 것으로 기대한다고 말했다. 하지만 부시 정부의 이번 긴급부양책과 관련하여, 일부에서는 바닷물에 물 한 컵 붓는 것에 불과한 것으로 경기부양 효과를 기대하기 어려울 것이라는 비판도 제기되고 있다.

앞에서 살펴본 것처럼 모노라인 기관의 서브프라임론 관련 대규모 보증 손실에 따른 혼란은 또다시 금융시장과 주식시장을 동요시킬 가능성이 높아지고 있다. FRB의 대규모 단기유동성 공급과 연이은 금리인하에도 불구하고 미국의 신용경색 현상은 당분간 해소되기 어려울 것으로 보인다. 주택시장 침체와 더불어 서브프라임론 관련 대규모 손실의 지속에 따른 금융기관의 대출기피 현상은 최근 몇 년 동안 지속되어 온 미국 가계의 과소비에 큰 타격을 주고 있다. 가계소비가 위축됨에 따라 미국경제도 최근 몇 개월 동안 빠르게 하강하고 있는 모습을 보이고 있다. 그 연장선상에서 미국경제가 FRB의 연이은 금리인하와 부시 정부의 긴급경기부양책에도 불구하고 올해 (−)성장을 보일 것이냐를 둘러싸고 논란이 일고 있다.

그런 가운데 최근 FBI는 개발업자, 대출업자, 증권사, 은행 등 14개 금융기관에 대해 분식회계와 내부자거래 의혹에 대해 미국 증권거래위원회(SEC)와 함께 조사를 하고 있다고 밝혔다. 골드만삭스, 모건스탠리, 베어스턴스는 정부조사기관으로부터 서브프라임론 관련 자료제출을 요구 받았다고 밝혔다. 또 미국 증권거래위원회(SEC)도 작년 11월 메릴린치 조사에 이어 최근에 다시 서브프라임론 사태와 관련하여 부정 또는 불법 거래 의혹이 있는 35건에 대해 조사에 착수했다고 밝혔다. 주택대출금융회사와 금융기관의 손실에 대한 정보공개가 적절했는지, 그리고 증권화 상품을 둘러싼 내부거래가 없었는지 등을 집중적으로 조사할 것이라고 말했다. 서브프라임론 사태의 혼란이 금융기관들의 경쟁적 과다대출과 적지 않은 불법적 행위에 기인했다는 점에서, 월가의 금융기관들에도 책임을 추궁하는 본격적인 메스가 가해지기 시작한 것으로 보인다.

(2008년 2월 18일)

제3부 선택의 순간

1. 두산 인프라코어의 49억 달러 M&A

1

두산인프라코어는 미국 잉거솔랜드(Ingersoll Rand)사의 건설장비 (Compact Equipment) 사업을 영위하는 자회사 Bobcat을 2007년 7월 30일자 로 인수하기로 계약을 체결했으며, 관례적인 계약 청산조건에 따라 2007년 말까지 인수를 완료하기로 하였다고 밝혔다.

두산인프라코어는 이번 M&A와 관련하여 인수주체는 두산인프라코어와 두 산엔진 등이 추후 설립할 예정인 해외법인이며, 인수 대상은 잉거솔랜드사 가 영위하는 27개국 73개 법인으로, 인수 금액은 49억 달러(한화 약 4.5조 원, 7월 27일 매매기준 환율 917.5원/$ 기준)라고 밝혔다. 또 인수자금은 새로이 설립할 해외법인에 대한 두산인프라코어와 두산엔진 등의 7억 달러 출자금과 해외법인의 차입금으로 조달할 예정이라고 말했다. 잉거솔랜드사 의 기업가치(시가총액 기준)가 2007년 8월 4일 현재 162억 달러 가량인 점 을 감안하면, 이번 두산인프라코어에게 매각하는 건설장비 부문의 49억 달 러 매각은 잉거솔랜드사의 30% 가량을 매각하는 것에 해당하는 규모라고 할 수 있다.

잉거솔랜드사 역시 같은 내용의 M&A계약 체결 사실을 발표하면서, 이번 매각하는 건설장비 부문은 2006년 매출액이 26억 달러 가량에 이른다고 밝 혔다. 또 이번 매각에는 노스다코자주의 그위너와 비스마르크, 조지아주 캐 롤턴, 미네소타주 리치필드, 버지니아주 피츠버그, 중국 우지앙, 체코의 도 브리스, 프랑스의 리용과 폰사토, 아일랜드 슬래인, 웨일즈의 트레데가의 제조공장들도 포함되며, 전세계적으로 5,700여 명의 종업원도 함께 인수인

계 된다. 이로써 잉거솔랜드사는 건설, 물류 종합장비 회사에서 냉동/냉장/
공조설비, 건설장비, 안전장비 중심의 사업에 집약할 수 있게 되었다고 말
했다. 이번 거래를 위해 크레디트스위스증권, 골드만삭스가 인수업무를 맡
았으며, 심슨대처&바트렛(Simpson Thacher & Bartlett)이 법률 자문을 맡
았다고 했다.

먼저 이번 M&A의 평가에 앞서 M&A 거래를 한 두산인프라코어와 미국의 잉
거솔랜드사의 경영현황에 대해 간단히 살펴보기로 하자. 두산인프라코어는
2005년 4월에 두산그룹이 예전의 굴삭기 및 지게차 및 디젤엔진 생산업체인
대우종합기계(전신인 대우중공업에서 2000년에 분할된 회사)를 인수하여
사명을 바꾸어 출범한 회사이다. 중국에 굴삭기 및 지게차와 공작기계 현지
생산 공장이 있으며, 벨기에도 굴삭기 현지생산 공장이 있다.

<도표1>에서 두산인프라코어의 경영실적을 살펴보면, 지난 해인 2006년
매출액은 3조2,828억 원(달러당 평균 954.32원 기준, 34.4억 달러)으로 처
음으로 3조원 대를 돌파하였으며, 영업이익은 2,439억 원(2.6억 달러)에 당
기순이익은 1,357억 원(1.4억 달러)으로 나타나고 있다. 2007년에도 중국
등에 대한 수출 호조로 매출액은 3조5천억 원을 넘을 것으로 전망되며, 영
업이익과 당기순이익도 각각 3,200억 원과 2,100억 원으로 크게 증가할 것
으로 예상되고 있다.

또 사업부문별 매출을 살펴보면, 굴삭기, 지게차 등 건설기계 부문이 전
체 매출의 53%를 차지하고 있으며 엔진 및 공작기계 부문은 35%로 나타나고
있다. 이러한 성장세에 힘입어 두산인프라코어는 2007년 초에 중국과 인도
등 신흥시장 개척을 강화함으로써 2011년까지 연결기준으로 매출 10조 원대
달성 및 영업이익 1조원 돌파를 중기 경영전략 목표로 설정하여 발표하였다.
그런데 이번에 잉거솔랜드사의 건설기계 부문 인수로 2007년 말까지 인수가

<h3 align="center"><도표1> 두산인프라코어 경영실적 추이</h3>

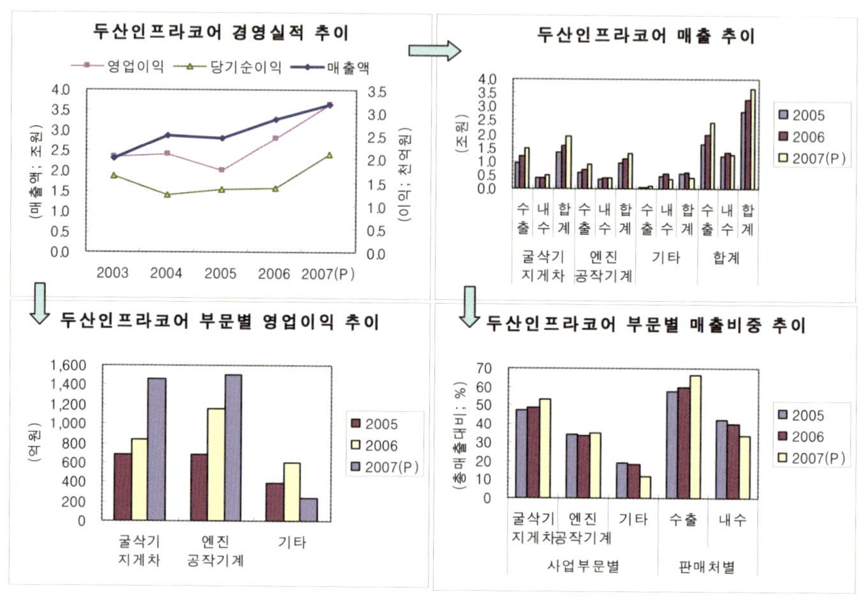

(주) 두산인프라코어 사업보고서로부터 KSERI 작성

완료될 경우 매출액이 단숨에 6조원을 넘게 되는 셈이 된다.

한편 건설기계 부문을 매각한 잉거솔랜드사는 1871년에 설립된 산업종합 기계 회사로서, S&P 500에 포함된 회사이다. 2001년 10월에는 해외판매 수익에 대한 법인세 회피를 위해 버뮤다로 본사를 옮겼다. 2004년에 굴착사업 부문을 아틀라스 코프코(Atlas Copco)사에 매각한 데 이어, 이번에 다시 건설기계 사업부문을 두산인프라코어에 매각하기로 하였다.

아래의 <도표2>에서 잉거솔랜드사의 경영현황을 살펴보면, 매출액은 꾸준히 증가하여 2006년에는 114억 달러에 달했으나 2007년에는 서브프라임론 사태로 인해 미국내 건설경기가 크게 둔화되면서 전년대비 6.5% 감소한 107억 달러에 그칠 것으로 예상된다. 당기순이익 역시 가파르게 증가하여

220

<도표2> 잉거솔랜드사 경영실적 추이

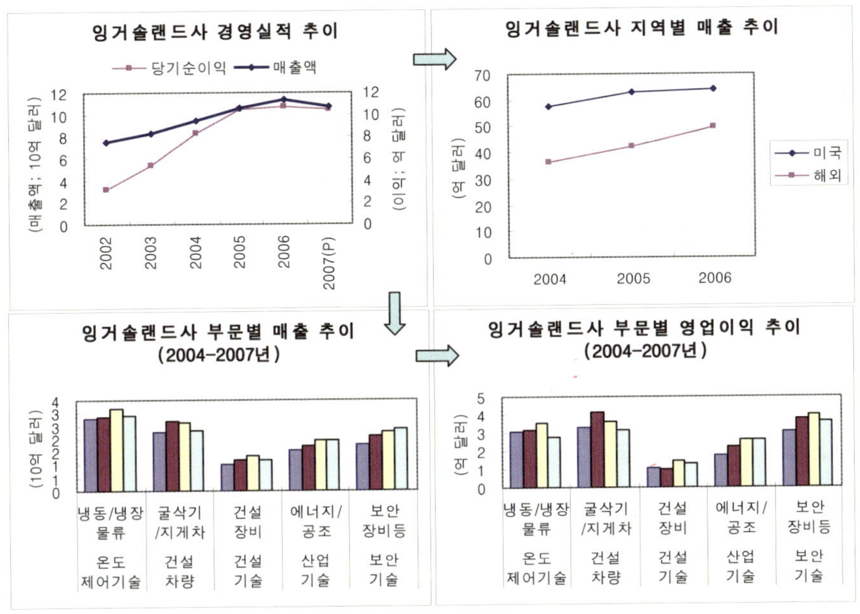

(주) 잉거솔랜드사 자료로부터 KSERI 작성

2005년에는 10.5억 달러에 달했으나 2006년에는 10.7억 달러로 거의 증가하지 않았으며, 2007년에는 10억 달러로 다소 감소할 것으로 예상된다. 지역별 매출을 보면, 2006년 미국내 매출이 64.4억 달러로 전체의 56.4%를 차지하고 있으며, 해외부문 매출은 49.7억 달러로 43.6%를 차지하고 있는 것으로 나타나고 있다.

또 사업부문별 매출을 보면, 온도제어기술 부문의 매출은 2006년 31.7억 달러로 가장 많았으나 2007년에는 29.2억 달러로 다소 줄어들 것으로 전망되며, 이번에 두산인프라코어에 매각되는 굴삭기 등 건설차량 부문은 2006년 26.4억 달러(약 2조5,200억 원, 평균환율 955원/달러)에서 2007년에는 23억 달러(약 2조1,480억 원, 평균환율 934원/달러) 수준으로 줄어들 것으

221

로 예상된다. 개인용 건설장비 등 건설기술 부문 역시 미국내 건설경기 침체 영향으로 2006년 13.6억 달러에서 2007년에는 12억 달러로 줄어들 것으로 보인다. 반면 에너지관련 장비 및 대형 공조시스템 장비 등 산업기술 부문의 2007년 매출은 2006년과 비슷한 수준인 19.5억 달러 수준이 예상되며, 보안부문은 2007년에 23.9억 달러로 전년에 비해 1억 달러 가량 증가할 것으로 예상된다.

사업부문별 영업이익은 건설차량 및 건설기술 부문의 감소가 예상되는 반면, 산업기술과 보안기술 부문의 영업이익은 높은 수준을 유지할 것으로 보인다. 2006년 기준으로 영업이익률은 산업기술과 보안기술 부문이 각각 13.4%와 17.5%로 상대적으로 높은 것으로 나타나고 있다.

이상의 분석 결과를 바탕으로 이번 두산인프라코어와 잉거솔랜드사 간의 건설차량 부문 인수 거래에 대한 평가를 해보기로 하자. 먼저 이번 거래는 일단 외형적으로는 양사의 이해관계가 맞아 떨어진 것이라고 볼 수 있다. 즉, 두산코어인프라 입장에서는 2011년까지 매출 10조원 달성 및 영업이익 1조원 돌파 목표를 조기에 달성하려는 의욕이 그룹 차원에서 강하게 작용하여 공격적인 투자를 한 것으로 보인다. 이에 비해 잉거솔랜드사 입장에서는 서브프라임론 사태로 장기화 조짐을 보이는 미국내 건설경기 침체를 예상하여 성장성과 수익성이 악화되기 시작하는 건설차량 부문을 미리 매각하려는 의도가 작용한 것으로 보인다.

주지하는 바와 같이 건설산업은 가장 대표적인 시황산업이다. 즉 경기변동에 따라 건설경기도 호황과 불황이 반복되는 산업이다. 따라서 건설회사들은 경기변동으로 인한 경영실적 변동 위험을 줄이기 위해 경기변동에 영향을 받는 주택과 상업용 건축물 외에도 토목이나 구조물, 해외건설 등 경기변동에 영향을 받지 않는 사업에 다각화를 하려는 유인이 존재한다. 건설기계 제조업체들 역시 마찬가지라고 할 수 있다. 특히 미국 등 건설시장이 매우 큰 시장일수록 건설기계 업체들은 대규모 설비투자를 필요로 하기 때문에 경기변동에 따른 위험 분산이 안정적 경영을 위해 절대적으로 중요해진다.

경기변동에 따른 위험분산에는 두 가지 방법이 있다. 하나는 건설기계뿐만 아니라 산업기계, 환경설비, 방산제품, 공조시스템 등 생산공정을 공유할 수 있는 종합기계회사로 나아가는 길이다. 또 다른 하나는 다국적화하는 것이다. 건설경기는 모든 나라마다 동일한 순환주기를 갖는 것은 아니다. 어느 나라는 건설경기가 호조를 보이는가 하면 어느 나라는 건설경기가 불황에 빠져 있을 수 있다. 이처럼 나라마다 순환주기가 서로 다르기 때문에 다국적화를 함으로써 안정적인 수요를 확보할 수 있게 된다. 미국의 캐터필러나 잉거솔랜드사 또는 일본의 코마츠제작소(小松製作所)와 같은 건설기계 업체들이 필연적으로 종합기계회사화되고 동시에 다국적화되는 이유가 바로 여기에 있다고 할 수 있다.

이런 건설산업 및 건설기계 시장의 특성을 감안할 때, 건설기계 분야 세계 5위의 글로벌 기업을 목표로 하고 있는 두산인프라코어가 국내 건설시장의 성장 한계가 드러나는 상황에서 급성장하는 중국과 인도 등 신흥경제권과 미국 등 선진국의 건설기계 시장에 적극 진출을 하는 것은 필연적이라고 할 수 있다. 이번 잉거솔랜드사의 건설차량 부문 인수를 통해서 세계 최대 건설시장이라고 할 수 있는 미국시장에도 진입하려고 한 것도 이런 중장기 경영전략의 연장선상에서 이루어진 것이며, 두산인프라코어가 세계 건설기계 시장에서 다국적 기업으로 발돋움해가는 필연적인 수순이었다고 보여진다.

다만 인수 규모가 49억 달러(4.5조 원)로 두산인프라코어의 규모에 비해 너무 크다는 점에서 커다란 모험이라고 할 수 있다. 이런 모험을 감행한 배경에는 2001년 한국중공업을 인수하여 두산중공업을 설립한 경험과 2005년 대우종합기계를 인수하여 두산인프라코어를 설립하여 그룹 자산규모를 비약적으로 확대시킨 두산그룹의 성공적인 인수 경험이 크게 작용했을 것으로 보인다. 10조원 매출과 1조원 영업이익 조기달성이 가능하다는 꿈에 부풀어 일대 모험에 도전하였을 것으로 보인다.

그러나 이번 잉거솔랜드사의 건설차량 부문 인수는 한국중공업이나 대우종합기계와 같이 한국기업을 인수하는 것과는 차원이 다르다고 할 수 있다. 미국 현지기업 경영과 세계 27개국에 걸친 다국적 경영에 대한 경험이나 노하우가 부족한 두산인프라코어가 과연 이런 문제점을 어떻게 극복하고 성공적으로 글로벌 사업을 궤도에 올려놓을 수 있을 지 불안감과 기대감이 교차되는 대목이다. 말하자면 이번 인수를 계기로 두산인프라코어의 글로벌 경영능력이 시험대에 오르게 된 셈이다. 한국기업들 가운데에서는 최초로 대우그룹이 자동차사업을 중심으로 글로벌 경영을 시도하였으나 결국 경영능력 부족으로 그룹 전체가 와해되어 버린 쓰라린 경험이 있다. 두산그룹은 이번 인수를 계기로 과거 대우그룹에 이어 건설기계 분야에서 글로벌 경영에 도전하는 것이 된다. 그런 점에서 과거 대우그룹에 속했던 대우종합기계를 인수하여 두산인프라코어가 설립되었다는 사실은 우연의 일치를 넘어서 알 수 없는 그 무언가가 작용하고 있지 않나 하는 느낌이 들기도 한다.

2

이번 두산인프라코어의 잉거솔랜드사 건설차량부문 인수는 유감스럽게도 시작부터 훨씬 심각한 위험부담을 떠안으며 출발하고 있다는 점을 지적하지 않을 수 없다. 두산인프라코어와 두산그룹이 내부적으로 많은 검토와 고민 끝에 인수를 결정한 것이겠지만, 그럼에도 불구하고 이번 인수는 한국기업 경영자들의 전형적 특징인 일단 밀어 부치고 보자는 식의 투자마인드가 강하게 작용했다는 인상을 지울 수 없다. 두산인프라코어의 이번 인수와 관련해서는 두 가지 문제가 있다. 첫째는 인수 타이밍과 인수가격의 적정성 문제에 관한 것이며, 둘째는 인수자금 조달 및 금융비용 부담의 문제이다.

먼저 인수 타이밍 및 인수가격의 적정성 문제에 대해 간단히 논해보기로 하자. 기업 또는 단위사업 부문을 인수할 경우 기업가치 또는 사업가치라는 것을 산정하게 된다. 가치산정 방식에는 여러 가지 방법이 있을 수 있으나 대부분의 경우 대차대조표상에 나타난 기업의 실물자산가치에 대한 확인과 가치에 대한 평가 그리고 인수 직전 3개월 동안의 평균주가를 종합적으로 고려하여 평가를 하는 것이 일반적이다. 대개는 인수직전 3개월 동안의 평균주가를 기준으로 실제 자산/부채 실사 결과를 바탕으로 한 평가액을 고려하여 프리미엄을 가감하는 방식이 보통이다. 예컨대 인수직전 3개월 동안의 평균주가가 50 달러라면 기업실사 결과 실제 자산가치 및 영업권에 대한 평가를 고려하여 50달러에 20~30%의 프리미엄을 가감한 가격으로 결정한다. 따라서 어느 시점에서 인수하느냐 하는 인수 타이밍이 매우 중요하게 된다. 만일 주가가 지나치게 고평가 되어 있을 때 인수를 하게 되면 상대적으로 매우 높은 가격에 인수를 하게 되며 반대로 주가가 저평가 되어 있을 때 인수를 하게 되면 상대적으로 낮은 가격에 인수를 할 수 있게 된다. 인수가격을 얼마로 하느냐는 투자수익성에 직결되는 문제이며 따라서 사업 성패에도 결정적 영향을 미치게 된다는 점에서 매우 중요하다고 할 수 있다.

2003년 상반기까지만 해도 잉거솔랜드사의 주가는 주당 40달러 수준이었으나 대규모 이라크전쟁이 종료되고 미국내 부동산투기가 과열되기 시작하면서 건설경기가 호황을 보임에 따라 2005년 7월말에는 주당 80달러까지 치솟았다. 이에 잉거솔랜드사는 2005년 8월 2일 당시 주가급등 시세차익을 실현하기 위해 주식을 2:1로 분할했다. 그 결과 주가는 아래의 <도표3>에서 볼 수 있는 바와 같이 분할 전의 주당 80달러에서 분할 후 주당 40달러 전

후 수준으로 조정되었다. 그 후 2005년 영업실적의 호조를 반영하여 2006년

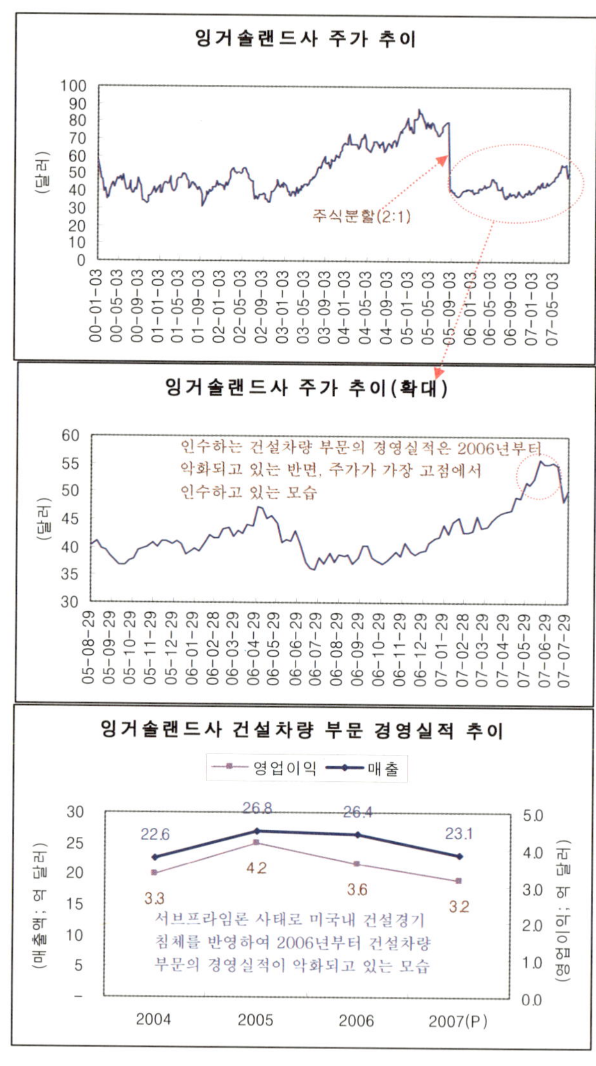

<도표3> 잉거솔랜드사 주가 및 건설차량 부문 경영실적 추이

(주) 각종 자료로부터 KSERI 작성

4월에는 주가가 45달러까지 올랐다. 그러나 2006년 하반기부터 서브프라임 론 사태가 가시화되기 시작하면서 잉거솔랜드사의 주가는 다시 40달러 아래로 급락하였다.

그런데 2006년 연말부터 사상 최대의 M&A 붐과 해외유동성자금 유입에 힘입어 미국 주식시장은 연일 사상 최고치를 갱신하는 급등세를 보였다. 그런 영향으로 잉거솔랜드사의 주가도 2006년 말부터 상승하기 시작하여 2007년 4월부터는 급등세를 보여 두산인프라코어가 잉거솔랜드사의 건설차량 부문을 인수하기 직전에는 사상 최고치인 주당 55달러를 넘었다. 이런 상황에서 잉거솔랜드사는 충분히 자신들의 주가가 과대평가되었다는 점을 잘 알고 있었다고 할 수 있다. 따라서 미국내 건설경기가 악화되는 시점에서 건설차량 사업부문의 매각을 통해 과대평가된 주가의 시세차익을 실현하려고 했었을 것이라는 점은 쉽게 짐작할 수 있다.

이렇게 볼 때 두산인프라코어는 잉거솔랜드사의 주가가 최고점에 달한 시점에서 잉거솔랜드사의 건설차량 사업부문을 인수한 셈이라고 할 수 있다.

주지하는 바와 같이 이미 미국 다우지수는 최근 폭등락을 반복하고 있는 상태이다. 이런 점들을 감안하면 두산인프라코어로서는 최악의 인수 타이밍을 선택하여 가장 부풀려진 가격에 인수를 한 셈이라고 할 수 있다. 말하자면 바가지를 뒤집어 썼을 가능성이 매우 높다고 할 수 있다. 이처럼 지나치게 비싼 인수가격으로 과연 두산인프라코어가 투자수익성을 확보할 수 있을지는 의문이다.

위 <도표3>에서 보면, 잉거솔랜드사의 건설차량 사업부문 영업이익은 2005년 4.2억 달러를 정점으로 2006년 3.6억 달러 그리고 2007년에는 3.2억 달러로 감소할 것으로 전망된다. 또 2008년에는 미국내 건설경기 침체 심화로 더욱 악화될 것으로 보인다. 이를 전제로 인수가격 49억 달러를 기준으로 배당모델에 의해 투자요구수익률(Required rate or return)을 역산해보면, 아래 <도표4>에 나타난 바와 같이 2005년에는 11.7%(=49/4.2), 2006년에는 13.6% (=49/3.6), 2007년에는 15.3%(=49/3.2)로 나타난다. 만일 2008년 영업이익을 3억 달러로 전망할 경우 투자수익률은 16.3%까지 올라간다. 말하자면 두산인프라코어는 잉거솔랜드사의 건설차량 부문을 49억 달러에 인수할 경우 최소한 15.3% 이상의 투자수익률을 확보해야 한다는 것을 의미한다. 그러나 2007년 잉거솔랜드사 건설차량 부문의 매출액이 감소하고 있을 뿐만 아니라 영업이익률도 떨어지는 상황에서 이렇게 높은 투자수익률을 확보한다는 것은 거의 불가능할 것으로 보여진다. 적어도 서브프라임론 사태가 수습되고 주택재고 과잉이 완전히 해소되기 전까지는 말이다.

물론, 두산인프라코어 경영진은 기존 두산인프라코어 사업과의 시너지효과 등을 통해 충분히 사업성 확보가 가능하다는 판단을 하지 않았다면 이처럼 최악의 인수 타이밍에 가장 부풀려진 가격으로 인수를 하지는 않았을 것이다. 그러나 우리 연구소가 아무리 미국의 건설경기를 낙관적으로 전망한다고 해도 적어도 2008년까지는 회복되기 어려울 것으로 보인다. 바로 이런 점에서 한국기업 경영자들의 밀어부치기식 경영마인드가 두산인프라코어와 두산그룹 경영진에게도 작동한 것이 아닌가 하는 의구심이 드는 대목이다.

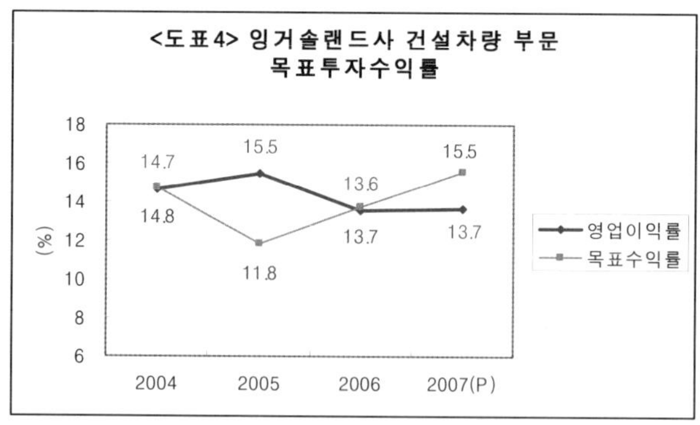

(주) 각종 자료로부터 KSERI 작성

이제 두 번째로 인수자금 조달 및 금융비용 부담 문제에 대해 살펴보기로 하자. 두산인프라코어는 49억 달러 중 7억 달러 정도를 두산그룹 자체 자금으로 조달하고 나머지는 새로이 설립하는 해외법인의 금융기관 차입에 의해 조달하겠다고 발표했다. 이는 두산인프라코어가 이번 잉거솔랜드사의 건설차량 사업부문의 자산을 담보로 하여 금융기관으로부터 나머지 인수자금 42억 달러를 차입하는 LBO (Leveraged BuyOut) 방식에 의해 인수하고 있음을 의미한다. 차입금 42억 달러는 두산인프라코어가 발표한 환율을 기준으로 환산하면 약 38.5조원 가량이 된다. 신용등급 Aaa 기업의 회사채 할인율이 5.65%이며 Baa 기업의 할인율이 6.7%라는 점을 감안하면, 이번 인수로 두산인프라코어가 부담하게 될 연간 금융이자비용은 2억3,730만 달러(Aaa의 경우, 2,177억 원)에서 2억8,140만 달러(Baa의 경우, 2,582억 원)에 달하게 된다.

그런데 2006년 잉거솔랜드사의 건설차량 부문 영업이익이 3.2억 달러였으므로 이로부터 인수를 위해 소요된 추가금융비용 2억3,730만 달러 내지는 2억8,140만 달러를 빼게 되면 경상이익 면에서 거의 남는 것이 없게 된다. 남는 것이 없는 것이 아니라 건설차량 사업부문의 기존 부채 인수부분에 대한 차입비용까지를 감안하게 되면 과연 투자수익성을 확보할 수 있을 지 의문이라고 하지 않을 수 없다. 두산인프라코어의 경영능력이 과연 100년이 넘는 역사를 지닌 미국기업인 잉거솔랜드사의 그것보다 낫다고 할 수 있는지는 의문이다. 그러나 백 번 양보하여 최소한 서로 비슷하다고 간주해도 두산인프라코어가 현재 잉거솔랜드사의 영업실적 수준을 뛰어넘을 수는 없다. 결국 두산인프라코어는 자칫 잘못하면 시작부터 적자에 빠질 가능성도 배제할 수 없다고 할 수도 있다.

이미 본 시평과 특집 시리즈를 통하여 설명한 바 있듯이 서브프라임론 사태로 인한 미국내 건설경기 침체는 장기화될 조짐을 보이고 있다. 신규주택

재고량이 250만호에 달하고 있다는 점을 감안하면, 미국내 건설경기 침체는 최소한 2009년까지 지속될 것으로 보인다. 과연 두산인프라코어 경영진이 미국내 건설경기 침체의 심각성에 대해 제대로 검토를 하고서 인수를 결정했는지 궁금하다. 만일 미국내 건설경기 침체가 적어도 2008년까지는 지속된다고 보았다면, 두산인프라코어는 잉거솔랜드사의 건설차량 부문 인수를 이처럼 서두를 필요가 전혀 없었다고 할 수 있다. 왜냐하면 미국 주식시장의 주가조정 추이를 살펴보면서 미국내 건설경기 침체가 본격적으로 심화되어 그 여파가 잉거솔랜드사의 건설차량 부문 영업실적 악화로 가시화되는 내년 상반기쯤에 인수 협상을 시작해도 절대로 늦은 타이밍이 아니라고 할 수 있기 때문이다.

만일 미국 주가가 큰 폭의 조정이 일어나 잉거솔랜드사의 주가도 올 5월 이전의 주당 45달러 내지는 40달러 선까지 하락하고, 올해(2007년) 경영실적 악화가 드러나는 내년(2008년) 상반기쯤에 인수협상을 시작하게 되면 49억 달러와는 비교도 안될 정도의 낮은 가격으로 인수가 가능했을 것이기 때문이다. 예컨대 잉거솔랜드사의 주가가 최근 3개월 동안 평균 52달러 선이었는데 평균 40달러 선까지 조정이 일어나기만 해도 두산인프라코어의 인수가격은 38억 달러로 무려 11억 달러 이상이나 줄어들게 된다. 게다가 미국내 건설경기 침체가 올해부터 본격적으로 심화되어 잉거솔랜드사의 영업실적 악화로 이어지게 되면 두산인프라코어가 인수협상의 주도권을 쥘 수 있기 때문에 더욱 저렴한 가격으로 인수가 가능해진다. 물론 이 모든 것은 두산인프라코어의 입장만을 감안한 시나리오일 수 있다. 그러나 이 시나리오대로는 아니라고 할 지라도 적어도 상당한 정도의 낮은 가격으로도 인수할 수 있었을 것으로 생각된다.

이 글을 마치기에 앞서 세계 건설기계 산업에 대한 이해를 돕기 위해 세계 1,2위를 자랑하는 종합건설기계회사인 미국의 캐터필러사와 일본의 코마츠제작소에 대해 간단히 살펴보기로 하자.

먼저 캐터필러사(Caterpillar Inc)는 미국 최대의 종합건설기계 회사이자 세계 최대의 다국적 종합건설기계회사이다. 주요 사업영역은 건설기계와 엔진의 두 부문으로 구성되어 있다. 캐터필러사의 설명에 의하면, 건축업 및 광업기계, 디젤 및 천연가스 엔진, 산업용 가스터빈 엔진 분야의 세계 최대 제조회사라고 할 수 있다. 또 캐터필러사는 다우지수 30종목에 포함되어 있으며, 포천지가 선정한 100대 기업 가운데 1위에 올라 있다. 총자산 규모는 300억 달러를 넘고 있어 명실공히 미국 건설기계산업을 대표하는 세계적인 다국적 기업이라고 할 수 있다.

<도표5>에서 캐터필러사의 매출은 2002년 200억 달러(건설장비 186.5억 달러)를 밑도는 수준에서 가파른 성장세를 보여 2006년에는 무려 2배가 넘는 415억 달러(건설장비 388.7억 달러)에 달해, 앞서 잉거솔랜드사의 2006년 매출액 114억 달러의 3.65배에 달하고 있다. 당기순이익도 2002년 10억 달러 수준에서 2006년에는 35.4억 달러로 3.5배 이상 증가하였으며, 잉거솔랜드사의 2006년 당기순이익 10.7억 달러의 3.3배에 달하고 있다. 그러나 2007년에는 서브프라임론 사태로 인한 미국내 건설경기 침체가 본격화됨에 따라 매출은 426.5억 달러로 정체를 보일 것으로 예상되며, 당기순이익도 32.8억 달러로 전년에 비해 감소할 것으로 전망된다.

사업부문별 매출을 보면, 2006년 건설기계 부문이 261억 달러로 63%를 차지하고 있으며, 엔진부문이 128억 달러로 31%, 그리고 금융부문이 26억 달러로 6%를 차지하고 있는 것으로 나타나고 있다. 또 지역별 매출을 보면, 2006년 기준으로 미국내 매출이 46%이며 해외부문 매출이 54%로 미국내보다 해외의 매출이 더 많은 것으로 나타나고 있어 세계 최대의 건설기계산업 분야의 다국적 기업임을 잘 보여주고 있다. 캐터필러사 제품은 세계 200개국

에서 220개의 판매망을 통해 판매되고 있으며, 그 중 63개는 미국에 있고 157개는 해외에 있다. 캐터필러의 제품과 부품은 미국 42개 공장과 해외 58개 공장에서 생산되고 있다. 또 사업부문별 영업이익을 보면, 건설기계가 30.3억 달러로 가장 많고, 엔진 부문이 16.3억 달러, 금융이 6.7억 달러의 순으로 나타나고 있다.

<도표5> 미국 캐터필러사 경영실적 추이

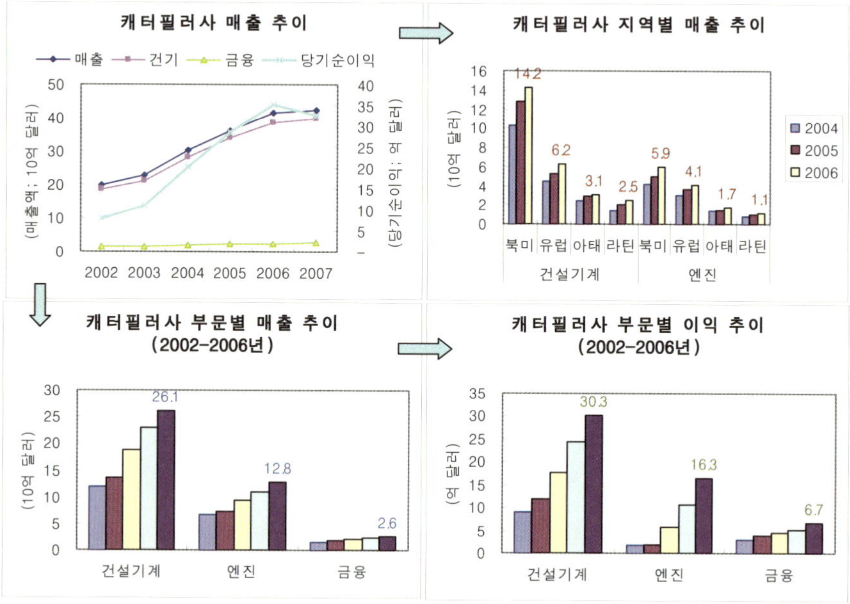

(주) 캐터필러사 자료로부터 KSERI 작성

다음에 일본 최대이자 세계 2위의 종합건설기계회사인 코마츠제작소(小松製作所)에 대해 살펴보자. 코마츠제작소는 엔진, 트랜스미션, 유압기계, 엑셀, 콘트롤러 등 전자제어부품을 모두 자체 개발 및 생산하고 있어 고성능 고품질 제품으로 높은 평가를 받고 있다. 또 일본 뿐만 아니라 미주지역,

유럽, CIS, 중동, 아프리카, 동남아시아, 오세아니아, 중국 등에 현지기업을 설립하여 사업을 전개하고 있는 다국적 기업이다. 특히 최근에는 BRICs 지역을 중심으로 영업실적 호조로 세계 유일의 거인이었던 캐터필러사를 맹렬히 추격하고 있다. 코마츠 CEO는 최근 캐터필러를 목표로 하고 있다는 말을 공공연하게 할 정도로 가파른 성장세를 지속하고 있다.

코마츠사는 일본경제신문이 매년 실시하는 우수한 기업 랭킹에서 2006년에 도요타와 캐논을 제치고 1위에 올라, 일본 내에서도 가장 평판이 좋은 기업중의 하나로 알려져 있다. 또 가장 취업하고 싶은 기업 1위에 오르기도 하였다. 그런가 하면 견실한 경영과 건전한 재무구조로 투자자들과 이코노미스트들로부터도 매우 호평을 받고 있다. 이런 코마츠도 한 때는 사양업종으로 평가절하되기도 했으나 지금은 높은 성장성을 자랑하는 기업으로 평가를 받고 있다.

<도표6>에서 코마츠사의 매출액을 보면, 2004년부터 가파른 증가세를 보이는 가운데 2006년(2007년 3월 말 기준) 1조8,933억 엔(달러당 116.31엔 환산으로 162.8억 달러)에 달하고 있으며, 당기순이익 역시 급증세를 보이는 가운데 2006년 1,646억엔(14.2억 달러)를 기록하고 있다.

지역별 매출을 보면 일본이 2,825억 엔으로 전체 매출의 14.9%에 불과하며 나머지 85.1%는 모두 해외부문에서 발생한 매출이 차지하고 있다. 미국 및 중남미 등 미주지역이 4,801억 엔으로 25.4%, 유럽 및 러시아가 3,118억 엔으로 16.5%, 중국이 1,083억 엔으로 5.7%, 아태지역(중국제외)이 2,298억 엔으로 12.1%, 중동/아프리카가 1,548억 엔에 8.2%로 나타나고 있다. 코마츠를 모델로 삼고 있는 두산인프라코어가 왜 잉거솔랜드사의 건설차량 부문을 인수하려고 했는지를 이해할 수 있는 대목이다.

사업부문별 매출액 및 영업이익을 보면, 건설기계/광산기계가 1조5,897억 엔으로 83.9%를 차지하고 있으며, 산업기계/차량이 3,972억 엔으로 21%,

<h3 style="text-align:center"><도표6> 일본 코마츠사 경영실적 추이</h3>

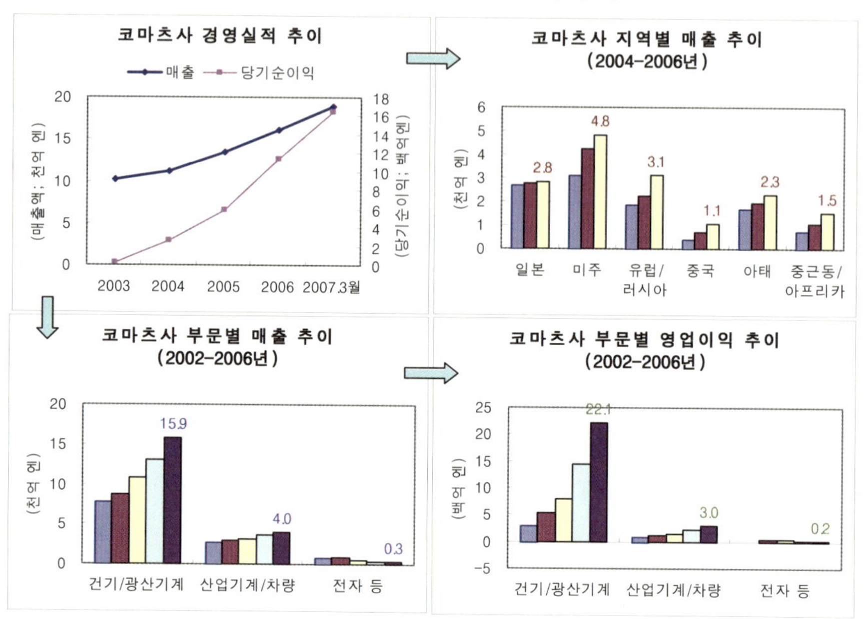

(주) 코마츠사 자료로부터 KSERI 작성

그리고 전자 등이 1.5%를 차지하고 있다. 영업이익 역시 건설기계/광산기계가 2,206억 엔으로 전체 영업이익의 87.5%를 차지하고 있으며, 산업기계/차량이 295억 엔으로 11.7%를 차지하고 있다.

지난 IMF사태 이후 글로벌화가 가속되는 세계경제 환경 속에서 한국기업도 이제는 지속적인 성장을 위해서는 세계시장을 상대로 현지투자를 강화해가지 않을 수 없다. 그런 점에서 최근 두산인프라코어의 미국 잉거솔랜드사의 건설차량 부문 인수는 과거 대우그룹에 이은 세계화 경영 시도라는 점에서 의미가 있다고 할 수 있다.

그러나 인수 타이밍과 인수자금의 적정성 면에서 볼 때, 이번 두산인프라

코어의 잉거솔랜드사의 건설차량 부문 인수는 최악의 타이밍에 가장 부풀려
진 가격으로 인수한 것으로 보여진다. 그 결과 서브프라임론 사태로 미국
주가가 대폭 조정을 받고 미국 건설경기 침체가 심화될 경우, 두산인프라코
어는 시작부터 11억 달러 이상의 평가손실을 볼 가능성이 높다. 따라서 자
칫하면 두산인프라코어의 잉거솔랜드사 건설차량부문 인수는 실패로 끝날
수도 있는 심각한 위험을 내포하고 있다고 할 수 있다.

한국기업 경영자들의 주특기라고 할 수 있는 막무가내로 밀어 부치기식의
경영마인드는 20세기 자본집약적 성장 시절에나 통용될 수 있었던 것이다.
21세기 글로벌 경쟁이 전개되는 세계 시장에서는 일단 벌려놓고 보자는 식
의 경영마인드는 더 이상 통용되지 않는다는 것을 명심할 필요가 있다.

마지막으로, 이제는 국내 기업들도 기업의 성패가 걸린 중요한 경영의사
결정에 관해 우리 연구소와 같은 검증된 전문기관을 적극 활용하여 가능한
한 사전에 리스크를 최소화할 때가 되었다고 본다. 만일 두산인프라코어가
사전에 우리 연구소를 활용하여 잉거솔랜드사 인수에 관한 자문을 받았더라
면 상기에서 지적한 위험을 획기적으로 줄일 수 있는 전략적 방법을 충분히
고려했을 수도 있었을 것이라는 점에서 아쉬움이 남는다.

(2007년 8월 13일, 8월 20일)

2. 위기의 소니, 부활할 것인가?

1

최근 일본 언론은 소니가 내년 봄에 최첨단 반도체 생산설비를 도시바에 매각하여 최첨단 반도체사업에서 사실상 철수한다고 보도했다. 소니세미콘 닥터규슈의 나가사키테크놀로지센타에 있는 시스템LSI 제조라인이 매각 대상으로, 신형게임기인 '플레이스테이션3 (PS3)' 의 '셀' (소니와 도시바, IBM이 공동개발)과 게임기, 비디오 카메라의 화상처리 LSI 등 생산설비를 매각한다고 했다. 매각규모는 게임용 MPU, '셀' 등 제조장비로 매각액은 1,000억 엔에 달할 것이라고 했다. 대신 소니는 경영자원을 영상과 음향기기 등에 집중할 것이라고 했다. 이에 대해 지난 2007년 9월 15일 소니는 곧바로 이를 부인하는 보도자료를 발표했다. 소니는 계속 반도체사업의 경쟁력 강화를 위해 노력해갈 것임을 강조했다.

소니는 1946년 이부카 마사루(井深大)와 모리타 아키오(盛田昭夫)가 '동경통신공업(주)' 이라는 회사를 공동으로 설립하여 창업한 회사이다. 소니의 공동창업자인 이부카 마사루는 1908년에 태어나 1997년 향년 89세로 사망하였는데, 생전에 절친한 친구였던 혼다(자동차)의 혼다 소오이치로(本田宗一郎)와 더불어 전후 일본을 대표하는 벤처기업가로 세계적으로도 유명하다.

또 모리타 아키오는 1921년에 태어나 1999년 향년 78세로 사망하였는데, 2차 세계대전 중에 해군기술 중위로 근무할 때 기술연구회에서 이부카 마사루와 알게 되었다. 전쟁이 끝난 1946년에 이부카 마사루와 함께 소니의 전신인 '동경통신공업' 이라는 회사를 설립하게 된다. 그리고 1958년에 현재의 소니라는 이름으로 사명을 바꾸게 된다. 모리타 아키오는 1976년에 소니 회장에 취임하였고, 1986년에는 일본 게이단렌 부회장에 취임하게 된다. 또 1989년에는 현 동경도지사인 이시하라 신타로(石原慎太郎)와 『'NO' 라고 말할 수 있는 일본-新日美 관계의 방책』 이라는 책을 공저하여 밀리언셀러를 기록하기도 하였다. 당시 일본기업들이 버블 경기에 편승하여 미국을 상징하는 역사적인 건물이나 부동산을 매입하는 모습을 보고 미국 언론이 "미국의 혼을 빼앗고 있다" 고 비판한 소식을 듣고 "미국인들은 인디언들의 혼을 빼앗지 않았는가" 라고 일축한 것은 유명한 일화로 알려져 있다.

그다지 알려져 있지는 않지만 모리타 아키오의 최대 능력은 자금조달에 있었다고 한다. 당시 마츠시타에 비해 규모 면에서 비교도 안될 정도로 작았던 소니가 기술개발 자금을 조달하는 것은 거의 상상하기 어려울 정도로 어려운 일이었다. 그러나 모리타 아키오는 멋지게 자금조달에 성공함으로써 트리니트론 칼라TV와 워크맨의 상용화에 성공하여 소니 신화를 창조할 수 있었다고 한다.

소니는 <도표1>에 나타난 바와 같이 1946년 전기통신기 및 측정기를 개발하여 판매하는 회사로 출발하였다. 그 후 자기테이프식 녹음기 개발 및 판매에 주력해오다가, 1954년에 일본 최초로 PNP합금형 트랜지스터와 게르마늄 다이오드 개발에 성공하게 된다. 그리고 1955년에 일본 최초로 트랜지스터 라디오 TR-55를 생산하여 SONY라는 이름으로 미국에 수출 판매하게 된다. 1958년에는 세계시장 공략을 염두에 두고 사명을 부르기 쉬운 SONY로 바꾸었다. 또 1960년에 미국과 스위스에 현지법인을 설립하고, 세계 최초로 直視型 트랜지스터 TV를 생산 판매하기 시작한다. 1968년에는 트리니트론 칼라TV를, 1978년에는 헤드스테레오 '워크맨' 을 판매하기 시작하였다.

<도표1> 소니 연혁 및 히트상품

연혁	히트상품
1946 동경통신공업㈜ 설립	**1955** 일본 최초로 트랜지스터 라디오 TR-55 판매개시
1958 사명을 SONY㈜로 변경	**1960** 세계 최초로 직시형 트랜지스터TV TV8-301 판매개시
1968 CBS소니레코드㈜ 합작 설립 (현 ㈜소니뮤직엔터테인먼트)	**1968** '트리니트론' 칼라TV KV-1310 판매개시
1979 소니푸르덴셜생명보험㈜ 설립 (현 ㈜소니생명보험)	**1978** 헤드폰스테레오 '워크맨' TPS-L2 판매개시
	1982 CD플레이어 CDP-101 판매개시 방송용 'BetaCam' 포멧카메라 일체형 VTR BVW-1 판매개시
1988 CBS Record Inc.을 인수 (현 ㈜소니BMG뮤직엔터테인먼트)	**1989** 소형, 경량(여권크기) 카메라 일체형 8mm 비디오 '핸디컴' CCD-TR55 판매개시
1989 Colombia Pictures를 인수 (현 ㈜소니픽쳐스엔터테인먼트)	
1993 소니컴퓨터엔터테인먼트 설립	**1994** '플레이스테이션(PS)' 판매개시
1998 소니인슈런스플래닝㈜ 설립 (현 ㈜소니손해보험)	**1997** 개인용 노트북PC 'VAIO' 시리즈 판매개시
	2000 '플레이스테이션2' 판매개시
2001 인터넷 뱅크인 소니은행㈜ 설립	
2001 에릭슨과 소니에릭슨 합작 설립	**2005** LCD-TV 'BRAVIA' 시리즈 판매개시
2004 삼성전자와 S-LCD 합작 설립	**2006** '플레이스테이션3' 판매개시

(주) 각종 자료로부터 KSERI 작성

1982년에는 CD플레이어와 방송용 '베타캄' 포멧카메라 일체형 VTR을 판매하기 시작하였고, 1989년에는 소형, 경량의 8mm비디오카메라 인 '핸디컴'을 판매하기 시작함으로써 소니 신화를 창조하였다.

그러나 1990년대부터 소니의 주력제품이 바뀌기 시작했다. 80년대까지의 아날로그 시대에서 디지털시대로 바뀜에 따라 소니의 주력제품도 아날로그형 전기제품에서 디지털 전자제품으로 바뀌기 시작한 것이다. 1994년에 공전의 히트를 기록한 게임기인 '플레이스테이션(PS)' 시리즈가 발매되기 시작하였다. 그리고 1997년에는 개인용 노트북 VAIO시리즈를 출시하였으며, 2000년에는 '플레이스테이션2'를, 2005년에는 LCD-TV인 BRAVIA를, 2006년에는 '플레이스테이션3'를 출시하였다.

한편 소니는 1968년에 미국 CBS사와 50:50 합작으로 자회사인 'CBS소니레코드'를 설립한다. 1988년에는 소니가 100% 지분을 확보하여 1991년 소니뮤직엔터테인먼트사로 사명을 바꾸게 된다. 또 1989년에는 미국 콜롬비아영화사를 인수하여 소니픽쳐스엔터테인먼트를 설립한다. 말하자면 음향기기와 VTR 및 비디오카메라 제조회사가 음반제작사와 영화사를 인수함으로써 음향과 영상분야의 하드웨어와 소프트웨어 사업 양면에 걸쳐서 일관사업 체제를 갖춘 셈이라고 할 수 있다.

그런가 하면 기술벤처 본업과는 전혀 동떨어진 금융사업에도 진출하게 되는데, 1979년 미국 푸르덴셜생명보험과 합작으로 현 소니생명보험의 전신인 소니푸르덴셜생명보험을 설립하였다. 또 1998년에는 현 소니손해보험의 전신인 소니인슈런스플래닝을 설립하였고, 2001년에는 인터넷 뱅킹을 전업으로 하는 소니은행을 설립하였다. 그리고 2004년에는 소니파이낸셜홀딩스를 설립하여 금융계열사를 지주회사 체제로 전환하였다.

이상으로부터 소니는 일본을 대표하는 세계적인 전자 · 전기기기 벤처기업으로 출발하였다고 할 수 있다. 특히 음향 및 영상기기와 방송기자재 분야에서는 소니 신화를 창조할 정도로 세계 최고 수준의 브랜드를 자랑하고 있다. 뿐만 아니라 음악과 영화, 게임 등 엔터테인먼트 분야에도 힘을 기울여 하드웨어와 소프트웨어 양면에 걸쳐서 사업을 성공적으로 확대하였다는 평가를 받고 있기도 하다. 그러나 역설적이게도 이런 무차별적인 사업다각화 전략은 경영자원을 분산시킴으로써 결과적으로 지난 2000년 이후 최근까지 지속되고 있는 소니 전자사업부문의 위기를 초래한 근본원인이 되었다고도 할 수 있다.

　2000년부터 시작된 소니 위기의 원인에 대해 좀더 자세히 설명해보기로 하자. 위에서 살펴본 바와 같이 소니는 원래 전기·전자기기 제조업체로 시작한 회사였다. 소니 신화 역시 전기·전자 제품이 근간을 이루어왔다. 그러나 1980년대 후반 일본경제가 버블경기에 빠진 시기부터 소니 역시 CBS레코드 인수와 콜롬비아영화사 인수, 금융업 진출 등 버블형 투자에 빠지는 모습을 보였다. 심지어는 금융, 유통(소니플라자), 화장품, 건강식품 등에까지도 진출하는 등 무차별적인 사업확장을 하여 거액의 손실을 보기도 했다. 이처럼 본업이 아닌 다른 분야에 무리한 사업확장을 추진함으로써 결과적으로 전자사업 중심의 경영역량과 자원을 분산시키게 되었고, 그것이 2000년부터 전자사업 부문의 위기를 낳은 근본원인이 아닌가 생각된다. 만일 버블 시기에도 소니가 전자사업에만 주력하고 다른 분야에 사업다각화를 하지 않았다면 과연 2000년부터 전자사업 부문의 위기가 발생했을 것인지는 의문이다.

　뿐만 아니라 80년대에서 90년대로 넘어가는 시기는 전기전자산업 분야에서 획기적인 전환점이었다고 할 수 있다. 아날로그 시대에서 디지털 시대로의 전환기였기 때문이다. 이처럼 중요한 시기에 소니는 디지털 시대로의 전환을 준비하지 않은 채 여전히 아날로그 시대의 소니 신화에 빠져 있었던 것으로 보인다. 전 세계적으로 IT혁명이 급속히 진행되고 있었던 상황에서 반도체와 휴대폰, 평판TV 등 차세대 신제품 개발에 소홀히 하였다. 심지어는 주력제품인 TV의 경우 경쟁타사들이 PDP-TV나 LCD-TV 개발에 주력하고 있을 때 소니는 여전히 브라운관 TV에 집착하고 있었다. 디지털 시대에도 디지털형 브라운관 TV가 가격경쟁력을 유지할 것이라는 잘못된 판단 때문이었다. 그런가 하면 유기EL TV개발에도 힘을 쏟았다. 2001년에는 세계 최초로 13인치형 유기EL 칼라TV를 개발하였다. 그러나 이는 방향착오였다고 하지 않을 수 없다. 말하자면 소니는 기술개발 전략 면에서도 방향착오를 일으킨 것이다.[22]

최근 영화와 음악, 금융 사업 등이 전자사업 부문의 경영실적 부진을 메워 주고 있는 것은 사실이다. 그럼에도 불구하고 80년대 말부터 시작된 무리한 사업다각화 버블투자와 기술개발 전략의 방향착오, 이 두 가지 사실은 80년대 후반부터 소니 내부적으로 경영판단이 정상적으로 작동하지 못하고 있었음을 강력히 시사한다고 할 수 있다. 과거 트리니트론 브라운관 TV 시장이 급격히 쇠퇴하고 2002년부터 PDP-TV와 LCD-TV 시장으로 빠르게 대체되기 시작하였다. 그런가 하면 휴대폰과 평판TV 시장 역시 90년대 말부터 급성장하기 시작하였다. 이처럼 새로이 성장하고 있는 디지털시장에서 다른 경쟁업체들에게 선점 당한 채 소니는 뒤처지고 말았다고 할 수 있다.

이러한 경영전략의 방향착오는 2000년부터 소니 전자사업부문의 부진으로 이어져 아래 <도표2>에서 볼 수 있는 바와 같이 2003년 4월 25일 동경증시에서 '소니 쇼크'로 불리는 주가폭락을 초래하였다. 2003년 4월 25일, 소니 TV사업과 PC제품인 VAIO의 대폭적인 판매부진 소식이 전해지자 소니 주가는 전일의 3,720엔에서 2,720엔으로 무려 27%나 폭락하였던 것이다. 비록 소니가 사업다각화로 영화, 음악, 금융 등 소프트웨어 사업부문에서 실적을 올리고 있다고는 하지만, 여전히 주력사업은 전체 매출의 65.4%를 차지하고 있는 전자사업이다. 게임은 전체 매출의 11.7%에 불과하며 영화는 11.6%, 금융사업은 7.5%, 음악 등 기타사업 매출은 3.7%에 불과하다. 즉 소니 전자사업 부문의 위기는 곧 소니 전체의 위기일 수밖에 없었던 것이다.

---

[22] 2007년 10월 1일 소니는 세계 최초로 유기EL TV를 2007년 12월 1일부터 20만엔에 판매할 것이라고 발표했다. 화면사이즈는 11인치형으로 두께는 가장 얇은 부분이 3mm에 불과하며, 월 2,000대 생산을 목표로 하고 있다고 말했다. 그러나 연간 총매출로 치면 48억엔 정도로, 여전히 기술적으로 불안정한 파일럿 생산에 불과하다고 할 수 있다.

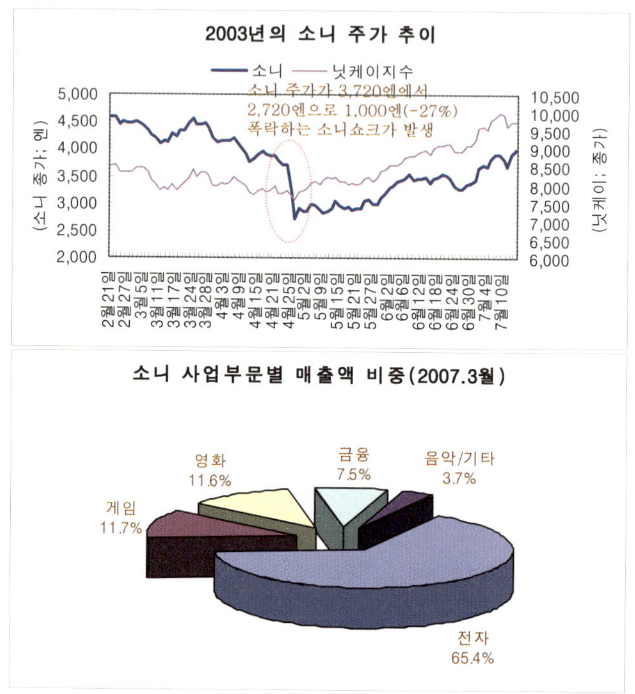

(주) 각종 자료로부터 KSERI 작성

소니 쇼크를 계기로 소니는 서둘러 삼성전자와 LCD-TV용 패널 생산 합작 회사 설립을 추진하게 된다. 그에 앞서 소니는 경영판단의 과오를 깨닫고 전자사업 부문에서 해외 유력업체와 전자사업부문 강화를 위한 전략적 합작 투자를 모색하는 방향으로 선회하게 된다. 앞서의 <도표1>에서 볼 수 있는 것처럼 2001년에 에릭슨과 합작으로 '소니에릭슨'을 설립하여 휴대폰시 장에 진입하게 된다. 이어서 평판TV시장에 진입을 위해 2004년에 삼성전자 와 합작으로 'S-LCD'를 설립하게 된다.

이러한 전략적 제휴로의 방향전환은 급성장하는 디지털 시장에 소니 자력으로는 진입할 수 없을 정도로 기술력이 떨어졌다는 점을 스스로가 인정한 셈이라고 할 수 있다. 기술벤처 신화를 창조한 소니로서는 참으로 굴욕적인 결정이 아닐 수 없었을 것이다. 그러나 생존을 위해서는 어쩔 수 없는 결정이었다고 할 수 있다.

전자사업부문 경쟁력 강화를 위한 해외 선진업체와의 제휴전략 강화에 대한 대가는 컸다. 일본 내에서 기술유출 비판이 제기되어 일본 정부가 추진하는 국책연구프로젝트 사업에서 소니는 완전히 축출당한 것이다. 이에 경영실패의 책임을 지고 2005년 3월 7일 이데이 노부유키(出井伸之) 회장을 비롯한 최고경영진 3인이 사퇴를 하였다. 그리고 영국 출신의 하워드 스트링거(Sir Howard Stringer) COO가 소니 부활을 책임지고 외국인으로서는 최초로 신임 회장(CEO)에 취임하였다.

그러나 소니의 위기는 여전히 그치지 않고 계속되고 있다. 90년대 중반 이후 소니는 게임사업 부문에서 반도체부품 등을 자체개발 하는 등의 혁신적 아이디어로 '플레이스테이션' 1,2 시리즈 선풍을 불러 일으켰다. 주력인 전자사업 부문의 이익을 상회할 정도의 호실적을 기록했다. 이처럼 호조를 보이던 게임사업 부문도 2006년 말에 출시한 '플레이스테이션 3(PSX)'가 시장예측 실패로 극심한 판매부진에 빠져 대규모 적자를 낸 채 고전을 면치 못하고 있다.

뿐만 아니라 최근에는 '기술의 소니'라는 명성마저도 퇴색되는 모습을 보이고 있다. 오디오사업 부문에서는 2004년부터 애플사의 iPOD 킬러로 다양한 오디오제품을 개발 판매하였으나 iPOD와의 격차가 줄어들기는커녕 오히려 확대될 뿐이었다. 또 2005년부터 LCD-TV인 'BRAVIA' 시리즈가 판매 호조를 보이고 있으나 소니 단독의 기술에 의한 것이라고 할 수는 없다. 삼성전자와의 LCD패널 생산 합작 없이는 불가능했다고 할 수 있기 때문이다.

각종 사고도 잇따르고 있다. 2005년 11월에 소니BMG뮤직엔터테인먼트가 발매한 'XCP'라는 윈도우 전용소프트웨어 제품에 멀웨어(Malware)인[23] 루트키트(rootkit) 프로그램이 포함된 사건이 발각되었다. 이로 인해 미국에서는 소송으로 발전하였으나 화해로 합의를 하였다. 결국 2005년 12월에 마이크로소프트사가 이 프로그램을 삭제하는 윈도우즈 업데이트판을 제공함으로써 해결되었다.

또 2005년 말에는 소니 CCD제품을 채용한 비디오카메라, 디지털카메라가 촬영에 문제가 발생했다. 화상이 흐트러지거나 전혀 촬영이 되지 않는 문제가 발생한 것이다. 이 문제는 여러 요인이 겹쳐서 발생한 것으로 밝혀졌지만, 전문가들에 의하면 사전에 충분히 시험을 하면 발견할 수 있었던 것으로 드러났다. 이로 인해 소니는 100기종 이상의 비디오카메라와 디지털카메라의 리콜을 실시하였다.

2006년에는 소니의 리튬이온전지를 탑재한 노트북이 발화하는 사고가 연이어 발생하여, PC제조업체들이 무상교환 및 리콜하는 사태가 발생했다. 또 전지팩이 충전이나 방전이 되지 않는 사고가 발생해 리콜하는 사태가 발생했다. 이에 대해 소니는 특정제품에서 발생한 경미한 사고라고 설명하였지만 512억 엔에 달하는 막대한 회수비용이 발생하였다.

2006년 12월에는 미국에서 플레이스테이션3를 선전하는 익명의 블로그가 등장했다. 이 블로그를 조사해본 바, 소니와 연관된 마케팅기업이 운영한 것으로 드러났다. 이 사실이 미국의 각종 언론매체에 보도되어 큰 소동이 일어남에 따라 이 블로그는 폐쇄되었다. 이를 계기로 2006년 12월에 미국 연방거래위원회는 기업의 후원으로 제3자가 해당기업의 제품을 선전하는

---

[23] 멀웨어(Malware)란 부정한 또는 유해한 소프트웨어의 총칭을 나타내는 신조어이라고 할 수 있다. 멀웨어란 크래킹 툴, 컴퓨터 바이러스, 웜, 스파이웨어, 애드웨어 등 유해한 프로그램을 모두 포함한다.

위장광고사이트를 불법화하는 법률을 제출하기에 이르렀다.

뿐만 아니라 소니그룹 산하 연구소 및 국내사업소의 폐쇄, 대규모 구조조정에 따른 기술자의 대량유출 등 소니 신화가 안으로부터 붕괴되는 양상을 보이고 있다.

2

80년대 말부터 소니는 왜 이렇게 경영전략상의 치명적인 방향착오를 일으켰을까? 그 이유를 알아보기 위해서는 소니의 기업문화를 이해할 필요가 있다.

소니는 기술에 대한 자부심이 매우 강한 기술벤처 회사이다. 강한 기술적 자부심은 기술적 독자성과 차별성으로 표출되고 있다. 특히 소니의 일본내 최대 라이벌 업체인 마츠시타전기산업 제품 규격과는 거의 대부분 다른 규격을 채용할 정도로 강한 경쟁의식을 지니고 있다. 독자적 기술표준은 기술우위를 앞세워 소비자들에게 소니 제품을 선택할 것인지 아니면 타사 제품을 선택할 것인지 양자택일의 선택을 강요하는 마케팅 기법이라고도 할 수 있다. 기술적 우월성에 대한 압도적인 자신감 없이는 이런 위험한 마케팅 기법을 쉽사리 선택할 수는 없다. 성공할 경우에는 시장을 독점할 수 있지만, 반대로 실패할 경우에는 시장을 모두 잃게 되기 때문이다. 소니가 이런 마케팅 전략을 선택한 데에는 내부적으로 엔지니어 중심의 외고집 문화가 매우 강했기 때문이었다고 할 수 있다.

구체적인 예로서 참패로 끝난 비디오의 경우를 들 수 있다. 소니는 1980년대 중반 VHS방식의 승리가 결정적으로 될 때까지도 독자 개발한 Beta-Max 방식을 고집했다. 1988년에야 비로소 VHS 방식의 비디오를 생산하기 시작한 것이다. 그런가 하면 최근에도 차세대 DVD 규격을 둘러싸고 소니는 최대 라이벌인 마츠시타전기와 연합하여 블루레이(Blue Ray) 방식을 내세워 도시바 진영의 HD-DVD 방식과 대립하고 있다.

워크맨의 경우 1997년까지 리모컨과 헤드폰간의 접속에 마이크로 플러그라는 규격을 채용해왔다. 경쟁 타사의 스테레오 미니플러그와는 크기나 형태가 달랐던 것이다. 이런 차별화 전략은 결과적으로 워크맨의 압도적인 승리로 끝났다. 그러나 1997년 말부터 시장이 성숙되고 MP3 등 새로운 경쟁제품이 출현하기 시작하면서 타사와 동일한 스테레오 미니플러그로 바꾸었다.

PC인 VAIO제품 역시 메모리 스틱 외에 메모리카드나 DVD-RAM 등에 대응이 늦었는데, 이 역시 소비자보다는 자사규격을 고집한 때문이었다고 할 수 있다. DVD-RAM에 대해서는 2004년 가을부터, 메모리카드에 대해서는 2006년 9월부터 모든 메모리카드에 대응할 수 있는 PC 기종을 비로소 갖추기 시작했던 것이다.

소니는 창업자부터 엔지니어 출신이었다. 따라서 기술 중심의 외고집 경영문화가 내부적으로 강력하게 형성되었을 것이라는 것은 위의 규격 차별화 사례를 통해서도 쉽게 확인할 수 있다. 이런 외고집 문화가 기술벤처 정신을 상실하지 않는 상태에서는 기업의 혁신을 끊임없이 창출하는 순기능적 역할을 한다. 그러나 기술벤처 정신을 잃어버린 상태에서는 기술중심의 외고집 문화는 기업 내부혁신의 최대 저항요인으로 작용하게 된다. 성공신화가 계속됨에 따라 엔지니어 출신의 경영진은 시장과 외부환경의 변화에서 눈이 멀어지게 되고 스스로 자기신화 속에 빠지게 된다.

90년대부터 세계 전자산업은 이미 아날로그 시대에서 디지털 시대로 이행해가고 있었음에도 불구하고 소니는 여전히 아날로그 시대의 신화에 집착했다. 지금까지 그랬던 것처럼 디지털 시대에도 자신들이 아날로그 제품을 만들기만 하면 무조건 소니라는 이름 아래 시장에서 팔릴 것이라고 자기착각에 빠지기 시작한 것이다. 그런가 하면 시장에서 팔릴 수 있는 제품, 소비자가 원하는 제품을 개발하지 않게 된다. 오히려 시장의 수요와는 상관없이 엔지니어가 하고 싶은 기술개발, 엔지니어가 만들고 싶은 제품을 만들기 시작한다.

80년대 후반의 버블경기 전까지 소니는 기술벤처 정신으로 넘쳐나 있었다고 할 수 있다. 그러나 80년대 말의 버블경기를 거치면서 소니 역시 버블경기에 휩쓸려 기술벤처 정신이 급속히 쇠퇴하고 있었던 것으로 보여진다. 80년대 말 버블경기 때부터 소니 신화를 창조해온 엔지니어 출신 경영진의 판단착오에 대해 내부적으로 견제할 수 있는 세력이나 장치는 거의 없었던 것으로 보인다. 그 결과 무슨 제품이든 무슨 사업이든 소니가 하면 다 성공할 것이라는 교만함에 빠졌을 가능성이 높다. 80년대 말부터 주력사업인 전자사업과는 동떨어진 음악, 영화, 금융 사업 등에 사업다각화를 하기 시작한 것이라든지, 90년대부터 소니가 추진한 연구개발 과제 중에 시장을 무시한 채 엔지니어의 자기만족에서 시작된 것들이 상당수 쏟아져 나온 것 등이 그 증거라고 할 수 있다. 이처럼 소니의 기술벤처 정신의 쇠퇴야말로 2000년대 소니의 모태인 전자사업 부문의 경영위기가 발생한 결정적 원인이었다고 보여진다. 교만함에 대한 혹독한 대가를 치르고 있는 것이다.

그렇다면 위기의 소니는 과연 잃어버린 기술벤처 정신을 되찾아 다시 부활할 수 있을 것인가? 이를 설명해보기 위해 소니의 경영현황을 살펴보기로 하자.

아래의 <도표3>에서 2006년 기준으로 소니의 사업포트폴리오 현황을 살펴보면, 전자를 비롯하여 게임, 영화, 음악, 금융, 유통 등 다방면에 걸쳐 있다. 특히 소니의 주력인 전자사업부문을 보면, LCD-TV를 비롯한 TV, 디지털카메라, 비디오카메라, 블루레이DVD, 워크맨(휴대전화), 노트북, 반도체 등으로 구성되어 있다. 이 중 LCD-TV는 2006년 세계 판매량이 5,150만 대로 전년대비 2.5배 급성장 하였으며, 그 중 소니가 630만대 판매로 전년 대비

<도표3> 소니의 사업포트폴리오 현황(2007년 현재)

(단위 ; 만대)		세계판매 (2006년)	소니 판매량	
			2006년	누계
전자	LCD-TV	5,150	630	
	액정프로젝트-TV		110	
	브라운관TV		470	
	디지털카메라	7,900	1,700	
	비디오카메라	1,800	745	
	블루레이DVD			
	워크맨(휴대전화)			
	노트북		400	
	휴대전화		7,480	
	반도체			
게임	플레이스테이션3		550	
	- 온라인(PSN)			
	플레이스테이션2		1,420	12,000
	- 소프트웨어			19,300
	플레이스테이션			2,500
	- 소프트웨어			10,000
영화	소니픽쳐스			
금융	소니홀딩스			
	생보			
	손보			
	인터넷 뱅킹			
음악 기타	소니뮤직			
	출판			
	인터넷			
	유통			

(주) 소니 자료로부터 KSERI 작성

2.3배(350만대) 증가하여 <도표4>에 나타난 바와 같이 세계 시장점유율 1위를 차지하였다.

소니의 LCD-TV 판매가 이처럼 급증할 수 있었던 결정적 배경은 전적으로 삼성전자와 합작투자한 S-LCD로부터 안정적인 LCD패널 공급을 확보한 데 있다고 할 수 있다. 또 북미 및 유럽시장이 침체된 가운데 액정프로젝트TV 판매는 110만대로 전년대비 5만대 증가를 기록했으며, 브라운관 TV는 470만대로 전년대비 210만대의 대폭적인 감소를 보였다. 디지털카메라는 교체수요 증가로 세계 판매량이 전년대비 22% 증가한 7,900만대였으며, 이중 소니는 전년대비 26% 증가한 1,700만대를 판매하여 세계 시장점 유율 21.5%를 기록

248

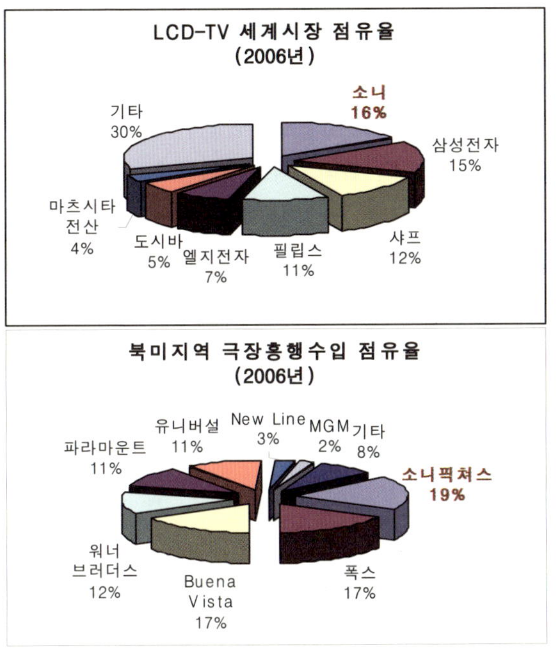

(주) 소니 자료로부터 KSERI 작성

하였다. 비디오카메라는 수요가 정체를 보인 가운데 세계 판매량이 1,800만 대였으며, 소니는 745만대를 판매하여 세계시장 점유율이 41%에 달함으로써 여전히 압도적인 강세를 보였다.

게임사업 분야를 보면, 1994년에 발매된 플레이스테이션1(PS1)은 누적 판매량이 2,500만대에 달했으며 관련 소프트웨어는 1억 개를 넘었다. 또 2000년에 출시된 플레이스테이션2(PS2)는 누적 판매량이 1억2,000만 개를 넘었으며, 2006년 한 해에만 1,420만 개가 판매되었다. 관련 소프트웨어 판매량은 1억9,300만개에 달하고 있다. 그리고 2006년에 출시된 플레이스테이션3는 최근까지 550만개 판매를 기록하고 있으나, 판매부진으로 큰 폭의 손실을 기록하고 있다.

영상사업은 영화제작을 담당하는 소니픽쳐스엔터테인먼트(SPE), TV드라마 제작을 담당하는 소니픽쳐스텔레비전(SPT), 소니픽쳐스텔레비전인터내셔널, 소니픽쳐스홈엔터테인먼트, 소니픽쳐스디지털, 소니온라인엔터테인먼트 등의 계열사로 구성되어 있다. 영화사업은 2006년에 다빈치코드, 카지노 로얄 등 히트작을 바탕으로 역대 최고의 흥행수익을 기록하였는데, <도표4>에서 볼 수 있는 것처럼 북미지역 극장흥행수입 점유율 면에서 19%를 차지하여 1위를 기록하였다.

이상에서 2006년 소니의 사업실적으로만 보면 위기를 느낄 수 없을 정도로 여전히 호조를 보이고 있는 것처럼 보인다. 그러나 소니의 매출액과 영업이익 추이를 보면 사정은 달라진다.

먼저 아래의 <도표5>에서 총 매출액은 90년대 후반부터 정체를 보이다가 2000년 PS2 출시와 IT버블에 따른 반도체 및 노트북 판매증가로 2000년과 2001년에 큰 증가를 보였다. 그러나 2002년부터 매출액이 감소세로 반전하여 2004년에는 큰 폭의 감소를 보였다가 2006년에 독일 월드컵의 영향으로 LCD-TV판매 급증과 PS3 출시로 매출액이 크게 증가하는 모습을 나타내고 있다. 2007년 3월말에 끝난 2006회계년도 소니의 총매출액은 8조2,957억 엔으로 나타났다. 이 중 금융사업 부문의 영업수익 6,243억 엔을 차감하면 비금융사업 부문의 총 매출액은 7조6,714억 엔으로 나타났다.[24] 매출액으로만 보면 소니가 2006년부터 위기에서 벗어나는 모습을 보이기 시작한 것처

---

[24] 원/엔화 평균환율인 1엔당 8.09원으로 소니의 총 매출액을 원화로 환산하면 67조1,122억 원이며, 비금융사업부문 매출액은 62조616억 원에 달한다. 2006년4월~2007년3월 기간의 삼성전자 총매출액이 59조3,995억 원이라는 점을 감안하면, 비록 소니가 위기라고는 하지만 매출액 면에서 삼성전자보다도 큰 글로벌 기업이라고 할 수 있다. 한때 삼성전자는 소니를 벤치마킹 하기도 할 정도로 소니는 막강한 기업이었던 것이다.

<도표5> 소니의 매출액 추이

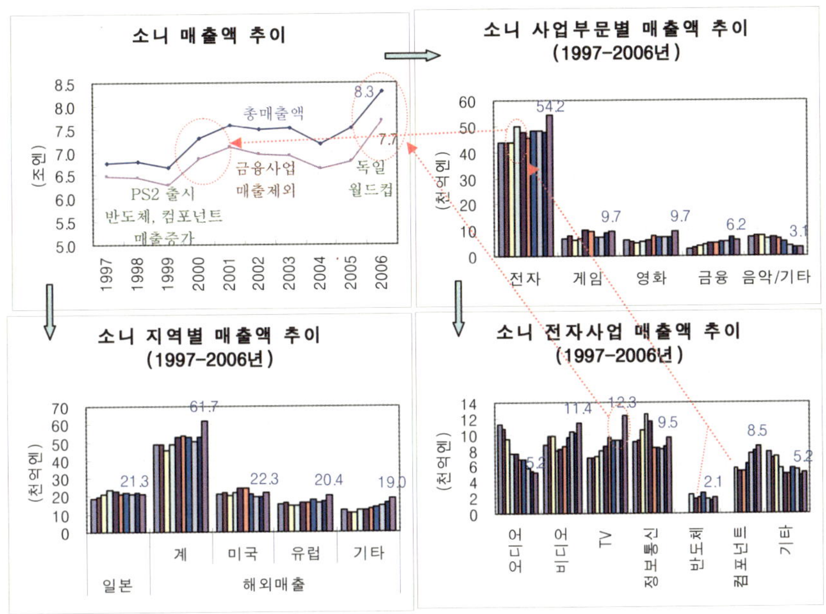

(주) 소니 자료로부터 KSERI 작성. 회계연도는 3월말 기준이므로 2006년 매출액은
2006년 4월부터 2007년 3월까지의 매출액을 의미함

럼 보인다. 실제로 소니의 하워드 스트링거 회장겸 CEO는 2007년 봄에 2000
년 4월부터 추진해온 구조조정을 2006년까지 마무리하고 2007년부터는 성
장전략으로 전환하겠다고 말하기도 했다.

　소니의 매출액을 사업부문별로 살펴보면, 전체적으로 금융을 제외한 대
부분의 사업매출이 정체를 보이고 있는 가운데 2006년에는 전자, 게임, 영
화를 중심으로 큰 증가를 보이고 있다. 구체적으로는 2006년 기준으로 주력
사업인 전자부문이 5조4,214억 엔으로 전체의 65.4%를 차지하고 있으며, 게
임 9,742억엔, 영화 9,663억 엔, 금융 6,243억엔, 음악 및 기타가 3,096억

엔으로 나타나고 있다. 특히 주력사업인 전자부문의 세부사업별 매출액을 보면, 비디오와 컴포넌트 사업을 제외하고는 TV와 오디오, 정보통신, 반도체, 기타사업은 큰 폭의 감소세 내지는 정체를 보이고 있다. 다만 TV는 2006년 독일월드컵 등의 영향으로 LCD-TV 해외판매 호조로 매출이 급증한 모습을 보이고 있다.

또 지역별 판매를 보면, 2006년 기준으로 일본지역 매출이 2조1,278억 엔으로 총매출액의 25.6%에 불과한 반면, 해외매출은 6조1,679억 엔으로 74.4%를 차지하고 있다. 특히 일본지역 매출에서 금융사업 매출을 제외하면, 일본지역 매출이 1조5,036억 엔으로 비금융사업 매출액의 1/5 수준인 19.6%에 불과하며, 해외지역 매출이 80.4%를 차지한 것으로 나타나고 있다. 지역별로는 미국과 유럽 그리고 기타지역의 매출이 거의 비슷한 수준을 보이고 있는 가운데, 미국과 유럽의 매출은 감소 내지는 정체되고 있는 반면, 기타지역의 매출은 증가세를 지속하고 있는 것으로 나타나고 있다. 이로부터 소니의 회생 여부는 해외부문 특히 중국 등을 비롯한 기타지역의 매출증가 여부에 달려있다고 해도 과언이 아니라고 할 수 있다. 소니의 미국과 유럽 시장은 이미 포화상태에 이른 것으로 추정되기 때문이다.

이처럼 소니의 해외매출 비중이 비금융사업 매출의 80%를 넘고 있다는 사실은 환율변동에 엔화환산 매출액이 크게 영향을 받을 수 있다는 것을 의미하기도 한다. 따라서 소니의 실제 매출 추이를 정확히 파악하기 위해서는 환율변동 영향을 차감한 순수 해외매출을 살펴보지 않으면 안 된다. 아래의 <도표6>은 소니의 외화표시 해외매출 추이와 환율변동 영향을 제거한 환율조정매출을 나타내고 있다.

이 도표에서 엔화의 평균환율 추이를 보면, 미 달러화에 대해서는 2001년 달러당 124엔이었으나 2004년에는 107엔으로 강세를 보인 반면 2006년에는 118엔으로 약세로 바뀌었다. 또 유로화에 대해서는 2000년 1유로당 99엔이

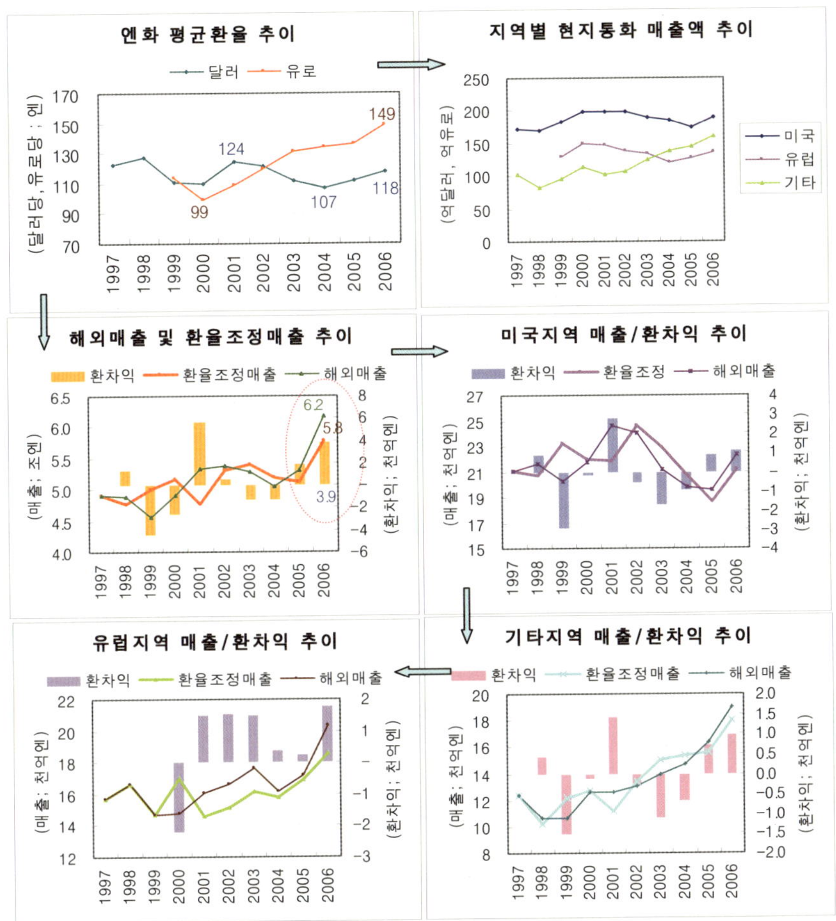

(주) 소니 자료로부터 KSERI 작성. 회계연도는 3월말 기준이므로 2006년 매출액은
     2006년 4월부터 2007년 3월까지의 매출액을 의미함

던 것이 2006년에는 149엔까지 치솟아 엔화의 일방적인 약세가 계속되고 있
다. 그런가 하면 엔화는 2005년부터 대부분의 주요 통화에 대해 약세를 보
이고 있다. 이는 외화표시 해외매출을 엔화환산 매출로 회계처리를 할 경우

엔화 약세에 따른 대규모 환차익이 발생하여 매출액이 환차익만큼 부풀려진다는 것을 의미한다.

실제로 이 도표에서 해외 지역별 외화표시 매출액 추이를 보면, 미국 지역의 달러표시 매출과 유럽지역의 유로화표시 매출 모두 2000년을 정점으로 감소세를 보이다가 최근에 증가세로 반전되는 모습을 보이고 있다. 미국과 유럽지역의 매출은 여전히 부진한 상황이 지속되고 있다. 이에 비해 기타지역의 달러표시 매출은 2003년부터 증가세를 지속하고 있어 해외매출 증가를 주도하고 있는 것으로 나타나고 있다.

또 환율변동 영향을 제거한 환율조정매출을 추정해보면,[25] 2006년의 경우 엔화표시 해외매출액이 6.2조 엔에 달하고 있으나 엔화약세에 따른 환차익이 3,900억 엔에 달하는 것으로 나타나고 있다. 즉 소니의 엔화표시 해외매출 가운데 3,900억 엔은 환율변동에 의한 환차익에 의한 것이라고 할 수 있으며, 이를 제거한 실제 해외매출은 5.8조 엔이라고 할 수 있다. 환차익의 대부분은 유럽지역 매출에서 발생하고 있으며, 특히 2005년부터는 엔화 약세로 인해 미국과 유럽 및 기타지역 모두에서 환차익이 발생하고 있는 모습을 보이고 있다.

이로부터 소니의 매출액을 총매출액과 비금융사업부문 매출액 및 비금융사업부문의 환율조정 매출액으로 다시 분해해보면, <도표7>에 나타난 바와 같이 2006년 총 매출액은 8.3조 엔이며, 금융사업부문을 제외한 매출액은 7.7조 엔이고, 여기에서 다시 환차익을 제거하면 환율조정매출액은 7.3조 엔으로 줄어들게 된다. 또 지난 2000년부터 최근까지 소니의 비금융사업부문의 환율조정매출액은 7조엔 전후 수준에서 등락을 반복하는 정체를 보이고 있는 모습을 나타내고 있다.

---

[25] 환율조정매출이란 회계상의 환차손익을 조정한 매출을 말하는 것이 아니라, 당해년도 외화표시 해외매출에 전년도 평균환율을 곱하여 구한 엔화표시 매출을 말한다.

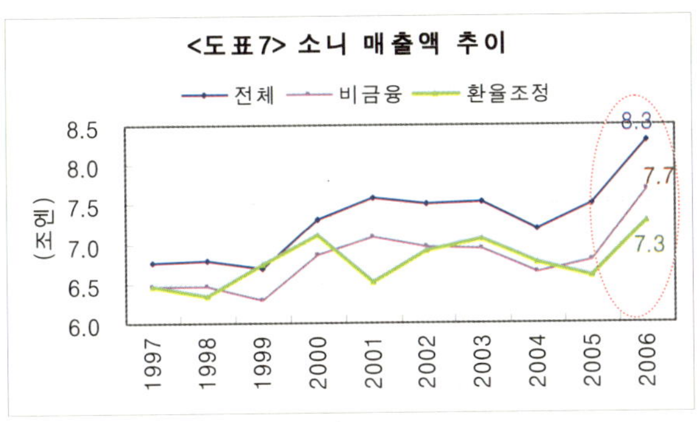

<도표7> 소니 매출액 추이

(주) 소니 자료로부터 KSERI 작성

3

앞서의 매출추이 분석으로부터 소니는 여전히 성장의 정체를 보이고 있다고 할 수 있다. 다만 2006년에는 큰 폭의 매출액 증가를 보임으로써 일견 위기에서 탈출하는 것처럼 보인다. 그러나 영업이익 추이를 보면 이야기는 완전히 달라진다. 소니 위기의 진짜 핵심은 심각한 수익성 악화에 있다. 지난 90년대 말부터 지속되고 있는 수익성 악화야말로 소니 위기의 본질이자 핵심이라고 할 수 있다.

아래의 <도표8>에서 소니의 영업이익 추이를 살펴보면, 1997년 5,257억 엔에 달하여 매출액 영업이익률이 7.8%에 달하는 높은 수준을 나타냈다. 그러나 1998년부터 급감하기 시작하여 2001년에는 1,346억 엔까지 떨어져 매출액 영업이익률도 1.6%로 낮아졌다. 불과 3,4년의 눈깜짝할 사이에 위기에 빠진 것이다. 이에 소니는 2000년 4월부터 대규모 구조조정을 선언하였다. 대규모 구조조정이 본격화됨에 따라 2002년부터 영업이익 감소가 멈추고 있는 모습을 보이고 있으나 매출액 영업이익률은 3% 미만의 낮은 수준에서 정체를 지속하고 있다. 특히 2006년에는 매출이 증가세로 반전되고 있음에도 불구하고 영업이익은 718억 엔에 불과해 영업이익률은 0.9%까지 떨어지고 있다.

특히 금융사업을 제외한 비금융사업 부문의 영업이익 추이를 보면, 소니의 경영위기가 심화되고 있음을 알 수 있다. 1997년 비금융부문 영업이익은 5,239억 엔에 달했으나 계속 감소하여 2006년에는 -124억 엔의 적자로 전락하고 있다. 비금융사업부문의 매출액 영업이익률도 1997년 8.1%에서 2006년에는 -0.2%로 전락하고 있다. 이로부터 2003년부터 소니의 비금융사업부문의 영업이익 감소를 금융사업 부문의 영업이익 증가로 보전하고 있는

<도표8> 소니의 영업이익 추이

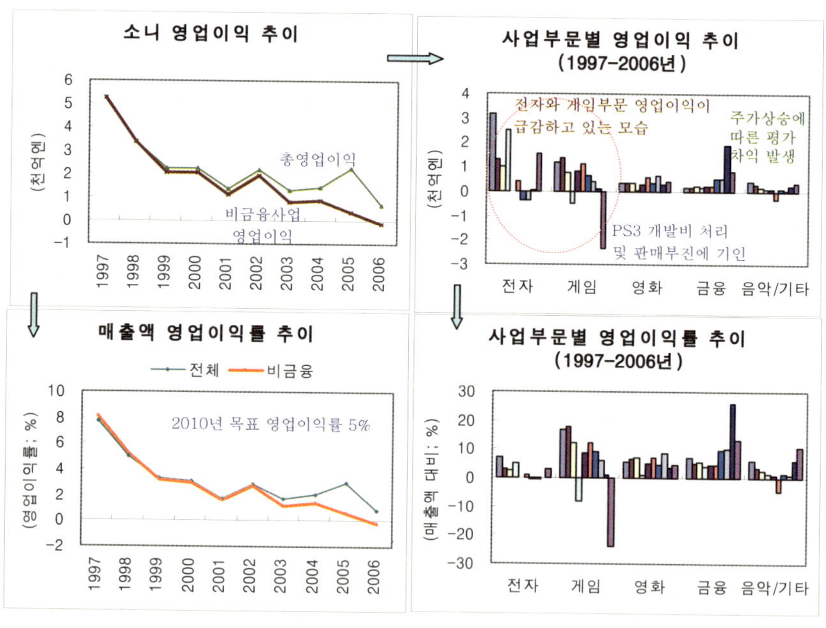

((주) 소니 자료로부터 KSERI 작성. 회계연도는 3월말 기준이므로 2006년 매출액은 2006년 4월부터 2007년 3월까지의 매출액을 의미함

상태라고 할 수 있다.

구체적으로 사업부문별 영업이익 추이를 보면, 소니의 주력사업이자 전체 매출의 77%를 차지하고 있는 전자와 게임사업 부문의 영업이익이 2000년부터 급감세를 지속하고 있어 소니의 위기가 보통 심각한 문제가 아님을 실감할 수 있다. 먼저 전자사업부문의 영업이익은 1997년 3,140억 엔에 달했으나 2003년과 2004년에는 -350억엔 대까지 급락하였다. 2005년에는 69억 엔의 영업이익을 기록했는데, 이는 후생연금 반환금 735억 엔 중 645억 엔을 포함한 것이므로 실제로는 -576억 엔의 적자를 기록한 셈이라고 할 수 있다. 다만 2006년에는 PC용 리튬이온전지 발화 사고로 Dell사, 애플, 레노버 등에 대한 회수비용 512억 엔을 계상 하였음에도 불구하고 엔약세와 독일 월드컵 특수에 따른 LCD-TV 판매증가 등으로 1,567억 엔에 달하는 큰 폭의 영업이익을 기록하였다.

게임사업부문은 1997년에 1,170억 엔의 영업이익을 기록하였으나 2000년에는 PS2 발매에 대한 개발비용 계상 등의 영향으로 -511억 엔의 적자를 기록하였다. 그러나 온라인게임의 확산과 MS사의 X-Box 등 경쟁제품의 등장으로 PS시리즈 판매가 부진을 보임에 따라 영업이익도 가파르게 줄어드는 모습을 보이고 있다. 특히 2006년에는 PS3 개발비용 계상과 PS시리즈 판매부진에 따른 가격인하로 -2,323억 엔에 달하는 대규모 적자를 기록하였다. PS2 게임기 판매량은 2006년에 전년대비 202만대 감소한 1,420만대에 그쳤으며, PS1은 전년대비 570만대 감소한 876만대에 그쳤다.

다만 영화사업의 영업이익은 안정적인 추이를 보이고 있으며, 금융사업의 영업이익은 2005년에 1,883억 엔의 높은 수준을 기록하고 있다. 이처럼 금융사업의 영업이익이 크게 증가한 것은 2005년에 일본 주식시장의 호조로 소니생명의 전환사채 주식전환에 따른 평가차익에 기인한다. 또, 음악/기타사업 분야의 영업이익은 2005년부터 증가하는 모습을 보이고 있는데, 이는 2005년에 매각한 구 본사건물의 매각차익 217억 엔을 2005년과 2006년의 기타사업부문에 각각 26억 엔과 191억 엔을 계상한 데 기인한다.

이상의 소니 영업이익 분석결과로부터, 소니의 주력사업인 전자사업과 게임사업 부문의 경영위기는 이미 90년대 말부터 가시화되기 시작하여 현재도 계속 진행 중에 있다고 할 수 있다. 영화, 금융사업 등의 영업이익 증가로 이를 벌충하고 있다고는 하지만 일시적인 시세차익과 부동산 매각 등에 기인하는 것으로 나타나고 있다. 전체 매출의 7.5%에 불과한 금융사업이 소니를 구제해줄 수 없을 뿐만 아니라, 소니가 비금융사업을 완전히 포기하고 금융그룹으로 변신하지 않는 한 금융사업이 소니를 대표할 수도 경쟁력을 지닐 수도 없다. 소니의 금융사업이 호조를 보인 것은 최근 주가상승에 기인한 바가 크다.

이처럼 90년대 말부터 수익성 감소로 인해 경영위기에 직면하자 소니는 1999년 3월에 "21세기를 향한 기업개혁"을 선포하고 본격적으로 구조개혁을 추진하기 시작한다. 구체적으로는 수익성이 악화되는 사업부문의 단계적 축소 및 폐지, 인력감축, 투자유가증권 및 자산 매각 등을 통해 현금흐름의 개선 등을 추진하게 된다. 또 2003년에는 수익력 개선과 차세대 성장동력 확보를 위한 경쟁력 강화를 목적으로 "트랜스포메이션60"을 선포하고 3개년 계획으로 2005년까지 과감한 구조개혁 프로그램을 추진하게 된다. 이 프로그램은 경영자원의 전략사업에의 집중과 제조사업부문의 생산성 향상을 위한 개혁, 본사를 포함한 간접부문 및 판매부문의 인원 감축, 고정자산 등 비생산자원의 매각 등을 통한 원가절감 등, 소니 전체의 고정비용을 절감하는 것을 목적으로 하고 있다.

소니 경영진은 소니 위기 원인과 구조개혁의 방향에 대해 다음과 같이 분석하고 있다. 소니는 전세계 음향 및 영상기기 제품 시장에서 확고한 경쟁력을 확보해왔으나 90년대부터 그 기반이 흔들리기 시작했다고 보고 있다. 이처럼 소니의 경쟁력 기반이 흔들리게 된 결정적 원인은 전자산업 분야의 기술이 80년대까지의 아날로그 기술에서 90년대에 디지털기술로 바뀌기 시작하고 있었음에도 불구하고 이에 제대로 대처하지 못했기 때문이라고 지적했다.

80년대까지의 아날로그 시대에는 첨단기능의 전자제품 개발은 복잡하게 얽힌 아날로그 기술의 축적이 있어야 가능하며, 소니는 그런 기술에 독보적인 경쟁력을 자랑했다. 그러나 90년대부터 본격화된 디지털 시대에는 첨단 전자제품의 개발은 반도체 등 첨단 디바이스 기술에 절대적으로 의존하게 되었다. 뿐만 아니라, 이들 디지털 첨단디바이스 부품은 대량생산이 가능하고 누구든지 저렴한 가격에 손쉽게 구입할 수 있게 되었다. 따라서 이를 소재로 첨단 전자제품을 생산하는 신규업체들이 저가의 가격경쟁력을 바탕으로 쉽게 시장진입을 할 수 있게 되었고, 그로 인해 아날로그 기술의 절대적 우위를 바탕으로 한 소니의 차별적인 경쟁력이 없어졌다는 것이다. 결국, 소니는 주력제품인 음향 및 영상 첨단 전자제품 시장에서 치열한 가격경쟁에 직면하게 되었고 그것이 90년대 말부터 소니의 경영위기로 나타나기 시작했다는 것이다.

소니가 이런 변화를 깨닫지 못한 것은 앞에서도 지적한 바와 같이 소니의 경영진 내부의 기술벤처 정신의 쇠퇴에 기인한다고 볼 수 있다. 아날로그 시대의 성공신화에 안주하지 않고 디지털 시대로 이행해가기 위한 새로운 기술벤처 정신이 필요했다. 그러나 소니 내부는 아날로그 시대의 소니 신화에 빠진 엔지니어 출신의 외고집 문화가 만연해 있었던 것이다. 이런 시대 착오적인 아날로그 엔지니어 중심의 외고집 문화는 90년대 말까지도 PDP-TV나 LCD-TV와 같은 평판TV 제품개발이 치열하게 전개되고 있는 와중에서도 브라운관 TV와 CRT모니터가 여전히 건재할 것이라는 착각을 하게 하였다.

MP3나 휴대폰, iPod, iPhone과 같은 음향-통신-영상 기능이 결합된 새로운 디지털 복합기기가 출현하고 있음에도 불구하고 여전히 아날로그 시대의 워크맨 신화에 빠져 있었던 것이다.

앞서 언급한 "트랜스포메이션60"은 디지털 시대의 치열한 가격경쟁에 견딜 수 있는 원가경쟁력을 확보하기 위한 구조개혁 프로그램이라고 할 수 있다. 말하자면 소니는 2003년에야 비로소 디지털 경영체제로의 이행을 위한 개혁을 추진하고 있는 셈이다. 디지털 시대에는 공급자 중심의 기술 차별성이 아니라 소비자 중심의 편의성과 범용성 강화 및 가격경쟁력 확보가 생존의 관건이라는 점을 통감하기 시작했다. 그리고 디지털 제품의 차별화를 위해 부가가치가 높은 반도체 및 주요 디지털 디바이스 등의 자체개발에 역점을 두기 시작한 것이다.

먼저 소니는 수익성이 악화되는 사업의 단계적 철수 및 폐지에 나선다. 1999년부터 수요가 급감하고 있는 PC용 브라운관 생산과 브라운관 TV 생산을 대규모로 축소하기 시작하였다. 2001년 9월에 미국의 PC용 브라운관 생산설비를 매각하였으며, 2003년 3월에는 일본 및 동남아 지역의 PC용 브라운관 제조사업에서 완전 철수하였다. 또 2001년부터 경영악화에 빠진 자회사인 아이와㈜의 사업성이 없는 제조라인의 폐지 및 인원 감축 등 대규모 구조조정을 단행하였으나, 결국 2002년 12월에 소니로 흡수 합병하고 말았다. 그런가 하면 2003년 3월에는 사업성이 크게 악화되고 있는 미국의 반도체제조공장을 폐쇄하였다.

세계 CD음반 시장의 포화, 불법복제, 가격하락 등으로 세계 음악시장도 축소가 계속되고 있다. 이에 따라 2000년부터 일본을 제외한 전 세계 공장을 2005년까지 단계적으로 폐쇄하여 대규모 인원감축을 추진하였다. 2000년에 미국의 CD 및 오디오카세트 공장을 폐쇄하고, 2002년에는 미디어사업과 포트폴리오투자사업을 축소하였다. 또, 네덜란드의 카세트 및 CD제조공장을 폐쇄하였으며, 두 번째로 미국의 CD제조공장을 폐쇄하였다. 영화사업 경우도, 2001년부터 2004년까지에 걸쳐 시청률이 떨어지는 TV사업의 통합과 프로그램제작사업 축소를 단행했다.

그런가 하면, 2002년 4월 소니는 텔레문드그룹(Telemundo Network Group)에 대해 출자한 투자지분을 제3자에게 매각하여 884억 엔의 현금을 확보함과 동시에 665억 엔의 차익을 계상하였다. 또 2002년 6월에는 AOL타임워너와 50%씩 출자한 콜롬비아하우스에 대한 지분 대부분을 헤지펀드인 블랙스톤 계열의 블랙스톤캐피탈에 매각하여 178억 엔의 현금과 78억 엔의 후순위채를 받았으며, 13억 엔의 차익을 계상하였다. 또 2002년 9월에는 '소니테크트로닉스'에 대한 출자지분을 매각하여 31억 엔의 이익을 계상하였다. 그로 인해 <도표9>에서 볼 수 있는 것처럼 2002년에 당기순이익이 급증하였다.

이상과 같이 소니는 2000년부터 2006년까지 2단계에 걸쳐 대규모 구조개혁을 단행하였다. 그 과정에서 일본을 비롯한 미국, 유럽, 아시아 등 해외 사업장에서 대규모 희망조기퇴직 프로그램을 통하여 대규모 인원감축이 이루어졌다. 소니의 종업원수는 1999년에 19만 명에 달했으나 2004년에는 15.1만 명으로 줄어 약 3.9만 명의 인원감축이 이루어졌다. 이에 따른 구조조정 비용도 1999년부터 2005년까지 총 6,836억 엔에 달하는 막대한 비용이 소요되었다. 다만 2005년부터는 다시 증가세로 반전되어 2006년에는 16.3만 명으로 1.2만 명 가량 늘어나고 있다.

이러한 구조개혁 결과, <도표9>에서 볼 수 있는 것처럼 소니의 당기순이익은 2000년과 2001년에 168억 엔과 153억 엔으로 크게 줄어든 후 2002년부터 투자자산매각 차익 등으로 회복되는 모습을 보이고 있다.

그러나 구조조정에 따른 투자자산 매각차익과 금융사업부문을 제외한 비

<도표9> 소니의 구조조정과 당기순이익 추이

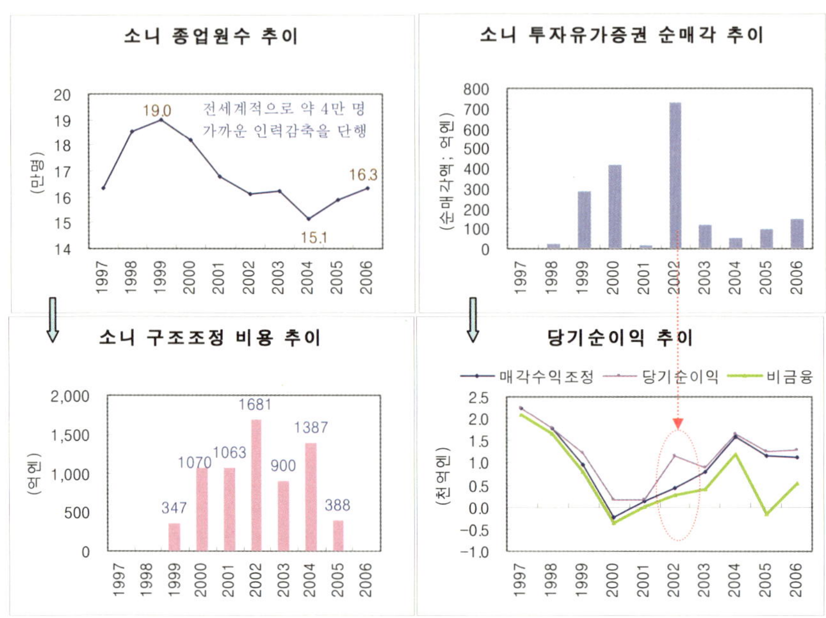

(주) 소니 자료로부터 KSERI 작성. 회계연도는 3월말 기준이므로 2006년 매출액은 2006년 4월부터 2007년 3월까지의 매출액을 의미함

금융사업부문의 당기순이익을 보면, 2004년에 1,200억 엔의 흑자를 기록한 후 2005년에 다시 적자로 전락하고 있다. 2006년에는 528억 엔의 흑자로 반전되고 있으나 1997년의 2,081억 엔에 비하면 여전히 턱없이 부족한 상태라고 할 수 있다. 즉 소니는 아직도 위기에서 벗어난 것이 아니다.

이제 남은 문제는 대대적인 구조개혁을 추진해온 소니가 아직 위기에서 벗어나지 못한 상태에서 과연 부활할 수 있을 것인가 라고 할 수 있다. 소니는 위기를 극복하고 부활을 위해 구조개혁과 더불어 전자사업 분야의 차세대 성장동력 확보를 위한 전략적 제휴를 추진해왔다. 휴대전화에서 스웨

덴의 에릭슨과의 합병, 반도체에서 IBM과 도시바와의 공동개발, LCD패널에서 삼성전자와의 합작이 그것이다.

소니의 휴대전화기 제조사업은 후발업체로 시장점유율도 낮고 단독으로는 생존이 불가능하다는 판단아래, 노키아의 공세로 고전을 면치 못하던 스웨덴의 에릭슨과 2001년 10월에 합병을 결정하였다. 이 합병을 계기로 소니 에릭슨은 2006년 노키아와 모토롤라, 삼성전자에 이어 세계 4위의 시장점유율을 확보할 수 있게 되었다.

반도체사업 역시 전반에 걸쳐 전략적 수정을 하였는데, 앞으로는 CCD와 CMOS이미지센서, TV와 비디오관련, 게임관련 분야의 반도체사업에 투자를 집중할 것임을 명확히 하였다. 이를 위해 소니는 IBM, 도시바와 공동으로 2001년부터 2005년까지 90 및 65 나노미터 공정기술을 개발해왔으며, 2006년에도 3사가 공동개발을 하기로 계약을 체결했다. 이처럼 전략적 제휴를 바탕으로 소니는 시스템LSI와 CCD를 중심으로 2004년과 2005년에 각각 1,400억 엔과 1,500억 엔의 대규모 설비투자를 했다. 이 투자에는 65 나노미터 공정기술을 응용한 반도체 제조설비 투자도 포함되어 있으며, 이 제품들은 이미 PS3에 사용되고 있다. 또 브로드밴드 시대에 대비하여 고성능 프로세서인 'Cell Broadband Engine TM' 을 중심으로 한 시스템LSI 칩의 개발도 포함되어 있다.

그런가 하면, 삼성전자와 합작으로 2004년 4월에 양사가 각각 50%±1주씩의 지분비율로 20억 달러를 투자하여 S-LCD를 설립하고 2005년 4월부터 제7세대 아몰퍼스 TFT-LCD 패널을 생산하기 시작했다. 2005년 10월에는 월 6만장씩 생산을 하여 풀 가동에 들어갔으며, 2006년 7월에는 1,000억 원(약 100억엔)을 투자하여 월 7.5만장으로, 2007년 1월에는 2,220억 원(약 280억엔)을 투자하여 다시 월 9만장으로 생산능력을 확대하였다.

또 2006년 7월에는 제8세대 설비투자를 위해 삼성전자와 각각 50%씩 총

2,000억 엔(약 19억 달러)을 투자하였고, 2007년 8월부터 생산을 개시하여 연말에는 월 5만장 생산체제를 갖출 예정으로 있다. 8세대 LCD패널 1장에서 46인치 8장, 52인치 6장을 절취할 수 있는데, 이들은 소니와 삼성전자의 46인치 및 52인치 풀HD LCD-TV에 투입될 예정이다.

<도표10> TFT-LCD 유리기판 세대별 크기 비교

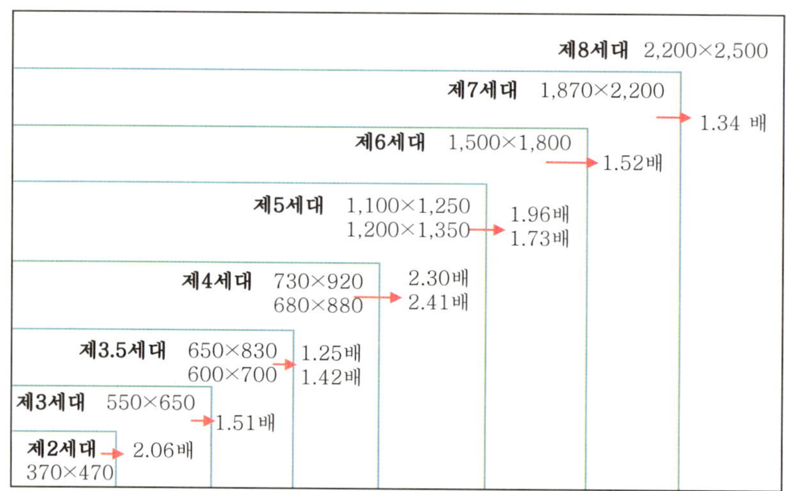

(주) 각종 자료로부터 KSERI 작성. 단위는 mm임.

소니의 디지털가전부문 이하라 카츠미(井原勝美) 총괄사장은 최근 일본 언론과의 인터뷰에서 2007년 LCD-TV 판매량을 1,000만대로 늘릴 계획이라고 말했다. 이는 2006년의 630만대보다 370만대 늘어난 수치이다. 동시에 LCD패널 수급 압박에 대비하여 S-LCD의 설비증설을 검토하고 있다고 말했다. 말하자면 소니는 LCD-TV 판매 확대에 소니의 부활을 걸고 있는 모습이다.

이를 달리 말하면 삼성전자와의 합작 없이는 소니의 부활도 어렵다는 것을 의미한다. 최근 올 12월부터 11인치 유기EL-TV를 생산 판매하겠다고 발표했는데, 이것은 소니의 이런 아픈 점을 감추기 위한 것이라고도 할 수 있다.

결론을 말하자. 일본을 대표하던 기술벤처 글로벌 기업인 소니는 80년대 버블기에 휩쓸려 주력사업인 전자사업과는 무관한 음악, 영화, 금융 등에 한눈을 팔아 사업다각화를 추진하였다. 이처럼 본업과 무관한 분야에 사업다각화를 추진한 것은 소니가 내부적으로 성공 신화에 빠져 교만해진 나머지 성공신화를 창조했던 기술벤처 정신을 잃어버렸기 때문이라고 할 수 있다. 그 결과 90년대부터 아날로그 기술에서 디지털 기술로의 구조적 변화가 발생하고 있었음에도 불구하고 이에 효과적으로 대처하지 못하였다. 그로 인해 90년대 말부터 소니의 수익성이 급격히 악화되는 경영위기가 발생하기 시작했으며, 반도체, 휴대폰, LCD 등 디지털 첨단기술 면에서도 경쟁타사에 뒤쳐지는 결과를 초래했다. 2003년 4월에는 소니 쇼크로 불리는 주가폭락도 발생했다.

결국 소니는 2000년부터 수익성 개선을 위한 대규모 구조개혁을 하지 않을 수 없었으며, 뒤쳐진 디지털 기술을 보완하고 성장동력을 확보하기 위해 경쟁타사와의 전략적 제휴나 합작을 통해 부활을 기할 수 밖에 없는 처지에 이르렀다. 2006년부터는 매출액이 회복되는 모습을 보이고 있으나 이는 주로 엔 약세와 LCD-TV 판매 급증에 기인하는 것이라고 할 수 있다. 비금융사업 부문의 영업이익은 90년대 말부터 지속되고 있는 감소세에서 벗어나지 못하고 있다.

특히 2006년의 비금융사업 부문의 영업이익은 적자로 전락하였는데, 이는 소니 매출의 77%를 차지하고 있는 전자와 게임사업 부문의 영업이익이 감소세를 지속하고 있기 때문이다. 주식시장 호황으로 2004년부터 금융사업부문의 영업이익이 증가하고 있다고는 하지만 금융사업의 대부분도 소니그룹의 내부 거래에 의존하고 있다. 소니의 위기는 주력사업인 전자와 게임 사업 부문의 성장동력 약화에 기인한다. 소니가 아무리 금융사업을 강화한다 한들 은행의 도쿄미츠비시UFJ그룹이나 증권의 노무라증권그룹 또는 보험의 일본생명그룹이 절대로 될 수도 없으며 이길 수도 없다.

소니가 부활할 것인지의 여부는 구조개혁의 성과가 어느 정도 가시화될 것인지를 확인해볼 필요가 있다는 점에서 앞으로 1,2년 정도는 더 지켜볼 필요가 있다. 그러나 한번 무너져버리기 시작한 거함이 다시 정상으로 회복되기까지에는 너무나도 험난한 난관과 여정이 가로놓여 있다고 하지 않을 수 없다. 부활을 위해 경쟁타사와의 전략적 제휴에 의존하지 않을 수 없는 소니는 더 이상 예전의 기술벤처 정신이 넘쳐나던 소니가 아니라고 할 수밖에 없다.

(2007년 10월 2일, 10월 9일, 10월 16일)

3. MS의 야후에 대한 적대적 M&A

1

지난 2008년 2월 1일 마이크로소프트사의 발머(Steve Ballmer) CEO는 야후에 대해 M&A 제안을 했다고 발표했다. 목표 인수가격은 주당 31달러로, 발행주식 전부를 인수하는 제안으로 인수금액은 446억 달러에 달할 것이라고 말했다. 발표 전날인 야후의 1주당 가격이 18.18달러인 점을 감안하면 인수 프리미엄은 62%에 달한다고 말했다. 야후 주주들은 주당 31달러에 전액을 현금으로 받든지 아니면 현금과 야후 주식 1주에 대해 마이크로소프트사 보통주 0.9509주를 반반씩 받을 수 있는 선택을 할 수 있다고 했다.

이번 제안은 2006년 후반부터 2007년 2월까지의 협상 실패에 이은 두 번째 인수합병 제안으로, 야후 주주로서는 거절하기 힘든 매우 파격적인 제안 내용을 담고 있어 사실상 마이크로소프트사가 야후에 대해 적대적 M&A를 선언한 셈이다. 이로써 인터넷 벤처기업 신화를 창조했던 야후의 운명은 풍전등화의 위기에 처하게 되었다. 마이크로소프트사는 이번 M&A 추진의 배경으로 인터넷 광고시장의 급성장을 들었다. 인터넷광고 시장은 2007년 400억 달러에서 2010년에는 800억 달러에 달할 것으로 보이는데, 이 시장이 현재 한 개의 기업에 의해 장악되고 있다고 말했다. 그 기업은 다름아닌 구글이며, 마이크로소프트는 야후를 인수 합병함으로써 인터넷광고 시장에서 R&D 면의 규모의 효과를 달성하여 구글과의 경쟁 촉진을 통해 고객만족 극대화에 기여할 것이라고 말했다.

마이크로소프트사는 이번 합병을 통해 4가지 시너지 효과를 기대한다고 말했다. 규모의 경제 달성, 양사 엔지니어 통합을 통한 기술혁신의 가속화,

중복사업부문 통폐합을 통한 비용절감, 동영상과 모바일 등 신규 태동 영역
에서의 기술혁신 역량 강화가 그것이다. 또 야후 인수 합병을 통해 연간 10
억 달러에 달하는 시너지 효과를 창출할 수 있을 것으로 기대한다고 말했다.
그리고 이번 인수합병은 올해 하반기까지 마무리할 계획이라고 말했다.

마이크로소프트사가 야후에 M&A를 제안하기 직전인 1월 29일, 야후는 전
근로자의 7%에 해당하는 1,000명의 인원을 감축한다고 발표했다. 인원감축
이유로는 2007년 10-12월기 실적이 부진을 면치 못해 8분기 연속 이익이 감
소를 면치 못했기 때문에, 구조조정을 통해 구글을 추격할 수 있는 체질개
선을 서두르기 위해서라고 말했다. 인원삭감의 상세한 내용은 2월 중순 에
밝힐 예정이며, 인터넷광고 분야에 인원을 집중 투입할 것으로 알려지고 있
다.
아래의 <도표1>에서 볼 수 있는 것처럼, 야후는 2006년부터 경영실적이
계속 악화되고 있다. 2007년 전체 매출은 69.7억 달러로 전년에 비해 +8%
증가에 그쳤으며, 이 중 인터넷광고 수익은 60.9억 달러로 전체 매출의
87.3%를 차지했다. 2007년 10-12월기 매출액 역시 18.3억 달러로 전년동기
대비 +8% 증가에 그쳤다. 또 영업이익은 2007년 전체로 7억 달러에 그쳐 전
년에 비해 -26%나 감소하였으며, 2007년 10-12월기의 영업이익도 1.9억 달
러로 전년동기대비 -38%나 감소하였다. 또 지역별 매출 면에서는, 2007년
미국이 47.3억 달러, 해외가 22.4억 달러를 기록하였다. 지역별 영업이익
면에서는 미국이 3.8억 달러로 크게 감소한 반면, 해외는 3.1억 달러로 증
가세를 보였다. 이로부터 야후의 경영위기는 미국에서의 부진이 결정적인
원인임을 알 수 있다.
야후는 2008년 매출액을 72억~80억 달러로, 그리고 영업이익은 5.5억
~6.6억 달러로 전망하고 있다. 또 2008년 1-3월기 매출액은 16.8억~18.4 억

<**도표1**> 야후의 경영실적 추이

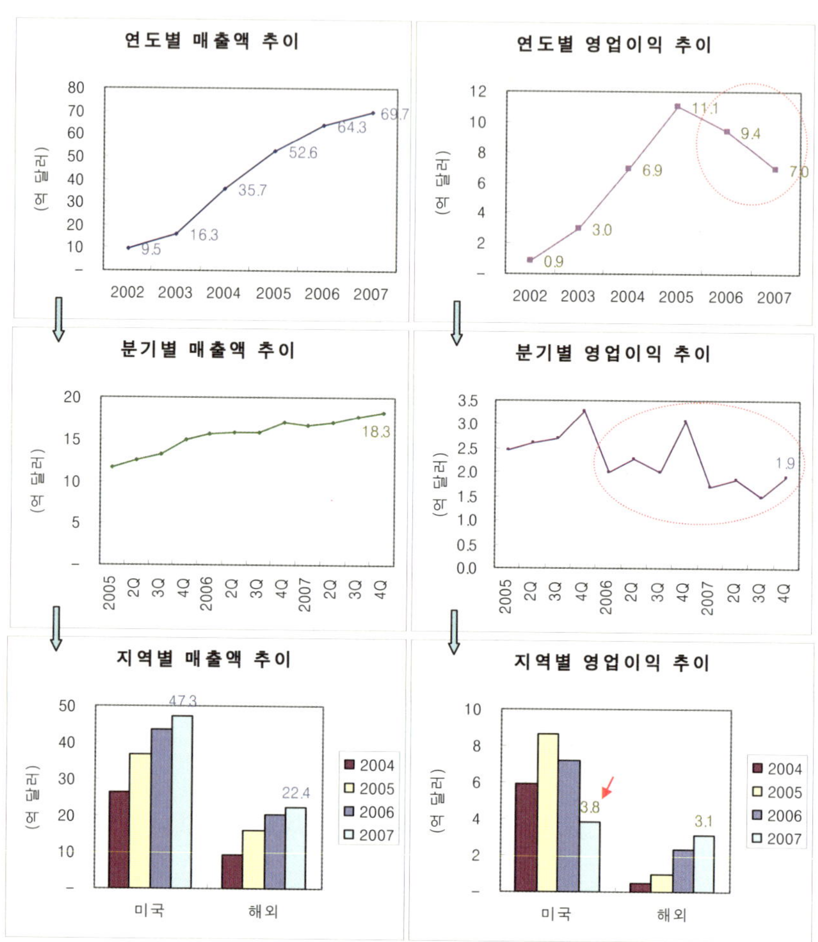

(주) 야후 자료로부터 KSERI 작성. 지역별 영업이익은 감가상각비등을 비례배분한 것임

달러로, 영업이익은 1억~1.1억 달러로 전망하고 있다. 그러나 미국 경기침체가 가속화되는 가운데 야후의 전망이 실현될지는 현재로서는 매우 불투명한 상황이다.

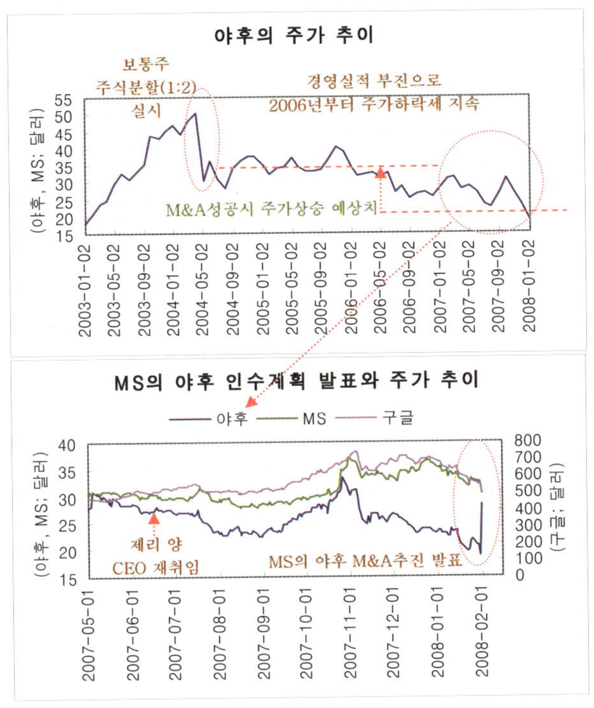

<도표2> 야후의 주가 추이

(주) 각종 자료로부터 KSERI 작성

이처럼 2006년부터 야후의 실적부진과 앞날에 대한 전망이 불투명해짐에 따라, 나스닥시장에 상장된 야후 주가도 위 <도표2>에서 볼 수 있는 것처럼 하락세를 면치 못하고 있다. 주지하는 바와 같이 야후는 주가 면에서 인터넷벤처의 신화를 창조한 기업이라고도 할 수 있다. 2000년 1월 IT버블이 한창이던 시절에는 야후 주가가 주당 475달러를 기록하기도 하였으며, 동년 1월 중순에는 야후저팬의 주가가 주당 1억 엔을 넘는 역사적인 기록을 세우기도 했다. 그러나 주식분할과 IT버블 붕괴의 영향으로 야후 주가는 2001년 9월에는 주당 4.06달러까지 떨어지기도 했다. 그러나 2003년부터 2004년에

271

경기회복과 야후 경영실적이 호조를 보임에 따라 야후 주가는 회복세를 지속하여 2004년 4월 초에는 주당 50달러를 돌파하기도 하였다.

이에 야후는 2004년 4월 7일 보통주 1주를 2주로 주식분할 함으로써 주가가 50달러 선에서 30달러 전후로 조정되었다. 그 후 야후 주가는 35달러 전후 수준에서 등락을 반복하다가 2006년부터 강력한 검색엔진 기술을 앞세운 구글에 밀려 실적 부진으로 하락세를 지속했다. 이에 2007년 2월에 마이크로소프트는 야후에게 M&A를 제안한다. 그러나 야후는 이 제안을 거절하면서 독자회생의 길을 선택한다. 야후는 특단의 대책으로 2007년 6월에 CEO였던 시멜(Terry Semel)을 해임하고 창업자인 제리 양(Jerry Yang)을 다시 CEO에 취임시켜 야후의 재건을 꾀하게 된다. 그러나 제리 양의 노력에도 불구하고 야후의 경영실적은 개선되지 못했다. 그 결과 마이크로소프트사가 M&A 추진 계획을 발표하기 직전인 1월31일에는 18.18달러까지 하락하였다. 마이크로소프트사는 바로 이때를 노려 주당 31달러의 파격적인 인수가격을 내세워 적대적 M&A를 선언한 것이다.

2007년 2월 현재 야후 주주 수는 11,152명으로, 야후 주식의 70% 이상이 뮤추얼펀드와 기관투자자들이 소유하고 있다. 마이크로소프트사가 야후에 주당 31달러의 가격에 인수제안을 했다는 소식이 전해지자 야후 주가는 28.31달러로 하루 만에 10달러 가량 급등했다. 반면 마이크로소프트사의 주가는 32.6달러에서 30.45달러로 약 2달러 가량 하락했다. 이러한 주가 움직임은 야후의 주요 주주들이 마이크로소프트사의 야후 M&A에 긍정적인 평가를 내리고 있다는 것을 시사하는 것으로 볼 수 있다.

마이크로소프트사가 야후 주식을 주당 31달러에 인수하겠다는 제안은 일견 파격적인 것처럼 보인다. 마이크로소프트사 입장에서는 야후의 M&A에 성공할 경우 4가지 시너지효과 등으로 야후의 주가는 35달러 선을 확보할 수 있을 것으로 보고 있는 것으로 보인다. 그 증거로 상기 <도표2>에서 2004년부터 2006년 초까지의 야후 주가가 주당 35달러 전후 수준을 유지하고 있는 점을 들 수 있다. 마이크로소프트사 입장에서는 주당 31달러의 높은 프리미엄으로 야후를 인수한다고 하더라도 M&A 성공시의 야후 가치는 주당 35달러 수준으로 회복될 수 있다고 보고 있는 것 같다.

그러나 이번 마이크로소프트사의 야후 M&A의 최대 공격목표인 구글의 주가는 564.3달러에서 515.9달러로 약 50달러 가량 급락했다. 당연히 구글로서는 강력한 반발을 하지 않을 수 없다. 마이크로소프트와 야후의 인터넷관련 매출액 합계는 2007년 97.4억 달러에 달해 업계 최대 검색업체인 구글의 165.9억 달러의 59%에 달하게 된다. 특히 세계 최대 소프트웨어 회사인 마이크로소프트가 인터넷서비스의 선구자인 야후의 인수합병에 성공하게 되면 인터넷업계의 세력판도에 커다란 변화를 초래할 것이 필연적이기 때문이다.

구글은 2월 3일 마이크로소프트사의 야후 M&A 제안과 관련하여 PC 소프트웨어 시장을 장악한 마이크로소프트가 인터넷시장도 장악하려는 의도가 있는 부적절한 행위라고 비난했다. 구글의 법무담당책임자(CLO)인 드러몬드(David Drummond)씨는 인터넷 발전의 근간을 이루어온 개방성을 위협할 것이라고 주장했다. 구글은 마이크로소프트가 PC 소프트웨어시장을 독점하고 있는 점을 이용하여 과거 MSN의 부당판매 행위에서 볼 수 있듯이 경쟁사가 제공하고 있는 웹서비스에의 접근을 부당하게 제한할 가능성을 배제할 수 없다고 말했다.

그런가 하면, 월스트리트저널은 구글의 슈미트(Eric Schmidt) CEO가 2월 1일 야후 CEO인 제리양에게 전화를 걸어 마이크로소프트사의 적대적 M&A 저지를 위해 모든 협력을 할 용의가 있음을 전했다고 보도했다. 관계자의 말에 따르면 야후는 구글의 제안에 대해 태도를 분명히 밝히지 않았다고 전했

다. 물론 AT&T나 머독이 이끄는 뉴스코포레이션(News Corp.), 타임워너 등
다른 기업들의 추가 M&A 제안이 있을 수 있으나 현재로서는 아무런 제안도
없다고 했다. 구글은 이미 검색엔진과 인터넷광고 시장에서 시장점유율이
높기 때문에 야후를 인수할 경우 독점금지법에 저촉될 가능성이 높아 M&A제
안을 하기 어려운 형편에 있다고 할 수 있다. 대신 야후에 대해 광고위탁계
약을 맺는 방식으로 현금을 지불하거나 야후에 대해 일정수익을 보장할 가
능성이 있다. 그러나 이것 역시 불공정거래 행위로 독점금지법에 저촉될 가
능성이 있다.

구글의 이러한 공세에 대해 마이크로소프트는 인터넷광고 시장에서 2위
의 경쟁업체가 탄생함으로써 시장경쟁을 촉진하여 소비자와 광고주들의 이
익을 극대화할 수 있게 된다고 반격했다. 마이크로소프트는 구글이 현재 세
계 검색광고 수입의 75%를 차지하고 있으며, 미국에서는 65%, 유럽에서는
85%를 차지하고 있다고 말했다. 그에 비해 마이크로소프트와 야후는 양사의
검색광고 수입을 합쳐도 미국에서 30%, 유럽에서 10%의 시장점유율에 불과
하다고 주장했다.

한편 야후는 마이크로소프트사의 M&A제안에 대해 검토하는데 시간이 걸
릴 것이라고 말했다. 야후는 자사 홈페이지의 FAQ에서 진지하게 검토 중이
라고 말하면서 검토에는 상당한 시간이 걸릴 것이라고 말했다. 그러나 현재
로서는 마이크로소프트사의 풍부한 자금력과 강력한 인수의지 그리고 야후
주주들의 입장을 감안할 때, 야후가 지금처럼 독자 노선을 계속 고수할 가
능성은 매우 낮아 보인다. 또 인수 경쟁업체를 유도하여 인수가격을 높이기
위해 시간 끌기 작전을 하고 있는 가능성도 거의 없어 보인다. 마이크로소
프트사의 인수 의지가 너무나도 강력하기 때문이다.

마이크로소프트가 야후를 인수하는데 있어서 최대 걸림돌은 오히려 독점
금지법이라고 할 수 있다. 미국 법무성은 2월 1일 마이크로소프트사의 야후

M&A제안 발표 후 몇 시간 만에 곧바로 독점금지법에 저촉되는지 아니면 경쟁촉진에 기여하는지의 여부를 검토할 의사가 있음을 피력했다. 또 미의회에서도 이번 안건에 대해 신중히 검토할 뜻을 내비쳤다. 이번 M&A가 성공하게 되면 2001년 타임워너와 AOL의 1,120억 달러에 달하는 M&A에 이어 미국 미디어업계 M&A 사상 두 번째의 대형 M&A가 되기 때문이다.

2

인터넷은 말 그대로 무수히 많은 컴퓨터(서버)들을 서로 연결해놓은 네트워크로서, 각 컴퓨터들에는 무수히 많은 다양한 정보들이 저장되어 있다. 말하자면 인터넷은 무수한 정보의 '저장창고'라고 할 수 있다. 이러한 정보의 저장창고에서 인터넷 이용자들은 이들 저장창고로부터 자신이 필요한 정보를 스스로 찾아야 한다. 즉 검색을 해서 필요한 정보를 찾지 않으면 안 되는 것이다. 바로 그런 점에서 인터넷광고 시장에서 가장 중요한 경쟁력 요소는 강력한 검색 기술을 확보하는 것이라고 할 수 있다. 소비자가 원하는 상품이나 서비스에 대한 정보를 가장 신속하면서도 가장 유효한 정보들을 비교가능한 형태로 검색해줄 수 있는 검색기술 개발이 가장 중요한 것이다.

미국 인터넷광고 시장은 구글과 마이크로소프트, AOL 그리고 야후의 빅4 인터넷업체가 서로 치열하게 경쟁을 벌이고 있다. 구글은 강력한 검색엔진 기술을 바탕으로 G메일, PC검색, 지역검색, 메시지기능, 사진, 지도(google earth), 인터넷쇼핑, 광고기획 등 다양한 서비스 기능을 갖추어 업계 최강의 경쟁력을 자랑하고 있다. 마이크로소프트는 전세계 거의 모든 PC의 운영체제(OS)인 윈도우와 통합 연계된 형태로 독자적인 검색기능과 이메일, 지도, 쇼핑 서비스기능 등을 갖춘 MSN 포털을 운영하고 있다. 또 AOL은 타임워너(TimeWarner)의 케이블, 영화, 네트워크, 출판사업 등과 연계하여

275

영화, TV프로그램, 음악, 서적, 잡지, 뉴스, 스포츠/오락 등 다양한 컨텐츠를 유료서비스로 제공하고 있는 강점을 지니고 있다. 이에 비해 야후는 초창기 인터넷 포털로서 지녔던 경쟁력을 점차 상실해가면서 검색기술 면이나 컨텐츠 면에서 이들 3대 경쟁업체에 앞설 수 있는 강력하고 새로운 경쟁우위 요소를 확보하지 못했다고 할 수 있다.

<도표3>에서 미국 주요 인터넷업체들의 인터넷광고 매출(해외매출 포함) 비중 현황을 살펴보면, 2007년 기준으로 구글이 40.7%로 가장 많고, 야후가 15.2%, 마이크로소프트가 6.9%, AOL이 5.6%로 빅4가 전체의 68.4%를 차지하고 있는 것으로 나타나고 있다. 나머지 31.7%는 케이블, 브 로드밴드, 무선통신사업자, 기타 인터넷사업자 등이 차지하고 있다.

빅4의 매출액을 살펴보면, 2007년 기준으로 구글이 165.9억 달러로 가장 많으며, 야후 69.7억 달러, AOL 51.8억 달러, 마이크로소프트의 MSN사업부문 27.7억 달러로 나타나고 있다. 또 인터넷광고 수입 면에서는 구글이 162.5억 달러로 전체 매출의 거의 대부분을(98%) 인터넷광고 수입이 차지하고 있다. 그에 비해 야후는 인터넷광고 수입이 60.6억 달러로 전체 매출의 87% 가량을 차지하고 있으며, 마이크로소프트는 MSN사업부문 매출 모두가 인터넷광고 수입으로 이루어져 있다. 반면 AOL은 매출의 41%에 해당하는 22.3억 달러가 인터넷광고 수입이며, 나머지는 유료가입자 수입이 차지하고 있다.

특히 가장 강력한 검색엔진 기술을 보유하고 있는 구글의 매출액 및 인터넷광고 수입은 2002년 이후 기하급수적으로 증가하고 있는 반면, 야후는 2006년부터 정체를 보이고 있고, 마이크로소프트의 MSN은 2004년부터 거의 매출증가가 없는 것으로 나타나고 있다. 또 AOL은 2006년과 2007년 영국, 프랑스, 독일의 인터넷사업부문 매각과 무료 이메일서비스 및 무료 소프트

<도표3> 미국 인터넷광고 시장 추이

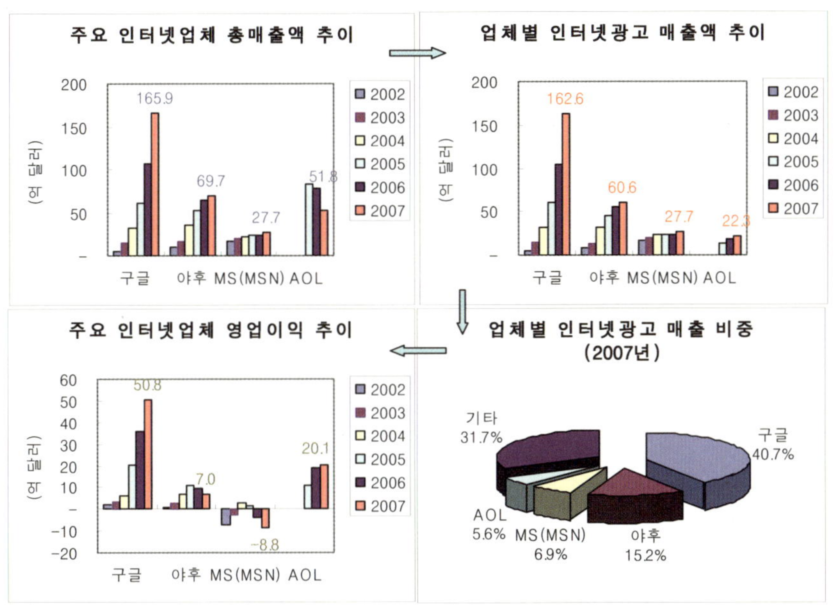

(주) 각종 자료로부터 KSEIR 작성

웨어 제공 중지에 따른 영향으로 유료가입자 수가 2006년에 비해 280만 명 감소한 980만 명에 그쳐 유료가입자 수입이 급감함에 따라 매출액도 2006년에 비해 33% 감소하는 모습을 보이고 있다. 다만 AOL의 인터넷광고 수입은 2007년 21.5억 달러로 전년에 비해 다소 증가한 것으로 나타났다.

또 영업이익 면에서는 구글이 2007년 50.8억 달러로 급증세를 지속하고 있는 반면, 야후는 2006년부터 감소세를 지속하는 가운데 2007년 7억 달러에 그쳤으며, 마이크로소프트의 MSN사업부문은 -8.8억 달러의 큰 폭의 적자를 기록했다. 또, AOL은 영국과 프랑스, 독일의 인터넷사업부문 매각차익과 감가상각비 감소 영향으로 2007년 영업이익은 20.1억 달러로 전년대비 6.3% 증가한 것으로 나타났다.

이상으로부터 미국 인터넷 검색광고 시장에서 강력한 검색엔진 기술을 바탕으로 2006년부터 구글이 사실상 독주체제를 구축하기 시작했다고 볼 수 있다. 즉, 미국 인터넷 산업은 검색기술 면에서의 우위를 앞세운 구글이 선두로 치고 나오고 있는 형국이라고 할 수 있다. 그러나 인터넷 산업의 전개 방향은 크게 두 갈래로 나뉘어진다고 할 수 있다. 하나는 구글처럼 강력한 검색기술 우위를 바탕으로 광고수입을 확대해가는 방향과, 타임워너(AOL) 처럼 종합적 컨텐츠 서비스 제공자를 지향하는 방향의 두 가지가 있다고 할 수 있다. 이에 최강의 검색서비스 기술을 지향하는 구글과 종합 컨텐츠 서비스제공업체를 지향하는 타임워너(AOL)의 사업구조를 간단히 비교해보기로 하자.

아래 <도표4>에서 먼저 구글의 사업구조를 보면, 자체 운영하는 웹사이트의 2007년 검색광고 수입이 106억 달러, 구글과의 제휴업체 사이트로부터의 검색광고 수입이 58억 달러이며, 지역별로는 미국이 86억 달러, 해외가 80억 달러로 나타나고 있다. 이에 비해 타임워너는 머독의 뉴스 코포레이션에 이어 세계 2위의 미디어&엔터테인먼트 그룹으로 2000년 AOL과 합병하여 탄생되었다. 2007년 그룹 전체의 매출액은 464.8억 달러에 영업이익이 89.5억 달러에 달했다. 또 수익 내역별 매출 면에서는 유료가입자 수익이 249억 달러로 가장 많고, 광고 88억 달러, 컨텐츠 117.1억 달러, 기타 10.7억 달러로 나타나고 있다. 사업부문별 매출액 면에서는 AOL(포털)이 52억 달러, 케이블(비디오, 인터넷접속 등)이 160억 달러, 영화(컨텐츠 제작) 117억 달러, 네트워크(케이블 TV 등)가 103억 달러, 출판(잡지 등) 50억 달러로 나타나고 있다.

이처럼 구글과 타임워너는 인터넷산업 분야에서 전략적 방향이 명확한 반면, 야후와 마이크로소프트는 그 어느 쪽에서도 독자적인 경쟁력을 확보하

지 못하고 있는 어정쩡한 모습이라고 할 수 있다. 이처럼 경쟁전략적으로
애매한 상황을 타파하기 위해, 마이크로소프트는 우선 타도 구글을 목표로

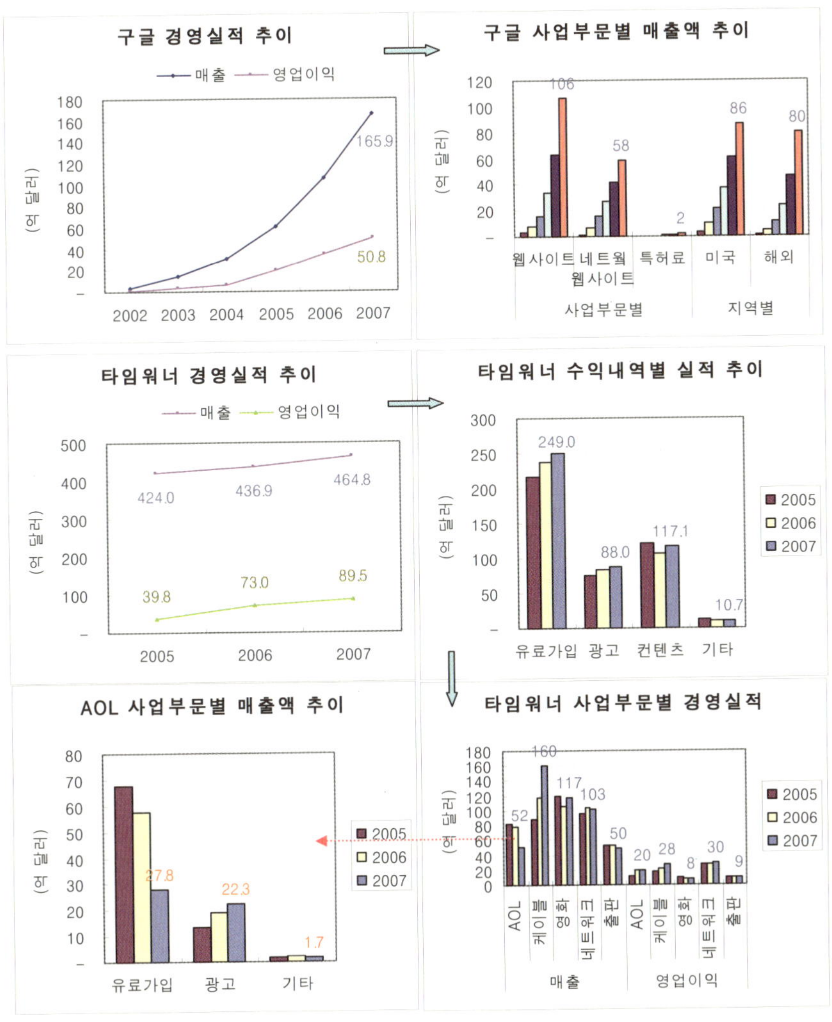

<도표4> 구글과 타임워너의 경영실적 추이

(주) 각종 자료로부터 KSEIR 작성

자사의 강력한 자금력을 바탕으로 야후 인수를 통한 규모화와 검색기술개
발 부문을 강화하려고 한 것으로 보인다. 야후나 마이크로소프트 입장에서
는 어떤 식으로든 급성장하는 인터넷 검색광고 시장에서 도태 당하지 않기
위해서는 전략적 선택을 명확히 해야 하는 상황에 몰렸다고 할 수 있다. 바
로 그런 점에서도 야후는 이번 마이크로소프트의 인수제안에 대해 거절할
수 없는 처지라고도 할 수 있다.

<도표5>에서 마이크로소프트의 경영실적을 보면, 2007년 매출액은 579억
달러로 거의 삼성전자의 매출과 비슷하며, 영업이익은 230억 달러의 흑자에

<도표5> 마이크로소프트의 경영실적 추이

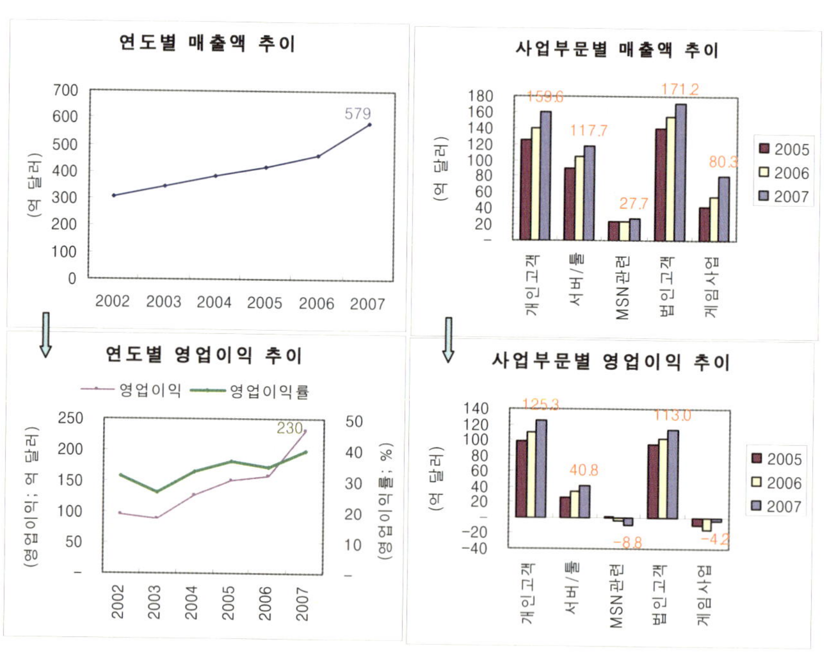

(주) 마이크로소프트 자료로부터 KSEIR 작성. 회계연도(7.1-익년6.30)를 연도 회계
연도로 조정한 것임

달해 삼성전자 영업이익의 3배를 훌쩍 넘고 있다. 또 마이크로소프트의 매출액 대비 영업이익률은 2007년에 무려 40%에 달해 엄청난 고수익력을 자랑하고 있다. 사업부문별 매출액을 보면, 2007년 개인 PC용 윈도우(OS)관련 사업이 159.6억 달러, 서버/툴관련 사업이 117.7억 달러, 법인고객관련 사업이 171.2억 달러, X박스 등 게임관련(컨텐츠) 사업이 80.3억 달러로 높은 성장세를 지속하고 있는 반면, MSN(인터넷) 사업은 27.7억 달러로 정체를 면치 못하고 있다.

사업부문별 영업이익 면에서도 개인고객과 법인고객 부문이 각각 125억 달러와 113억 달러를 보이고 있으며, 서버/툴 사업부문도 40.3억 달러의 흑자를 기록하고 있다. 반면 MSN사업 부문과 게임사업 부문은 각각 -8.8억 달러와 -4.2억 달러의 적자를 기록하고 있다. 이로부터 마이크로소프트 입장에서도 MSN사업과 게임사업 부문의 경쟁력 강화를 위한 재정비가 필요한 상황이라고 할 수 있다. 이에 마이크로소프트는 막강한 자금력과 고수익력을 바탕으로 MSN사업의 경쟁력 강화를 위해 야후 인수합병에 나선 것이라고 할 수 있다.

마이크로소프트는 야후 브랜드와 미국 온라인광고의 15.2%를 차지하는 광고시장 확보, 월 5억 명이 넘는 야후 이용자, 야후 모바일에 의한 차세대 광고시장 확보, 양사 인터넷 사업 통합을 통한 시너지효과를 얻을 목적으로 M&A를 추진하고 있다. 특히 마이크로소프트가 2007년 60억 달러에 인수한 인터넷광고업체인 어퀀티브(aQuantive)와의 시너지 효과도 기대하고 있다. 그런가 하면 최근 구글이 PC용 소프트웨어와 모바일용 OS 분야에서 마이크로소프트를 맹렬히 추격하고 있을 뿐만 아니라, 인터넷에서 가장 중요한 검색엔진 기술 면에서는 구글에 뒤쳐져 있다는 점에서, 마이크로소프트 입장에서 구글과 일전을 치르지 않으면 안 되는 상황이라고도 할 수 있다.

마이크로소프트가 야후를 인수할 경우, 양사의 인터넷관련 매출액은

97.4억 달러로 구글 매출액 165.9억 달러의 59% 가량에 달하게 되어 2위로 뛰어오르게 된다. 문제는 타임워너라고 할 수 있다. 타임워너는 인터넷 검색광고 수익은 AOL의 22.3억 달러에 불과하다. 만일 타임워너가 종합컨텐츠 서비스 제공뿐만 아니라 인터넷 검색광고 시장에 본격적으로 뛰어들겠다고 한다면, 마이크로소프트와 더불어 야후 인수 경합에 나설 가능성이 있기 때문이다.

그러나 현재로서는 타임워너가 나설 가능성은 낮을 것으로 보인다. 왜냐 하면 타임워너는 종합 컨텐츠 제공사업을 전략적 사업으로 하고 있어, 검색 기술 강화를 목표로 야후를 인수하려는 마이크로소프트와는 사업방향이 근 본적으로 다르다고 할 수 있기 때문이다. 또한 PC관련 소프트웨어 개발능력 이나 인터넷관련 기술개발 능력 면에서 타임워너는 마이크로소프트의 경쟁 상대가 될 수 없다. 마이크로소프트의 컨텐츠 사업도 현재의 타임워너와는 중복되지 않는 게임사업에 국한되어 있다. 또한 타임워너가 거액에 야후를 인수한다고 해도 마이크로소프트처럼 시너지효과가 크지 않을 것이다. 이 런 점에서 타임워너가 이번 마이크로소프트의 야후 인수전에 뛰어들 가능성 은 낮을 것으로 보인다.

일부 전문가들은 마이크로소프트의 야후 인수에 대해 비관적인 견해를 제 시하고 있기도 하다. 양사의 경영문화와 전통이 다를 뿐만 아니라, 마이크 로소프트가 야후를 인수한다고 해서 기대한 만큼의 시너지 효과를 얻지 못 할 것이라는 점을 들고 있다. 그럼에도 불구하고 미국 인터넷산업은 이번 마이크로소프트의 야후 인수시도를 계기로 커다란 전환점을 맞이하고 있다 고 할 수 있다. 현재로서 마이크로소프트의 야후 인수를 저지할 수 있는 유 일한 걸림돌은 미국의 독점금지법뿐이라고 할 수 있다.

((2008년 2월 5일, 2월 12일)

282